碳交易与碳金融基础

彭玉镏　主　编　　吴艳艳　副主编

化学工业出版社

·北京·

内容简介

本书按照绿色金融交叉学科教学要求编写，基于国家碳达峰、碳中和战略，从碳交易市场形成背景出发，介绍了碳交易理论、《京都议定书》确定的三大交易机制、碳交易市场结构、碳交易市场基础，并介绍了各类碳交易市场的基本情况，以及碳金融基础及市场工具。本书配套电子课件，可登录化工教育网站免费下载。

本书着重对基础知识进行讲解，各章节内容安排紧凑，在语言上力求简单明了、通俗易懂，每章学习要点、学习小结及思考题能起到加深理解的作用。

本书适合作为金融学、低碳经济等专业的本科生及研究生教材，以及碳资产管理相关从业人员的参考用书。

图书在版编目（CIP）数据

碳交易与碳金融基础/彭玉镏主编；吴艳艳副主编. —北京：化学工业出版社，2023.12
ISBN 978-7-122-44877-4

Ⅰ.①碳⋯ Ⅱ.①彭⋯ ②吴⋯ Ⅲ.①二氧化碳-排污交易-金融市场-中国-高等学校-教材 Ⅳ.①F832.2②X511

中国国家版本馆CIP数据核字（2023）第242971号

责任编辑：葛瑞祎　王　可　　文字编辑：赵　越　林　丹
责任校对：杜杏然　　　　　　　装帧设计：张　辉

出版发行：化学工业出版社
（北京市东城区青年湖南街13号　邮政编码100011）
印　　装：三河市延风印装有限公司
787mm×1092mm　1/16　印张13　字数315千字
2023年12月北京第1版第1次印刷

购书咨询：010-64518888　　　　　售后服务：010-64518899
网　　址：http://www.cip.com.cn
凡购买本书，如有缺损质量问题，本社销售中心负责调换。

定　　价：48.00元　　　　　　　　版权所有　违者必究

前 言

工业革命以来,人类活动使用化工合成产品,排放大量温室气体,造成全球气候变暖。气候变暖问题引发多种自然灾害,到达临界点后不可逆转,全球气候变暖造成的自然灾害已经日益频繁和恶劣。联合国环境规划署(United Nations Environment Programme,UNEP)预测,如果现行碳排放政策持续,将导致 2100 年全球平均温度相对于工业化前水平上升 3.4~3.7℃,并持续上升。温度的持续上升将带来更高的降水量、更频繁的极端天气和生态平衡的不可逆破坏。为应对全球变暖问题,联合国多次召开气候变化大会,全球变暖问题需要各国联合一同面对,1988 年建立了联合国政府间气候变化专门委员会(Intergovernmental Panel on Climate Change,IPCC),1997 年《京都议定书》首次以法规形式限制温室气体排放,确定了发达国家量化减排的模式,开启了国际碳排放权交易的序幕。2015 年的《巴黎协定》中,对 2020 年后全球应对气候变化的行动作出了相应的安排,明确了将升温控制在 2℃乃至努力控制在 1.5℃的目标,为实现该目标,必须在 21 世纪中叶实现全球范围内净零碳排放。

为实现碳中和,各国开始尝试建立碳交易机制。碳交易实质上是二氧化碳排放权的买卖,是政府在确定碳排放总量目标并进行初始分配后企业之间(或国家之间)以碳配额为标的进行的交易。本书从碳交易市场形成背景出发,分别介绍碳交易涉及的外部性理论、公共物品理论、科斯产权理论,以及《京都议定书》确定的国际排放贸易机制、联合履约机制和清洁发展机制,并从法律框架、交易制度、交易动机和交易对象分析碳交易市场结构;从碳核算基础、碳交易市场基本要素、碳交易市场价格介绍碳交易市场基础,并分别介绍了国际碳交易市场、中国试点碳交易市场、全国统一碳交易市场及自愿碳减排市场的基本情况,以及碳金融市场基础。本书全面、系统地介绍了现行碳金融市场的基本知识。

本书主要面向碳交易市场、碳金融、绿色金融和碳资产管理从业人员及高校金融学、低碳经济等相关专业的本科生及研究生。希望通过本书的学习,可以使相关从业人员提高碳交易和碳资产管理技能,并能为在校学生深入了解碳交易基础和碳金融基本知识提供帮助。

本书由江西财经大学彭玉镏担任主编,吴艳艳担任副主编,李静、熊雅婷、黄行遇、刘珊珊、程浩等参与了部分章节的编写。

感谢化学工业出版社对本书的出版提供的帮助。在编写过程中参阅了国内外相关资料,我们在此对这些资料的作者表示感谢!

由于编者的水平有限,书中难免出现疏漏,恳请读者批评指正。

编者
2023 年 8 月

>>> 目 录

第一章 碳交易市场形成背景　　1

第一节　全球气候变化趋势及国际行动措施　　1
　一、全球气候变化趋势　　1
　二、全球气候变化带来的危害　　3
　三、应对气候变化的国际行动措施　　4
第二节　碳达峰、碳中和　　10
　一、碳达峰、碳中和概念　　10
　二、碳达峰、碳中和实现路径选择　　11
　三、碳达峰、碳中和实现制度安排　　12
第三节　中国碳达峰、碳中和战略与政策措施　　16
　一、中国碳达峰、碳中和战略形成　　16
　二、中国碳达峰、碳中和战略1+N政策体系　　19
　三、中国碳达峰、碳中和战略行动措施　　21
本章小结　　23
思考题　　23

第二章 碳交易市场理论　　24

第一节　碳交易理论　　24
　一、外部性理论　　24
　二、公共物品理论　　25
　三、科斯产权理论　　26
　四、碳交易经济学理论　　27
第二节　《京都议定书》交易机制　　29
　一、国际排放贸易机制　　30
　二、清洁发展机制　　31
　三、联合履约机制　　34
第三节　碳交易市场结构　　35
　一、碳市场法律框架　　35
　二、碳市场交易制度　　36

三、碳市场交易动机 ………………………………………… 38
　　四、碳市场交易对象 ………………………………………… 39
本章小结 ………………………………………………………… 43
思考题 …………………………………………………………… 43

第三章　碳交易市场基础　　44

第一节　碳核算基础 …………………………………………… 44
　　一、碳核算概念 ……………………………………………… 44
　　二、碳核算标准 ……………………………………………… 45
　　三、碳核算方法 ……………………………………………… 48
第二节　碳交易市场基本要素 ………………………………… 50
　　一、覆盖范围 ………………………………………………… 50
　　二、总量控制 ………………………………………………… 52
　　三、配额分配 ………………………………………………… 54
　　四、MRV 机制 ……………………………………………… 58
　　五、履约机制 ………………………………………………… 61
第三节　碳交易市场价格 ……………………………………… 63
　　一、价格形成机制 …………………………………………… 63
　　二、价格影响因素 …………………………………………… 65
　　三、价格调节机制 …………………………………………… 66
本章小结 ………………………………………………………… 67
思考题 …………………………………………………………… 67

第四章　国际碳交易市场　　68

第一节　国际碳交易市场发展概况 …………………………… 68
　　一、国际碳交易市场发展历程 ……………………………… 68
　　二、国际碳交易市场发展现状 ……………………………… 70
　　三、国际碳交易市场发展特征 ……………………………… 72
　　四、国际碳交易市场发展趋势 ……………………………… 74
第二节　欧盟碳排放权交易体系 ……………………………… 75
　　一、欧盟碳排放权交易体系起源 …………………………… 75
　　二、欧盟碳排放权交易体系运行机制 ……………………… 76
　　三、欧盟碳排放权交易体系构成 …………………………… 78
　　四、欧盟碳排放权交易体系发展阶段 ……………………… 80
　　五、欧盟碳排放权交易体系特征 …………………………… 84
第三节　美国碳排放权交易体系 ……………………………… 85

一、美国碳排放权交易体系起源 ———————————— 85
　　二、美国碳排放权交易体系构成 ———————————— 87
　　三、美国碳排放权交易体系启示 ———————————— 93
　第四节　国际其他碳排放权交易体系 ————————————— 94
　　一、新西兰碳排放权交易体系 ————————————— 94
　　二、韩国碳排放权交易体系 —————————————— 95
　　三、新加坡碳交易体系 ———————————————— 97
　　四、日本碳排放交易体系 ——————————————— 98
　本章小结 ——————————————————————— 99
　思考题 ———————————————————————— 99

第五章　中国试点碳交易市场　　100

　第一节　中国碳交易市场发展 ————————————————— 100
　　一、中国碳交易市场顶层设计 ————————————— 100
　　二、中国碳交易市场的地方实践 ———————————— 102
　第二节　中国试点碳交易市场制度设计 ————————————— 104
　　一、中国试点碳交易市场覆盖范围 ——————————— 104
　　二、中国试点碳交易市场总量控制 ——————————— 106
　　三、中国试点碳交易市场配额分配 ——————————— 107
　　四、中国试点碳交易市场 MRV 机制 —————————— 108
　　五、中国试点碳交易市场履约机制 ——————————— 110
　　六、中国试点碳交易市场交易管理 ——————————— 114
　第三节　中国试点碳交易市场运行状况 ————————————— 117
　　一、中国试点碳交易市场运行特点 ——————————— 117
　　二、中国试点碳交易市场面临的挑战 —————————— 118
　本章小结 ——————————————————————— 120
　思考题 ———————————————————————— 120

第六章　全国统一碳交易市场　　121

　第一节　全国统一碳交易市场建设过程 ————————————— 121
　　一、全国统一碳交易市场准备阶段（2013—2017 年）———— 121
　　二、全国统一碳交易市场建设阶段（2018—2020 年）———— 122
　　三、全国统一碳交易市场正式启动阶段（2021 年）————— 122
　第二节　全国统一碳交易市场体系建设 ————————————— 122
　　一、全国统一碳交易市场政策体系 ——————————— 122
　　二、全国统一碳交易市场参与主体 ——————————— 124

三、全国统一碳交易市场支撑体系 ……………………………………… 125
　　四、全国统一碳交易市场运行机制 ……………………………………… 126
第三节　全国统一碳交易市场基本要素 ……………………………………… 127
　　一、全国统一碳交易市场覆盖范围 ……………………………………… 128
　　二、全国统一碳交易市场配额管理 ……………………………………… 130
　　三、全国统一碳交易市场 MRV 机制 …………………………………… 132
　　四、全国统一碳交易市场交易管理 ……………………………………… 134
　　五、全国统一碳交易市场监管机制 ……………………………………… 136
第四节　全国统一碳交易市场运行状况 ……………………………………… 138
　　一、全国统一碳交易市场运行成效 ……………………………………… 138
　　二、全国统一碳交易市场存在的问题 …………………………………… 139
　　三、完善全国统一碳交易市场建设措施 ………………………………… 141
本章小结 ………………………………………………………………………… 142
思考题 …………………………………………………………………………… 143

第七章　自愿碳减排市场　　144

第一节　自愿碳减排市场概述 ………………………………………………… 144
　　一、自愿碳减排 …………………………………………………………… 144
　　二、自愿碳减排市场概念、特点及参与主体 …………………………… 146
　　三、自愿碳减排市场发展 ………………………………………………… 148
第二节　自愿碳减排核算标准 ………………………………………………… 151
　　一、自愿碳减排核算标准概述 …………………………………………… 151
　　二、独立标准 ……………………………………………………………… 151
　　三、国家和地方标准 ……………………………………………………… 154
第三节　自愿碳减排项目开发 ………………………………………………… 156
　　一、自愿碳减排项目 ……………………………………………………… 156
　　二、自愿碳减排项目方法学 ……………………………………………… 157
　　三、自愿碳减排项目开发流程 …………………………………………… 158
本章小结 ………………………………………………………………………… 161
思考题 …………………………………………………………………………… 161

第八章　碳金融基础　　162

第一节　碳金融概述 …………………………………………………………… 162
　　一、碳金融概念 …………………………………………………………… 162
　　二、碳金融特征 …………………………………………………………… 163
　　三、碳金融市场功能 ……………………………………………………… 163

第二节　碳金融市场创新与发展 ·············· 164
  一、碳金融市场创新 ···················· 164
  二、国际碳金融市场发展 ················ 166
  三、中国碳金融市场发展 ················ 167
第三节　碳金融市场体系 ···················· 168
  一、碳金融市场概述 ···················· 168
  二、碳金融市场主体 ···················· 169
  三、碳金融市场监管 ···················· 171
本章小结 ·································· 173
思考题 ···································· 173

第九章　碳金融市场工具　　174

第一节　碳金融市场工具概述 ················ 174
  一、碳金融市场工具概念 ················ 174
  二、碳金融市场工具构成 ················ 175
第二节　碳金融市场工具介绍 ················ 176
  一、碳金融市场交易工具 ················ 176
  二、碳金融市场融资工具 ················ 180
  三、碳金融市场支持工具 ················ 184
第三节　碳金融市场工具创新 ················ 188
  一、碳结构性存款 ······················ 188
  二、碳经纪 ···························· 188
  三、碳做市交易 ························ 189
  四、碳信用卡 ·························· 189
本章小结 ·································· 189
思考题 ···································· 190

附录　部分缩写中英文对照表　　191

参考文献　　194

第一章 碳交易市场形成背景

 本章学习要点

本章学习全球气候变化趋势及气候变暖造成的危害，重点学习：应对气候变化的国际行动措施；碳达峰、碳中和的概念，实现路径选择和制度安排；中国碳达峰、碳中和战略的目标，1+N 政策体系及行动措施。

第一节 全球气候变化趋势及国际行动措施

一、全球气候变化趋势

（一）温室气体与温室效应

在地质历史上，地球的气候发生过显著的变化。一万年前，最后一次冰河期结束，地球的气候相对稳定在当前人类习以为常的状态。地球的温度是由太阳辐射照到地球表面的速率和吸热后的地球将红外辐射线散发到空间的速率决定的。从长期来看，地球从太阳吸收的能量必须同地球及大气层向外散发的辐射能相平衡。大气中的水蒸气、二氧化碳和其他微量气体，如甲烷、臭氧、氟利昂等，可以使太阳的短波辐射几乎无衰减地通过，但会吸收地球的长波辐射。因此，这类气体有类似温室的效应，被称为温室气体。这种温室气体会使地球表面变得更暖，类似于温室截留太阳辐射，并加热温室内空气。这种温室气体使地球变得更温暖的影响称为温室效应。大气中能产生的温室气体已经发现近 30 种，《京都议定书》中规定控制的 6 种温室气体为二氧化碳（CO_2）、甲烷（CH_4）、氧化亚氮（N_2O）、氢氟碳化物（HFCs）、氟碳化合物（PFCs）、六氟化硫（SF_6）。2014 年国家发展和改革委员会（简称国家发改委）颁布的《碳排放权交易管理暂行办法》中新增了三氟化氮（NF_3）。

为比较温室气体对全球增温现象的影响，科学家以二氧化碳为相对标准，即二氧化碳的全球增温潜势（Global Warming Potential，GWP）等于 1，将其他气体与二氧化碳的比值作为该气体的 GWP 值，从而引入了全球增温潜势的概念（表 1.1）。GWP 是物质产生温室效应的一个指数,是在 100 年的时间框架内,各种温室气体的温室效应对应于相同效应的二氧化碳的质量。二氧化碳作为参照气体,是因为其对全球变暖的影响最大,其余温室气体的 GWP 指数要比二氧化碳大得多,但它们在空气中的含量非常低,因此人们还是认为二氧化碳是温室效应的罪魁祸首。一般认为在温室气体的总增温效应中,二氧化碳(CO_2)贡献约占 63%,甲烷(CH_4)贡献约占 18%,氧化亚氮(N_2O)贡献约占 6%,其他贡献约占 13%。

表 1.1 温室气体种类及全球增温潜势

温室气体种类	全球增温潜势(GWP)	温室气体种类	全球增温潜势(GWP)
二氧化碳(CO_2)	1	氟碳化合物(PFCs)	7390~9200
甲烷(CH_4)	25	六氟化硫(SF_6)	22800
氧化亚氮(N_2O)	298	三氟化氮(NF_3)	12000~20000
氢氟碳化物(HFCs)	124~14800		

(二)温室效应带来的气候变化

温室气体有效地吸收地球表面、大气自身和云散射的红外辐射。大气辐射向所有方向发射,包括向下方的地球表面的放射。温室气体则将热量捕获于地面与对流层系统内,被称为自然温室效应。大气辐射与其气体排放的温度水平强烈耦合。在对流层中,温度一般随高度的增加而降低。从某一高度射向空间的红外辐射一般产生于平均温度在 -19℃ 的高度,并通过太阳辐射的收入来平衡,从而使地球表面的温度能保持在平均 14℃。温室气体浓度的增加导致大气对红外辐射不透明性能力的增强,从而引起由温度较低、高度较高处向空间发射有效辐射。这就造成了一种辐射强迫,这种不平衡只能通过地面对流层系统温度的升高来补偿。这就是增强的温室效应。如果大气不存在这种效应,那么地表温度将会下降约 33℃ 或更多。反之,若温室效应不断加剧,全球温度也必将逐年持续升高。

从长期气候数据比较来看,在气温和二氧化碳之间存在显著的相关关系,温室气体增加产生气候变暖问题。1750 年之前,大气中二氧化碳含量基本维持在 280ppm❶。工业革命后,因人类活动,特别是消耗的化石燃料(煤炭、石油等)的不断增长和森林植被的大量破坏,人为排放的二氧化碳等温室气体不断增长,大气中二氧化碳含量逐渐上升,每年大约上升 1.8ppm,2020 年上半年二氧化碳浓度达到了创纪录的 410ppm。从测量结果来看,大气中二氧化碳的增加部分约等于人为排放量的一半。按照联合国政府间气候变化专门委员会的评估,在过去一个世纪里,全球表面平均温度已经上升了 0.3~0.6℃,全球海平面上升了 10~25 厘米。许多学者的预测表明,到 21 世纪中叶,世界能源消费的格局若不发生根本性变化,大气中二氧化碳的浓度将达到 560ppm,地球平均温度将有较大幅度的增加。

2006 年公布的气候变化经济学报告显示,如果按照 2006 年的生活方式,到 2100 年全球气温将有 50% 的可能性上升 4℃ 多,气温如果这样升高就会打乱全球数百万人的生活,甚至破坏全球生态平衡,最终导致全球发生大规模的迁移和冲突。2020 年 1 月,全球陆地和

---

❶ ppm 即百万分之一。

海洋表面气温比20世纪1月平均气温（12℃）高出1.14℃，超过2016年1月创下的纪录，为连续第44个超过20世纪1月平均气温的1月份，有气象记录以来最热的10个1月均出现在2002年以后。2020年，北极海冰覆盖面积比1981—2010年的平均水平降低5.3%，南极海冰覆盖面积比1981—2010年的平均水平降低9.8%。

（三）温室气体主要来自人类活动

自然界本身排放着各种温室气体，也在吸收或分解它们。在地球的长期演化过程中，大气中温室气体的变化是很缓慢的，处于一种循环过程。碳循环就是一个非常重要的化学元素的自然循环过程，大气和陆生植被、大气和海洋表层植物及浮游生物每年都发生大量的碳交换，从天然森林来看，二氧化碳的吸收和排放基本是平衡的。人类活动极大地改变了土地利用形态，特别是工业革命后，生产、使用化工合成产品，排放大量温室气体，大量森林植被迅速砍伐一空，化石燃料使用量也以惊人的速度增长，人为的温室气体排放量相应不断增加。

从全球来看，能源生产一直在增长，二氧化碳排放量相应有了巨大增长。自2013年以来，全球温室气体排放总量平均每年增长0.14%，2022年全球温室气体排放量达到历史最高水平，与化石能源相关的二氧化碳排放量约占全球总排放量的86%（而土地使用变化的排放量为14%），化石能源是温室气体的主要来源。从1990年以来排放量变化趋势看，欧盟国家、俄罗斯和美国呈现出不同程度的下降趋势，但美国在1850—2021年期间却贡献了17%的全球变暖。近些年，中国和印度等新兴经济体二氧化碳排放量呈现出不同程度的上升趋势，但累计排放量相对占比较小。

二、全球气候变化带来的危害

气候变暖问题引发多种自然灾害，到达临界点后不可逆转，全球气候变暖造成的自然灾害已经日益频繁和恶劣。以1901—2000年这100年的平均温度作为基准，21世纪以来，全球温度加快攀升，目前已增温近1℃，厄尔尼诺现象也频繁发生，给各国造成了巨大经济损失。联合国环境规划署（UNEP）预测，如果现行碳排放政策持续，将导致2100年全球平均温度相对于工业化前水平上升3.4~3.7℃，并持续上升。而温度的持续上升将带来更高的降水量、更频繁的极端天气和生态平衡的不可逆破坏。

IPCC发布的《气候变化2014综合报告》指出，气候变化产生的风险包括与气候相关的危害（如海平面上升、极端高温、可用水减少等）及人类与自然系统适应力风险（如粮食减产和虫媒疾病传播等）。还指出因为气候变化会加剧热浪和火灾风险、食源性和水源性疾病风险，导致脆弱人口的工作能力丧失、劳动效率降低、贫困地区营养不良，因此对低收入国家的影响更大。根据数据统计，全球气候变暖趋势确立，一旦到达气候临界点，生态环境变化将不可逆转。当升温到一定程度，维持地球气候平衡的一些临界点将被触发，引发难以预测、不可逆的突变和持久的影响。平均气温升高2℃，对于地球来说，其后果将不堪设想。气候变化带来的极端气候事件频发、物种灭绝、海平面上升、农作物减产等重大风险，严重威胁人类生存和可持续发展。有研究表明，如果地球升温幅度从2℃提高到3℃，物种灭绝的风险就会增至8.5%；假如全球变暖保持目前的趋势，那么到2100年地球升温幅度将达4.3℃，约1/6的物种将面临灭绝风险。

（一）海平面上升

全世界大约有 1/3 的人口生活在沿海岸线 60 公里的范围内，经济发达，城市密集。全球气候变暖导致的海洋水体膨胀和两极冰雪融化，可能在 2100 年使海平面上升 50 厘米，危及全球沿海地区，特别是那些人口稠密、经济发达的河口和沿海低地。这些地区可能会遭受淹没或海水入侵，海滩和海岸遭受侵蚀，土地恶化，海水倒灌和洪水加剧，港口受损，并影响沿海养殖业，破坏供排水系统。

（二）影响农业和生态

随着二氧化碳浓度增加和气候变暖，可能会增加植物的光合作用，延长生长季节，使世界一些地区更加适合农业耕作。但全球气温和降雨形态的迅速变化，也可能使世界许多地区的农业和自然生态系统无法适应或不能很快适应这种变化，使其遭受很大的破坏性影响，造成大范围的森林植被破坏和农业灾害。实验证明，在 CO_2 高浓度的环境下，植物会生长得更快速和高大。全球气候变暖可能会影响大气环流，继而改变全球的雨量分布及各大洲表面土壤的含水量。

（三）土地沙漠化

土地沙漠化是一个全球性的环境问题。有历史记载以来，我国已有 1200 万公顷的土地变成了沙漠，特别是近 50 年来形成的"现代沙漠化土地"就有 500 万公顷。据联合国环境规划署（UNEP）调查，在撒哈拉沙漠的南部，沙漠每年大约向外扩展 150 万公顷。全世界每年有 600 万公顷的土地发生沙漠化。每年给农业生产造成的损失达 260 亿美元。从 1968 年到 1984 年，非洲撒哈拉沙漠的南缘地区发生了震惊世界的持续 17 年的大旱，给这个地区的国家造成了巨大经济损失和灾难，死亡人数达 200 多万。沙漠化使生物界的生存空间不断缩小，已引起科学界和各国政府的高度重视。气候变化和构造活动变弱是沙漠化的主要原因，人类活动加速了沙漠化的进程。

（四）影响人类健康

气候变暖有可能加大疾病危险和死亡率，增加传染病。高温会给人类的循环系统增加负担，热浪会引起死亡率的增加。由昆虫传播的疟疾及其他传染病与温度有很大的关系，随着温度升高，可能使许多国家疟疾、淋巴丝虫病、血吸虫病、黑热病、登革热、脑炎增加或再次发生。在高纬度地区，这些疾病传播的危险性可能会更大。

三、应对气候变化的国际行动措施

认识到潜在的全球气候变化问题，世界气象组织（World Meteorological Organization, WMO）、联合国环境规划署（UNEP）于 1988 年建立了联合国政府间气候变化专门委员会（IPCC），旨在提供有关气候变化的科学技术和社会经济认知状况、气候变化原因、潜在影响和应对策略的综合评估，IPCC 的评估为各级政府制定与气候相关的政策提供了科学依据，是联合国气候大会《联合国气候变化框架公约》（United Nations Framework Convention on Climate Change, UNFCCC）谈判的基础。

2018 年 10 月 IPCC 发布的《全球 1.5℃升温特别报告》指出，与将全球升温限制在 2℃相比，限制在 1.5℃对人类和自然生态系统有明显的益处，同时还可确保社会更加可持续和公平。为实现全球升温 1.5℃以内的目标，全球碳排放须在 2030 年前减半，必须在 21 世纪中叶实现全球范围内净零碳排放（表 1.2）。

表 1.2 应对气候变化的国际行动措施一览

时间	地点	会议	主要成果
1992年	里约热内卢	地球首脑会议	通过《联合国气候变化框架公约》,世界上第一个应对全球气候变暖的国际公约
1995年	柏林	第1次缔约方会议	通过《柏林授权书》
1997年	京都	第3次缔约方会议	通过《京都议定书》,规划2008—2020年人类减排总体安排。2008—2012年为第一承诺期,2012—2020年是第二承诺期,是人类社会第一次正面作出减排承诺
2005年	巴厘岛	第13次缔约方会议	通过《巴厘岛路线图》,为气候变化全球变暖寻求国际共同解决措施
2009年	哥本哈根	第15次缔约方会议	达成无法律约束力的《哥本哈根协议》,明确了各国《京都议定书》第二承诺期的减排责任
2011年	德班	第17次缔约方会议	与会方同意延长5年《京都议定书》的法律效力(原议定书于2012年失效)
2012年	多哈	第18次缔约方会议	通过了对《京都议定书》的《多哈修正案》
2015年	巴黎	第21次缔约方会议	通过《巴黎协定》,为2020年后全球应对气候变化行动作出安排,要求缔约方尽快达到温室气体排放峰值,并于21世纪下半叶实现碳中和
2021年	格拉斯哥	第26次缔约方会议	最终达成《巴黎协定》实施细则,为落实《巴黎协定》奠定了良好基础,开启全球应对气候变化新征程

(一)联合国气候变化框架公约

联合国大会于1992年5月9日通过了《联合国气候变化框架公约》,简称《公约》,同年6月在巴西里约热内卢召开的由世界各国政府首脑参加的联合国环境与发展会议期间开放签署。1994年3月21日,该《公约》生效。地球峰会上由150多个国家及欧洲经济共同体共同签署。截至2021年7月,共有197个缔约方,《公约》是国际合作应对气候变化的基石,属于纲领性文件,其核心内容如下。

1. 确立应对气候变化的最终目标

《公约》第2条规定:"本公约以及缔约方会议可能通过的任何法律文书的最终目标是:将大气温室气体的浓度稳定在防止气候系统受到危险的人为干扰的水平上。这一水平应当在足以使生态系统能够可持续进行的时间范围内实现。"并明确2005年发达国家,2012年发展中国家开始减排。

2. 确立国际合作应对气候变化的基本原则

基本原则主要有共同但有区别的责任原则、预防性原则、可持续发展原则和开放合作原则等。共同但有区别的责任原则要求缔约方应在公平的基础上,有区别地承担各自的环境责任。发达国家工业化程度高,应在全球气候变化应对过程中承担更多责任,而发展中国家有经济发展的需求,因此大会并未对其施加过多约束。预防性原则要求缔约方充分认识到气候变化问题的严重性以及对预防的必要性,各缔约方要立足本国国情,积极建立有效的预防措施,以此缓解气候变化带来的不利影响。可持续发展原则要求各缔约方在制定应对气候变化的政策时,充分考虑其经济影响,努力将其融入国家发展计划中。开放合作原则要求各缔约方通过构建有利的国际经济体系促进缔约方实现可持续经济增长,增强缔约方应对气候变化问题的能力。

3. 明确发达国家义务

明确发达国家应承担率先减排和向发展中国家提供资金技术支持的义务，《公约》附件一国家缔约方（发达国家和经济转型国家）（表1.3）应率先减排。附件二国家（发达国家）（表1.3）应向发展中国家提供资金和技术，帮助发展中国家应对气候变化。同时承认发展中国家有消除贫困、发展经济的优先需要。《公约》承认发展中国家的人均排放仍相对较低，因此在全球排放中所占的份额将增加，经济和社会发展以及消除贫困是发展中国家首要和压倒一切的优先任务。

《公约》确立的诸多国际制度，包括每年一度的缔约方大会一直是国际社会加强气候行动政治共识并把公约确立的原则和机制变成具体行动和实施规则的关键多边机制。

表1.3 《联合国气候变化框架公约》附件一国家和附件二国家

附件一国家	附件二国家
澳大利亚、奥地利、白俄罗斯、比利时、保加利亚、加拿大、克罗地亚、捷克、丹麦、爱沙尼亚、芬兰、法国、德国、希腊、匈牙利、冰岛、爱尔兰、意大利、日本、拉脱维亚、列支敦士登、立陶宛、卢森堡、摩纳哥、荷兰、新西兰、挪威、波兰、葡萄牙、罗马尼亚、俄罗斯、斯洛伐克、斯洛文尼亚、西班牙、瑞典、瑞士、土耳其、乌克兰、英国、美国	澳大利亚、奥地利、比利时、加拿大、丹麦、芬兰、法国、德国、希腊、冰岛、爱尔兰、意大利、日本、卢森堡、荷兰、新西兰、挪威、葡萄牙、西班牙、瑞典、瑞士、英国、美国

（二）《京都议定书》及其修正案

《京都议定书》（Kyoto Protocol，简称《议定书》），是《公约》的补充条款，于1997年12月在日本京都通过。《京都议定书》与《公约》最大的区别在于：《公约》鼓励发达国家减排，而《京都议定书》强制要求发达国家减排，具有法律约束力。《议定书》于2005年2月16日生效，这是人类历史上首次以法规的形式限制温室气体排放，规定了工业化国家要减少温室气体的排放，降低全球气候变暖和海平面上升的危险，目标是将大气中的温室气体含量稳定在一个适当的水平，进而防止剧烈的气候变化对人类造成伤害。

《议定书》要求在2008—2012年第一个承诺期内，全球温室气体排放量在1990年的水平上减少5.2%。其中，欧盟国家应减少8%，美国应减少7%，日本应减少6%，澳大利亚和冰岛分别可以增加排放8%和10%。《议定书》主要包括以下内容。

1. 明确了发达国家减排目标

附件一国家整体在2008—2012年间应将其年均温室气体排放总量在1990年基础上至少减少5%。欧盟27个成员国、澳大利亚、挪威、瑞士、乌克兰等37个国家缔约方参加了第二承诺期，整体在2013—2020年承诺期内将温室气体的全部排放量从1990年水平至少减少18%。

2. 确定了减排温室气体种类

《议定书》规定的温室气体有二氧化碳（CO_2）、甲烷（CH_4）、氧化亚氮（N_2O）、氢氟碳化物（HFCs）、氟碳化合物（PFCs）和六氟化硫（SF_6）。《多哈修正案》将三氟化氮（NF_3）纳入管控范围，使受管控的温室气体达到7种。

3. 建立了碳减排交易机制

建立了旨在减排的三个灵活的碳减排交易机制，作为完成减排义务的补充手段。碳减排交易机制包括国际排放贸易机制、联合履约机制和清洁发展机制。这些机制允许发达国家通过碳交易市场等灵活完成减排任务，而发展中国家可以获得相关技术和资金。2012年多哈会议通过包含部分发达国家第二承诺期量化减限排指标的《多哈修正案》。要求发达国家到2020年其平均二氧化碳减排强度在1990年基础上减少18%。

《议定书》第二承诺期划分为两个阶段。第一阶段（2013—2020年），以欧盟为主的38个发达国家将继续在《议定书》下承担具有法律约束力的温室气体减排义务，并向发展中国家提供资金、转让技术和支持能力建设，以帮助发展中国家采取应对气候变化的行动。美国、日本、加拿大、俄罗斯、新西兰等国家将在《联合国气候变化框架公约》下（但在《议定书》之外）采取"自下而上"的自愿的温室气体减排行动，这些减排行动不具有法律约束力。发展中国家将在发达国家及国际机构的援助下，采取自愿的减排和适应气候变化的行动。第二阶段（2020年以后），全球将在同一个法律框架下采取应对气候变化的具有法律约束力的行动。在联合国的主导下，这些行动在2013年至2015年通过谈判确定。

（三）《巴黎协定》

2011年，气候变化德班会议设立"加强行动德班平台特设工作组"，即"德班平台"，负责在《公约》下制定适用于所有缔约方的议定书、其他法律文书或具有法律约束力的成果。德班会议同时决定，相关谈判需于2015年结束，谈判成果自2020年起开始实施。

2015年11月30日至12月12日，《公约》第21次缔约方大会暨《议定书》第11次缔约方大会（气候变化巴黎大会）在法国巴黎举行，巴黎大会最终达成《巴黎协定》（The Paris Agreement），对2020年后应对气候变化国际机制作出安排，标志着全球应对气候变化进入新阶段。截至2021年7月，《巴黎协定》签署方达195个，缔约方达191个。2016年11月4日，《巴黎协定》正式生效，《巴黎协定》要求把全球平均气温相比于工业化前水平升幅控制在2℃之内，并努力将气温升幅限制在工业化前水平以上1.5℃之内。并且，为了达到气温升幅目标，《巴黎协定》要求缔约方尽快达到温室气体排放峰值，并于21世纪下半叶实现碳中和。

2018年12月《公约》第24次缔约方大会、《议定书》第14次缔约方大会暨《巴黎协定》第1次缔约方会议第3阶段会议举行。会议按计划通过《巴黎协定》实施细则决议，就如何履行《巴黎协定》"国家自主贡献"及其减缓、适应、资金、技术、透明度、遵约机制、全球盘点等实施细节作出具体安排，就履行协定相关义务分别制定细化导则、程序和时间表等，就市场机制等问题形成程序性决议。

1.《巴黎协定》主要内容

（1）确立了全球减排长期目标　《巴黎协定》确立的一个大目标是将全球升温幅度控制在工业化前水平以上2℃以内，争取控制在1.5℃以内。为实现该目标，提出了要"尽快达到温室气体排放的全球峰值"，并且"在21世纪下半叶实现温室气体源的人为排放与清除之间的平衡"，也就是到21世纪下半叶实现全球温室气体净零排放。

（2）强调国家自主贡献目标　各国根据各自经济和政治状况自愿作出减排承诺，并随时间推移而逐渐增加。同时要求在核算预期的国家自主贡献（Intended Nationally Determined Contribution，INDC）时，应促进环境完整性、透明性、精确性和完备性，以增强透明度，保障国家自主贡献的准确性。

（3）每5年进行一次全球盘点的升级更新机制　《巴黎协定》引入"以全球盘点为核心，以5年为周期"的升级更新机制。从2023年起，每5年对全球行动总体进行一次盘点，总结全球减排进展及各国INDC目标与实现全球长期目标排放情景间的差距，以进一步促使各方更新和加强其INDC目标及行动和支持力度，加强国际合作，实现全球应对气候变化长期目标。

（4）重申共同但有区别的责任原则　《巴黎协定》明确规定，"发达国家缔约方应当继续带头，努力实现全经济绝对减排目标。发展中国家缔约方应当继续加强自身的减缓努力，鼓励根据各自国情，逐渐实现全经济绝对减排目标。"在资金问题上，规定发达国家缔约方应为发展中国家缔约方在减缓和适应两方面提供资金，以便继续履行 UNFCCC 下的现有义务，并鼓励其他缔约方自愿提供或继续提供这种资助，明确了发达国家为发展中国家适应和减缓气候变化出资的义务。

（5）强调经济发展的低碳转型　《巴黎协定》强调"气候变化行动、应对及影响与平等获得可持续发展与消除贫困有着内在的关系"，实现气候适宜型的发展路径，把应对气候变化与保障粮食安全、消除贫困和可持续发展密切结合起来，实现多方共赢的目标。

（6）采用"阳光条款"　《巴黎协定》的一个亮点是被非政府组织称为"阳光条款"的有关透明度的协议。各国根据各自经济和政治状况自愿提出"国家自主贡献"减排承诺，接受社会监督。各国都要遵循"监测、报告与核查"的同一体系（该体系会根据发展中国家的能力给予一定的灵活性），定期提供温室气体清单报告等信息，并接受第三方技术专家审评，增强体系透明度，帮助发展中国家提高透明度，鼓励各国自愿行动，夯实互信基础。

2.《巴黎协定》主要贡献

（1）建立一套"自下而上"设定行动目标与"自上而下"的核算、透明度、履约规则相结合的体系　"自下而上"设定行动目标有利于激发各国积极性，根据国家发展阶段、国家能力和历史责任，自主确定行动目标，有助于实现应对气候变化行动的全球覆盖；"自上而下"的核算、透明度、履约规则确保各国有一个通用的对话、行动进展跟踪平台，有助于各国交流行动经验，开展评估与自我评估，提高行动力度，综合评估全球行动力度与进展。

（2）引入"以全球盘点为核心，以 5 年为周期"的升级更新机制，确保行动与目标的一致性　缺乏动态升级更新机制是全球气候治理体系过去面临的重要问题，《巴黎协定》的一个重要成果就是为解决各国自主贡献力度不足、难以实现温控目标的问题专门建立盘点机制，即从 2023 年开始，每 5 年对全球行动总体进展进行一次促进性盘点。

（3）将"1.5℃温控目标"引入全球气候治理的目标中　《巴黎协定》在《公约》的基础上，进一步将"2℃温控目标"升级为"1.5℃温控目标"，表示要"把全球平均气温较工业化前水平升高控制在2℃之内，并努力将气温升幅控制在 1.5℃之内"。这是"1.5℃温控目标"首次成为全球共识，同时首次明确要"使资金流动符合温室气体低排放和气候适应型发展的路径"，这为实现全球减缓目标与适应目标指明了努力方向，也体现了近年来在绿色金融等国际治理议题方面的进展。

（4）解决资金问题取得重大进展　"使资金流动符合温室气体低排放和气候适应型发展的路径"，成为与减缓目标和适应目标并列的《巴黎协定》三大目标之一。《巴黎协定》将《京都议定书》中发达国家向发展中国家提供资金支持，演变成了所有国家都要考虑应对气候变化的资金流动，模糊了资金支持对象，也考虑了各国国内资金流动。同时《巴黎协定》还将资金支持的提供主体扩展到了所有发达国家，而不仅仅是《公约》附件二中的发达国家，并且规定鼓励其他缔约方自愿或继续向发展中国家提供资金支持。

3.《京都议定书》与《巴黎协定》的比较

（1）治理机制不同　《京都议定书》的治理机制是自上而下的，它通过一种自上而下的方式为附件二国家制定了有法律约束力的强制减排目标，包括定量的国家减排标准和为帮助其实现减排目标而制定的市场机制。这种方式旨在通过减排目标来督促各国采取符合本国国情的减排措施，从而达到全球减排的共同目标。《巴黎协定》最终采用的是以自下而上为主、兼有自上而下成分的混合型治理机制。其中自下而上治理机制主要体现在《巴黎协定》依靠缔约方提交的国家自主贡献目标来开展全球温室气体减排，每个缔约方减排多少、采取什么样的形式减排由各缔约方根据自身能力和特点来决定。

（2）法律形式不同　《巴黎协定》与《京都议定书》在履约和核心条款的精准度上有显著不同，集中体现在《巴黎协定》最为核心的国家自主贡献的减排条款不具有强制法律约束力，其采用的法律语言是"倡议性的"而非"强制要求性的"，并且涉及国家自主贡献目标等条款在规定上是不精确的。例如《巴黎协定》第四条第二款规定："各缔约方应编制、通报并持有它打算实现的下一次国家自主贡献。缔约方应采取国内减缓措施，以实现这种贡献目标。"根据这样的规定，缔约方应采取相应的减排措施，但这样的执行并非强制性的，而更多的是基于自愿和自身能力进行。《巴黎协定》在国家自主贡献等核心条款上的法律约束力更多的是程序上的而非实质性的。《巴黎协定》虽然规定了缔约方行为上的义务，即缔约方承诺就减排、适应、融资和能力建设等方面采取措施并报告相关信息，但是并没有结果上的义务，即缔约方并没有实现国家自主贡献承诺目标的强制结果义务。

（3）履约机制不同　《京都议定书》是既有法律约束力又有履约机制的条约，而《巴黎协定》虽是具有法律约束力的协定，但是并没有真正有效的惩罚非履约行为的履约机制。《巴黎协定》采取非对抗的、非惩罚性的方式，虽然《巴黎协定》没有强制履约机制，但是该协定为促进条约的有效执行设立了透明度标准和定期回顾机制。

（4）法律基本原则不同　《京都议定书》强调共同但有区别的责任原则。基于这一原则，《京都议定书》在发展中国家和发达国家的减排目标问题上区别对待。只要求附件二国家（主要是发达国家）遵循强制减排目标，而发展中国家则可以自愿决定自己的减排目标。《巴黎协定》在减排这一核心问题上不再区分发达国家和发展中国家，要求所有缔约方都要依据各自能力提交国家自主贡献。从这个意义来说，《巴黎协定》的"共同但有区别的责任"已非《京都议定书》中的"共同但有区别的责任"，其重点是在新加上的各自能力原则上。

（四）气候雄心峰会

自2015年《巴黎协定》签订起，几乎每年联合国均会召开气候行动峰会，包括2016年华盛顿气候行动峰会、2018年旧金山气候行动峰会及2019年纽约气候行动峰会。2020年12月12日，在联合国召集下，包括我国在内的70多个国家共同参加2020气候雄心峰会。

峰会认为《巴黎协定》是人类在应对气候变化领域的一个重要里程碑，然而，各方却未能付出足够的行动将《巴黎协定》加以落实。因此，此次气候雄心峰会检阅了各国履行《巴黎协定》的成果，督促与会国家制定新的长远规划。会上，英国宣布，将在未来五年内使排放水平比1990年下降68%，而欧盟则承诺在同期内减排55%。

国家主席习近平在气候雄心峰会上通过视频发表题为《继往开来，开启全球应对气候变化新征程》的重要讲话，"今年9月，我宣布中国将提高国家自主贡献力度，采取更加有力的政策和措施，力争2030年前二氧化碳排放达到峰值，努力争取2060年前实现碳中和……在此，我愿进一步宣布：到2030年，中国单位国内生产总值二氧化碳排放将比2005年下降65%以上，非化石能源占一次能源消费比重将达到25%左右，森林蓄积量将比2005年增加

60亿立方米，风电、太阳能发电总装机容量将达到12亿千瓦以上。"

2020年12月21日，国新办发布《新时代的中国能源发展》，我国2019年碳排放强度比2005年降低48.1%。根据《2020年国民经济和社会发展统计公报》，2020年比2019年减排下降1%。"十四五"期间目标是下降18%，与"十三五"目标一致。这意味着2026—2030年减排也需要下降18%左右，才能完成2030年比2005年碳减排下降65%以上。

第二节　碳达峰、碳中和

一、碳达峰、碳中和概念

碳达峰是指某一个时点，二氧化碳的排放不再增长，达到峰值，而后逐步回落。碳达峰是一个过程，即碳排放首先进入平台期并可以在一定范围内波动，之后进入平稳下降阶段。碳达峰是二氧化碳排放量由增转降的历史拐点，标志着碳排放与经济发展实现脱钩，达峰目标包括达峰年份和峰值。碳中和是指企业、团体或个人测算在一定时间内直接或间接产生的温室气体排放总量，然后通过植树造林、节能减排等形式，抵消自身产生的二氧化碳排放量，实现二氧化碳"零排放"。在国际上，气候中性（Climate Neutrality）和净零二氧化碳排放量（Net-zero CO_2 Emissions）的定义与碳中和（Carbon Neutrality）一致。

碳中和是欧盟、美国、中国等世界主要国家提出的长远规划（表1.4、表1.5），旨在降低碳排放，解决全球气候变暖问题造成自然灾害频发的问题。碳达峰是实现碳中和的前提条件，尽早地实现碳达峰可促进碳中和的早日实现。碳中和不是一蹴而就的，需要一个漫长的过程，在此过程中各国必然会在政策支持上向相关行业倾斜。

碳达峰与碳中和一起，简称"双碳"目标，碳达峰时间越早，峰值排放量越低，越有利于实现长期碳中和愿景，否则会付出更大成本和代价。实现达峰，核心是降低碳强度，以"强度"下降抵消GDP增长带来的二氧化碳排放增加。

表1.4　各国或地区碳中和时间表

国家/地区	承诺性质	时间
乌拉圭	政策宣示	2030年
芬兰	政策宣示	2035年
奥地利、冰岛	政策宣示	2040年
瑞士、苏格兰	已立法	2045年
美国	竞选承诺	2050年
英国、法国、丹麦、新西兰、匈牙利、德国、西班牙、智利	已立法	2050年
欧盟、挪威、瑞士、加拿大、智利、南非、哥斯达黎加、斐济、日本、韩国	政策宣示	2050年
中国	政策宣示	2060年

欧洲大部分国家在推进碳中和进程上更为领先且积极。如冰岛已达成无碳电力和供暖，奥地利将在2030年实现100%清洁电力，亚洲则多以半强制性的政策宣言为主，美洲对碳中和目标响应有限，且多以半强制与自愿执行为主。

表 1.5　世界主要国家碳中和时间路线

国家/地区	目标时间	具体路线
英国	2050 年	推出一项涵盖十个方面的"绿色工业革命"计划，包括大力发展海上风能、推进新一代核能研发；2030 年前停止销售以汽油和柴油为动力的新车，2035 年前停止销售混合动力汽车等
德国	2050 年	明确能源、工业、建筑、交通、农林等不同经济部门所允许的碳排放量，并规定联邦政府部门有义务监督有关领域遵守每年的减排目标；在 2030 年率先实现公务领域的温室气体净零排放；从 2021 年起启动国家排放交易系统等
美国	2050 年	到 2035 年，通过向可再生能源过渡实现无碳发电；计划拿出 2 万亿美元，用于基础设施、清洁能源等重点领域的投资等
日本	2050 年	15 年内逐步停售燃油车；到 2050 年，可再生能源发电占比较目前水平提高 3 倍，达到 50%～60%；最大限度地利用核能、氢、氨等清洁能源；在 2021 年制定一项根据二氧化碳排放量收费的制度等
韩国	2050 年	国土交通部制订 2050 年实现车辆 100% 无公害化的相关计划；产业通商资源部制定氢能经济基本规划；金融委员会制定金融界绿色投资指南等
中国	2060 年	2025 年将煤炭能源消费比重从 2020 年的 57.5% 降至 52%，一次能源中非化石能源比重上升至 20%；2030 年单位国内生产总值二氧化碳排放将比 2005 年下降 65% 以上，非化石能源占一次能源消费比重将达到 25% 左右，森林蓄积量将比 2005 年增加 60 亿立方米，风电、太阳能发电总装机容量将达到 12 亿千瓦以上等

二、碳达峰、碳中和实现路径选择

1. 减少碳排放（碳源）

碳源是指向大气中释放碳的过程、活动或者机制，可以被描述为"一个碳储库，它向其他碳储库提供碳，因此储量随时间减少"或者"有机碳释放超过吸收的系统或区域，如热带毁林、化石燃料燃烧等"。碳源也是微生物的营养物，包括含碳化合物，并提供细胞生命的能量及细胞碳架。通俗来讲，某些自然过程释放到大气中的二氧化碳比它们吸收的要多。任何使用化石燃料的过程（例如燃烧、煤炭发电）都会向大气中释放大量碳；饲养牲畜也会向大气中释放大量碳（温室气体）。这些将碳释放到大气中的过程也被称为碳源。

减少碳排放方面，最主要的就是能源结构的调整，减少能耗、提高能源利用率、用生物质能源替代石油等化石燃料，大力发展低碳经济，通过技术创新、制度创新、产业转型、新能源开发等多种手段，尽可能地减少煤炭、石油等高碳能源消耗，减少温室气体排放，限制化石能源的使用，增加清洁能源的使用，如核能、太阳能、风能、生物质能等可再生能源；其次是加强重点领域的节能，包括工业领域在工艺流程上的节能，高能耗、高排放领域的节能减排，煤的清洁高效利用，油气资源和煤层气的勘探开发等，还有建筑领域、交通领域等，每个领域都应以更先进的低碳技术的开发应用为基础，去推动这个领域的低碳化、绿色化。

2. 增加碳吸收（碳汇）

碳汇与碳源是一对相对的概念，碳汇是指通过种种措施吸收大气中的二氧化碳，从而降低温室气体在大气中浓度的过程、活动或机制，可以描述为"一个碳储库，它接受来自其他碳储库的碳，因此储量随时间增加"或者"有机碳吸收超过释放的系统或区域，如大气、海洋等"。碳汇是从大气中吸收的碳多于释放的碳的碳循环介质（或自然过程），包括植物、海洋和土壤等，这三者是最大的碳汇。世界森林每年吸收 26 亿吨二氧化碳，地球的土壤每年吸收大约 1/4 人为排放的碳，工业革命以来海洋吸收了大约 1/4 释放到大气中的二氧化碳。

增加温室气体吸收汇主要是通过造林、再造林把大气中的二氧化碳固定到植物体和土壤中，在一定时期内起到降低大气中温室气体浓度的作用。据全球碳项目（Global Carbon Project，GCP）发布的《2020年全球碳预算》，陆地和海洋的碳汇将继续吸收大气中一半以上的二氧化碳排放量（2020年为54%）。分类别看，2010—2019年，海洋每年吸收92亿吨二氧化碳，陆地生态系统每年吸收125亿吨二氧化碳。

碳汇主要有森林碳汇和碳汇林业。森林碳汇是指森林植物通过光合作用，吸收固定大气中的二氧化碳，将其固定在植被与土壤中，从而降低大气中二氧化碳浓度。碳汇林业是指以应对气候变化、积累碳汇为主要目的的林业活动。与普通的造林相比，碳汇造林突出森林的碳汇功能，具有碳汇计量与监测等特殊技术要求，强调森林的多重效益。草原、绿地、湖泊、湿地、海洋等碳汇正在被逐渐重视并开发。

3. 保护碳储存

保护碳储存就是指保护现有森林、土壤或湿地等生态系统中储存的碳，减少其向大气排放，包括生物炭土壤改良，森林、草原、湿地、海洋、土壤、冻土等生态系统碳汇的固碳等，主要措施包括减少毁林、改进采伐措施、提高木材利用率、有效森林灾害（林火、病虫害）控制以及改良农林业生产方法。

4. 扩大碳利用

扩大碳利用就是要大力发展二氧化碳捕集、利用和储存（Carbon Capture，Utilization and Storage，CCUS）等负碳技术，捕集排放出来的二氧化碳，然后利用它或者储存它，以抵消那些难减排的碳排放。碳捕集是将二氧化碳（CO_2）收集起来，并用各种方法储存以避免其排放到大气中的一种技术。捕集方式主要有三种：燃烧前捕集（Pre-combustion）、富氧燃烧（Oxy-fuel Combustion）和燃烧后捕集（Post-combustion）。碳利用是加强二氧化碳地质利用，将二氧化碳高效转化燃料化学品。二氧化碳的资源化利用技术有合成高纯一氧化碳、烟丝膨化、化肥生产、超临界二氧化碳萃取、食品保鲜和储存、粉煤输送、合成可降解塑料、改善盐碱水质、培养海藻、油田驱油等。其中合成可降解塑料和油田驱油技术产业化应用前景广阔。

三、碳达峰、碳中和实现制度安排

（一）碳达峰、碳中和实现制度

碳达峰、碳中和实现制度设计可以分为行政手段、信息手段、经济手段三类，但各具优势和劣势，适用于不同的情景，往往需要相互结合、灵活使用。

1. 行政手段

行政手段又称命令控制性手段，包括各种标准、必须执行的命令和不可交易的配额。其特点是目标明确、具有强制性，但往往需要高额的执行成本。在我国应对气候变化的进程中，行政手段一直发挥着重要推动作用，对盲目粗放式发展进行自上而下的强有力约束。2007年国务院印发的《中国应对气候变化国家方案》中明确指出能源强度下降目标。2009年，我国在哥本哈根气候大会上提出到2020年将碳强度削减40%~45%的目标，并开始探索实施碳排放强度目标责任制。2013年发布的《国家适应气候变化战略》及2014年发布的《国家应对气候变化规划（2014—2020年）》中明确了相应的能源强度和二氧化碳排放强度下降目标，至2021年正式发布的"十四五"规划中，碳强度下降依然是重要的约束性目标。同时，我国于2014年发布的《单位国内生产总值二氧化碳排放降低目标责任考核评估办法》首次正式将碳排放强度降低目标纳入各地区经济社会发展综合评价体系和干部政绩考核体系，奠定了经济结构低碳转型的基础。实践证明，碳强度目标确立、分解与考核是强有力的碳减排行政手段，促使我国碳排放增长减速，呈现经济发展与碳排放"脱钩"趋势。在碳强度控制之外，我国也逐渐探索并引入碳总量控制目标，强化碳减排指标约束，实现强度和总量"双控"。未来"碳双控"作为强有力的行政手段，将继续在我国应对气候变化上发挥举足轻重的作用。

2. 信息手段

信息手段又称劝说鼓励型手段，是通过教育、宣传、信息公开、公众参与等方式对人们的意识和行为产生影响的手段，具有预防性强、强制性弱、长期效果好的特点。这类手段在减缓气候变化中极为普遍，发挥着不可替代的作用。例如 IPCC 发布系列报告，包括影响、风险、技术等各种信息，让政府、企业、公众感知全球气候变化以及减缓温室气体排放的急迫性，并主动作出改变。自从 2007 年国务院发布《中国应对气候变化国家方案》以来，加大气候变化教育与宣传力度一直是我国应对气候变化的重点任务之一，绿色低碳发展等宣传教育活动极为普遍，逐渐深入各学校、企业、社区。在各项考核、审计工作中，碳排放相关信息的公开透明也可以纳入其中。

3. 经济手段

经济手段以庇古理论和科斯定理为依据，旨在确立或完善市场，确定碳定价机制，又称为科斯手段，主要依靠市场机制，"谁污染，谁治理"，通过弥补个人边际成本与社会边际成本之间的差异实现外部性的内部化，从而可以有效纠正市场失灵。根据科斯理论，明确产权同时允许产权交易，创立一个完善的交易市场，通过市场配置能够实现社会成本的最小化，如碳排放权交易❶、补偿制度等；以庇古理论为依据、主要依赖政府的手段，又称庇古手段，需要政府实施收费或提供补贴，特点是管理成本高。庇古手段包括补贴制度、税费制度、押金返还制度等。碳定价机制一般包括碳税、碳排放权交易体系及碳信用机制（图1.1）。

（二）碳税和碳交易制度

碳税和碳交易是目前世界上各国最常用的两大碳减排经济制度安排，都是以控制温室气体排放为目的，促进节能减排的经济手段，都通过给二氧化碳和其他温室气体赋予价格，从而为整个经济系统向高能效和低能耗转型提供一个信号（图1.1）。

1. 碳税制度

碳税是一项针对向大气排放二氧化碳而征收的环境税，从经济学角度看，是庇古税❷的一种，庇古税是福利经济学家庇古提出的控制环境污染负外部性行为的一种经济手段。庇古认为仅依靠市场机制难以实现社会福利最大化，市场失灵的原因是市场主体的私人成本与社会成本不相一致，即存在外部性。当存在负外部性或正外部性时，政府应向市场主体征税或者补贴来矫正其私人成本，使外部性内部化，以实现资源配置的帕累托最优。

碳税是对产生二氧化碳排放这种环境污染负外部性行为的市场主体增加的一个私人成本。通过税收手段，将外部社会成本内部化影响市场主体决策，抑制向大气中排放过多二氧化碳，从而减缓气候变暖进程。碳税是利用市场的无形之手引导参与者走向低碳未来，提供了最具成本效益的杠杆，成为有效和合理地应对全球气候变化的手段。为达到减排目的，碳税

---

❶ 碳排放权交易是指二氧化碳等温室气体碳排放权交易，简称碳交易，碳排放权交易市场也被称为碳交易市场。

❷ 庇古税是通过对产生负外部性的生产者征税或对产生正外部性的生产者给予补贴，从而使得外部性内在化的修正性税。例如根据污染所造成的危害程度对排污者征税，用税收来弥补排污者生产的私人成本和社会成本之间的差距，使两者相等。

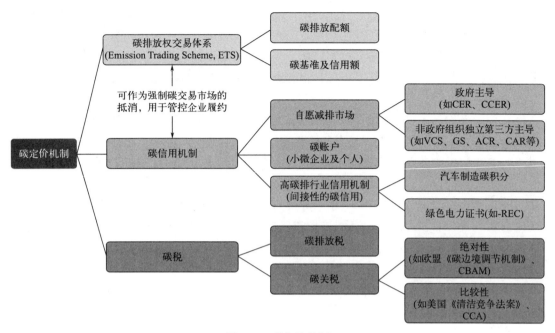

图 1.1　碳定价机制

的征收应逐年增加，同时要保持碳税收入的中立性，以规避对政府征税的争论；足够稳定且逐步增加的碳税可取代各种效率低下的碳法规，以市场手段促进经济增长；为防止碳泄漏❶并保护本国国际竞争力，应建立基于边境的碳补偿系统，激励其他国家也采用类似的碳定价。

1990 年，芬兰政府对化石燃料按碳含量征收 1.62 美元/吨二氧化碳的碳税，之后芬兰在 1997 年和 2011 年分别进行了税制改革，以纳入更多征税对象及采用更科学的征税方法。现在芬兰碳税征收对象包括汽油、柴油、轻质燃油、重质燃料油、喷气燃料、航空汽油、煤炭和天然气等。碳税被认为是芬兰发展低碳经济最重要的手段之一。目前加拿大、澳大利亚、英国等 20 多个国家均实施了碳税（表 1.6）。由于一些国家出于保护行业竞争力的目的对能源密集型产业大量豁免，导致单一的碳税政策并未取得减排效果。

表 1.6　世界各国征收碳税时间表

年份	国家	年份	国家
1990	芬兰、波兰、荷兰	2008	瑞士
1991	瑞典、挪威	2010	爱尔兰、冰岛
1992	丹麦	2012	澳大利亚
1995	拉脱维亚	2013	英国
1996	斯洛文尼亚	2014	法国、墨西哥
1999	德国	2015	南非、葡萄牙
2000	爱沙尼亚	2017	智利、哥伦比亚、新加坡
2007	日本	2018	加拿大

---

❶ 碳泄漏是指在一个区域更严格的气候政策会导致高碳产品及相关碳排放转移到另一区域，被认为是跨国界的外部性问题，其成为发达国家要求对发展中国家征收碳关税及其他边境调节措施的重要依据。

2. 碳交易制度

碳交易是将二氧化碳排放权作为一种商品，各企业为实现规定的"排放额度"，买卖二氧化碳排放权的交易。在不同的机制下用不同的单位来记录可以交易的量，是为了促进全球温室气体减排，实现减排目标而采用的市场机制，其交易市场称为碳交易市场或碳市场。1997年12月通过的《京都议定书》把市场机制作为温室气体减排问题的新路径。在排放总量控制的前提下，包括二氧化碳在内的温室气体排放权成为一种稀缺资源，从而具备了商品属性，如欧盟的欧盟碳排放权交易体系（European Union Greenhouse Gas Emission Trading Scheme，EU-ETS）、英国的英国碳排放权交易体系（UK Emissions Trading Group，ETG）、美国的芝加哥气候交易所（Chicago Climate Exchange，CCX）等。2011年10月国家发展改革委印发《关于开展碳排放权交易试点工作的通知》，批准北京、上海、天津、重庆、湖北、广东和深圳等七省市开展碳交易试点工作，2021年7月全国统一碳交易市场启动。

碳排放权交易的理论基础是科斯定理。美国学者Dalase最早提出了排污权交易的构想，排污者可以从政府或拥有这种权利的其他排污者购买排污权，且排污权可以在排污者之间出售或转让。碳排放权本质是一种排污权，国际组织或政府可以确定碳排放总量，并向市场主体分配初始碳排放权配额，获得配额的主体可以在碳交易市场出售多余碳配额或购买缺少的碳配额，通过市场机制以较低成本实现碳减排目标。

3. 碳税和碳交易比较

从理论上来讲，碳税和碳交易都是具有市场效率的经济措施，主要区别在于，税收手段的碳价格（通过税率）是由政府制定的，排放量（或减排量）则随市场供需而有所波动。在碳税政策下，企业会根据减排成本来决定一定时期内的排放量，一定时期以内的碳排放量是相对不可控的，因此碳税手段被称为"基于价格"的经济手段。碳交易体系的碳排放总量是由政府设定，碳减排量是可控的，而碳价格则随着一定时期内可交易的配额数量以及社会、经济情况而发生波动，因此，碳交易手段通常被称为"基于数量"的经济手段。

目前这两种政策工具均在全球范围内推行，如欧盟、中国、韩国等国家或地区正在采用碳交易的手段，而英国、德国等国家推行碳税也取得有效成果。两者的实施各有利弊，在明确权责范围的情况下，两者也可相互配合，达到最佳减排效果（表1.7），例如欧盟正在探讨实施统一碳税以弥补欧盟碳交易机制（EU-ETS）的不足。

表1.7 碳交易与碳税的优缺点比较

项目	碳交易	碳税
优点	1. 直接指向碳排放量，减排效果明显 2. 政策出台、调整不涉及立法，程序相对简单、灵活 3. 能够吸引银行、基金、企业参与资源配置，效率高	1. 相对简单，管理、运行成本较低 2. 相对稳定，增加的政府收入可用于投资开发新减排技术
缺点	1. 人为设计，政府控制的市场 2. 监管成本和道德风险较高 3. 潜在的金融风险	1. 税种的出台、调整都需要严格的程序，灵活性较差 2. 通过价格影响碳排放量，效果存在不确定性 3. 缺乏超国家的征税部门，不能解决全球碳减排问题 4. 引起实施国产业外流风险

（1）实施成本方面 碳交易设计难度大，需要建立完善的交易平台，政府需要持续监测平台运行情况并做相应调整，实施成本高。倘若市场机制的设置不完善、执行不到位，碳交

易的节能减排效应将大打折扣,不稳定的碳价导致控排企业❶积极性不足,影响减排力度。碳税依托现有税收体系实施,其征管在现有税收制度下进行,无须设置新的机构,也不用建设配套基础设施,实施成本相对低,碳税还可以为政府带来纳税收入,可利用碳税收入进行资源的再分配,也可以设立专项基金,专款用于应对气候变化、新能源技术开发、节能技术研发等领域。

(2) 减排效果方面 碳交易是一种数量调控,政府设定碳排放总量。政府确定碳排放总量后,总体减排目标就随之确定,减排效果直观明确。常用碳交易机制的设置核心是总量限制与交易制度(Cap and Trade),是"基于数量"的手段,即在控制温室气体排放总量的前提下进行市场交易,以市场手段激励参与者为节能减排作出贡献并让多排放的单位付出相应成本。

相比而言碳税是"基于价格"的工具,通过税率即价格来实现减排,但不能有力地控制总排放量,一些高排放、高收益的企业在碳税较低情形下依然保持原有生产经营模式,减排意愿较低。碳税属于价格调控,通过相对价格的改变引导市场主体行为进而改变碳排放数量,需要中间变量传导,在实现既定减排目标上存在较大不确定性。政府通过设定碳税税率并依靠国家权力机关执行,可在短时间内促使高碳、能源密集型行业尽快实现较大减排,且很好地规避了配额分配不合理的问题。

(3) 调控范围方面 受交易成本的影响,碳交易主要适用于大排放源,调控范围较小。碳税受交易成本的影响较小,适用于各种规模的排放源,调控范围大。征收碳税是一种财政手段,各国会依据各自的具体情况制定政策。不同宽松程度的碳税将使全球呈现割裂的减排体系,不利于全球减排的一致性,尤其是在经济全球化程度越来越高的今天,跨国公司可轻易调整市场策略将高碳产业转移至税负较轻的国家,造成本国碳泄漏。

(4) 监管机制方面 碳交易涉及碳配额总量设定与分配、碳配额交易等,需要多方面的配套机制,多部门间的协调监管,监管成本高。碳税依托原有的税收体系,属于单向垂直监管,监管成本较低。碳税实施过程透明度高,便于公众了解,也便于监管者管理。公开透明的碳税制度更符合"谁污染,谁付费"的原则。相比于碳交易市场建设,碳税的实施成本较低,过程中不需要考虑市场机制设置、配套设施建设等问题。政府可根据实际情况调整碳税额度,使其符合减排要求和经济发展需求。

第三节 中国碳达峰、碳中和战略与政策措施

一、中国碳达峰、碳中和战略形成

1. 不断完善的低碳发展战略

2005年10月12日,国家发改委等部门颁布并实施《清洁发展机制项目运行管理办

---

❶ 控排企业也称重点排放单位,是指碳交易主管部门确定的纳入碳排放权交易标准且具有独立法人资格的温室气体排放单位。纳入全国碳排放权交易体系的企业第一阶段将主要涵盖石化、化工、建材、钢铁、有色、造纸、电力、航空等重点排放行业,参与主体初步考虑为业务涉及上述重点行业、综合能源消费总量达到1万吨标准煤/年以上(含)的企业企业法人单位或独立核算企业单位。不纳入控排企业的单位就是非控排企业。

法》，开启清洁发展机制项目的相关工作。2007年6月，中国政府发布了《中国应对气候变化国家方案》，这是发展中国家第一个应对气候变化的国家级方案；同月成立了由国务院总理领衔的"国家应对气候变化领导小组"，作为国家应对气候变化和节能减排工作的议事协调机构。2010年8月、2012年11月，国家发改委先后下发《关于开展低碳省区和低碳城市试点工作的通知》《关于开展第二批低碳省区和低碳城市试点工作的通知》，在全国多个地区开展低碳省区、低碳城市试点，要求试点将应对气候变化工作纳入当地"十二五"规划，明确提出控制温室气体排放的行动目标、重点任务和具体措施，研究运用市场机制推动实现减排目标。2011年12月，国务院发布《"十二五"控制温室气体排放工作方案》，明确了到2015年控排的总体要求和主要目标。2016年10月，国务院发布《"十三五"控制温室气体排放工作方案》，明确到2020年控排的总体要求和主要目标。

2010年9月，国务院《关于加快培育和发展战略性新兴产业的决定》首次提出，要建立和完善主要污染物和碳排放交易制度；同年10月，中共中央关于"十二五"规划的建议明确提出，把大幅降低能源消耗强度和碳排放强度作为约束性指标，逐步建立碳排放交易市场。2012年11月，具有里程碑意义的党的十八大报告要求，积极开展碳排放权交易试点。2013年11月，党的十八届三中全会的决议进一步明确要求，推行碳排放权交易制度。2015年9月，中共中央、国务院《生态文明体制改革总体方案》提出，要深化碳排放权交易试点，逐步建立全国统一碳交易市场。2016年3月，国家"十三五"规划提出，建立健全用能权、用水权、碳排放权初始分配制度，创新有偿使用、预算管理、投融资机制，培育和发展交易市场。2017年10月，党的十九大报告要求，构建政府为主导、企业为主体、社会组织和公众共同参与的环境治理体系，积极参与全球环境治理，落实减排承诺。2022年10月，党的二十大报告指出，推动绿色发展，促进人与自然和谐共生，推动经济社会发展绿色化、低碳化是实现高质量发展的关键环节。

2. 负责自主减排承诺

2009年11月，为推动哥本哈根气候大会达成协议，中国政府向国际社会郑重承诺：到2020年单位GDP碳排放强度比2005年下降40%～45%，非化石能源占一次能源消费比重达到15%左右，森林蓄积量比2005年增加13亿立方米，将它作为约束性指标纳入国民经济和社会发展中长期规划，同时建立全国统一的统计、监测和考核体系。2014年11月，在历史性的《中美气候变化联合声明》中，中国政府承诺，到2030年左右碳排放达到峰值并将争取早日达峰，2030年同时将非化石能源占一次能源消费的比重提高到20%。

2015年9月，中国政府在《中美元首气候变化联合声明》中承诺，到2030年中国单位GDP碳排放强度将比2005年下降60%～65%。

2015年12月，包括中国在内的近200个国家在《巴黎协定》中一致同意，将全球气温升幅控制在工业化前的2℃之内并尽量控制在1.5℃以下，且争取在21世纪下半叶实现近零排放。到2030年的自主行动目标：二氧化碳排放在2030年左右达到峰值并尽早达峰，单位GDP二氧化碳排放比2005年下降60%～65%，非化石能源占一次能源消费比重达到20%左右，森林蓄积量比2005年增加45亿立方米左右。

2017年4月，正式印发《能源生产和消费革命战略（2016—2030）》，明确到2050年，能源消费总量基本稳定，非化石能源占比超过50%、能源清洁化率（非化石能源占一次能源的比重）达到50%、终端电气化率（电能占终端能源消费的比重）达到50%。

3. 高质量发展与绿色发展

高质量发展是能够满足人民日益增长的美好生活需要的发展，是体现新发展理念的发展，是创新成为第一动力、协调成为内生特点、绿色成为普遍形态、开放成为必由之路、共享成为根本目的的发展，绿色发展是实现长远发展、可持续发展的关键之举。绿水青山就是金山银山理念是习近平生态文明思想的重要内容，指明了实现经济发展和生态环境保护协同共生的新路径。

党的十八大首次提出中国特色社会主义事业"五位一体"总体布局，全面推进经济建设、政治建设、文化建设、社会建设、生态文明建设，实现以人为本、全面协调可持续的科学发展。党的十八届五中全会提出坚持创新、协调、绿色、开放、共享的新发展理念。绿色发展理念以人与自然和谐为价值取向，以绿色低碳循环为主要原则，以生态文明建设为基本抓手，是在传统发展基础上的一种模式创新，是建立在生态环境容量和资源承载力的约束条件下，将环境保护作为实现可持续发展重要支柱的一种新型发展模式。

党的十九大报告指出，从2035年到21世纪中叶，在基本实现现代化的基础上，把中国建成富强民主文明和谐美丽的社会主义现代化强国，全面提升中国物质文明、政治文明、精神文明、社会文明、生态文明，党的十九大报告把"坚持人与自然和谐共生"作为新时代坚持和发展中国特色社会主义的基本方略之一，建设的现代化是人与自然和谐共生的现代化，提供更多的优质生态产品，创造更多物质财富和精神财富。

党的二十大报告指出，要建设的现代化是中国式现代化，其中一个重要特征是人与自然和谐共生的现代化，我们要推进美丽中国建设，坚持山水林田湖草沙一体化保护和系统治理，统筹产业结构调整、污染治理、生态保护、应对气候变化，协同推进降碳、减污、扩绿、增长，推进生态优先、节约集约、绿色低碳发展。

4. 实施碳达峰、碳中和战略

2020年9月，在第七十五届联合国大会一般性辩论上，中国提出推动疫情后世界经济绿色复苏，提高国家自主贡献力度，采取更加有力的政策和措施，二氧化碳排放力争于2030年前达到峰值，努力争取2060年前实现碳中和。即"30·60'双碳'目标"。同年12月12日的气候雄心峰会上，进一步明确了"到2030年，中国单位国内生产总值二氧化碳排放将比2005年下降65%以上，非化石能源占一次能源消费比重将达到25%左右，森林蓄积量将比2005年增加60亿立方米，风电、太阳能发电总装机容量将达到12亿千瓦以上"四项具体目标，可以看出，政策对节能减排的支持力度在不断强化。

根据"到2035年实现经济总量或人均收入翻一番"的远景目标，预计2030年GDP在103万亿（2005年不变价）左右。综合2030年GDP和碳排放强度预测值，能估算出2030年碳达峰时碳排放峰值约为113亿吨。若保持当前碳排放强度不变，到2030年每年碳排放量将达到167.3亿吨。

结合中国承诺的时间节点，从现在至2030年，中国的碳排放仍将处于一个爬坡期。主要目标为碳排放达峰，在达峰目标的基本任务下，降低能源消费强度，降低碳排放强度，控制煤炭消费，发展清洁能源；2030—2060年30年间，碳排放要度过平台期并最终完成减排任务。2030—2045年主要目标为快速降低碳排放。达峰后的主要减排途径转为可再生能源大面积完成电动汽车对传统燃油汽车的替代，同时完成第一产业的减排改造。2045—2060年主要目标为深度脱碳，参与碳汇，完成碳中和目标，深度脱碳到完成碳中和目标期间，工业、发电端、交通和居民侧的高效、清洁利用潜力基本开发完毕。

二、中国碳达峰、碳中和战略 1+N 政策体系

为完整、准确、全面贯彻新发展理念,做好碳达峰、碳中和工作,2021 年 5 月,中央层面成立碳达峰碳中和工作领导小组及办公室,旨在深入贯彻中共中央、国务院关于碳达峰与碳中和的决策部署。国家主席习近平 2021 年 10 月 12 日以视频方式出席《生物多样性公约》第十五次缔约方大会领导人峰会并发表主旨讲话时指出,为推动实现碳达峰碳中和目标,中国将陆续发布重点领域和行业碳达峰碳中和实施方案及一系列支撑保障措施,构建起碳达峰、碳中和 1+N 政策体系。

所谓 1+N 政策体系,"1"是指 2021 年 10 月 24 日,中共中央、国务院印发的《关于完整准确全面贯彻新发展理念做好碳达峰碳中和工作的意见》(以下简称《意见》)。《意见》聚焦 2030 年前碳达峰目标,制定了碳达峰工作的指标和任务,从顶层设计上明确了碳达峰碳中和工作的主要目标、减碳路径及相关配套措施,持续推进能源、产业结构转型升级,推动绿色低碳技术研发应用,支持有条件的地方、行业、企业率先达峰。从碳总量控制角度践行减碳、降碳目标,提出推进市场化机制建设,加快建设完善全国统一碳交易市场,逐步扩大市场覆盖范围,丰富交易品种和交易方式,完善配额分配管理,将碳汇交易纳入全国统一碳交易市场,在碳达峰碳中和 1+N 政策体系中发挥统领作用。

1. 明确了实现碳达峰碳中和的时间表、路线图

围绕"十四五"时期及 2030 年前、2060 年前两个重要时间节点,提出了构建绿色低碳循环经济体系、提升能源利用效率、提高非化石能源消费比重、降低二氧化碳排放水平、提升生态系统碳汇能力等五个方面主要目标(表 1.8)。

表 1.8 碳达峰碳中和五大主要目标

五大目标	2025 年	2030 年	2060 年
构建绿色低碳循环经济体系	绿色低碳循环发展的经济体系初步形成	经济社会发展全面绿色转型取得显著成效	绿色低碳循环发展的经济体系全面建立
提升能源利用效率	重点行业能源利用效率大幅提升,单位 GDP 能耗比 2020 年下降 13.5%	重点耗能行业达到国际先进水平,单位 GDP 能耗大幅下降	能源利用效率达到国际先进水平
提高非化石能源消费比重	非化石能源消费比重达到 20%左右	非化石能源消费比重达到 25%左右,风电、太阳能发电总装机容量达到 12 亿千瓦以上	清洁低碳安全高效的能源体系全面建立,非化石能源消费比重达到 80%以上
降低二氧化碳排放水平	单位 GDP 二氧化碳排放比 2020 年下降 18%	单位 GDP 二氧化碳排放比 2025 年下降 65%以上	碳中和目标顺利实现
提升生态系统碳汇能力	森林覆盖率达到 24.1%,森林蓄积量达到 180 亿立方米	森林覆盖率达到 25%左右,森林蓄积量达到 190 亿立方米	生态文明建设取得丰硕成果,开创人与自然和谐共生新境界

2. 明确了碳达峰碳中和工作的路线图、施工图

部署了推进经济社会发展全面绿色转型、深度调整产业结构、加快构建清洁低碳安全高效能源体系、加快推进低碳交通运输体系建设、提升城乡建设绿色低碳发展质量、加强绿色低碳重大科技攻关和推广应用、持续巩固提升碳汇能力、提高对外开放绿色低碳发展水平、健全法律法规标准和统计监测体系、完善政策机制等十大方面 31 项重点任务(表 1.9)。

表 1.9　碳达峰碳中和重点任务

十大方面	31项重点任务
推进经济社会发展全面绿色转型	强化绿色低碳发展规划引领,优化绿色低碳发展区域布局,加快形成绿色生产生活方式
深度调整产业结构	推动产业结构优化升级,坚决遏制高耗能高排放项目发展,大力发展绿色低碳产业
加快构建清洁低碳安全高效能源体系	强化能源消费强度和总量双控,大幅提升能源利用效率,严格控制化石能源消费,积极发展非化石能源,深化能源体制机制改革
加快推进低碳交通运输体系建设	优化交通运输结构,推广节能低碳型交通工具,积极引导低碳出行
提升城乡建设绿色低碳发展质量	推进城乡建设和管理模式低碳转型,大力发展节能低碳建筑,加快优化建筑用能结构
加强绿色低碳重大科技攻关和推广应用	强化基础研究和前沿技术布局,加快先进适用技术研发和推广
持续巩固提升碳汇能力	巩固生态系统碳汇能力,提升生态系统碳汇增量
提高对外开放绿色低碳发展水平	加快建立绿色贸易体系,推进绿色"一带一路"建设,加强国际交流与合作
健全法律法规标准和统计监测体系	健全法律法规,完善标准计量体系,提升统计监测能力
完善政策机制	完善投资政策,积极发展绿色金融,完善财税价格政策,推进市场化机制建设

"N"是指以国务院印发的《2030年前碳达峰行动方案》为首,包括能源、工业、交通运输、城乡建设等分领域分行业的碳达峰实施方案和政策文件。目前,中国的碳达峰碳中和1+N政策体系已基本建立。2021年10月国务院印发《2030年前碳达峰行动方案》(以下简称《方案》),是"N"中为首的政策文件。把碳达峰、碳中和纳入经济社会发展全局,有力有序有效做好碳达峰工作,明确各地区、各领域、各行业目标任务,加快实现生产生活方式绿色变革,重点实施能源绿色低碳转型行动、节能降碳增效行动、工业领域碳达峰行动、城乡建设碳达峰行动、交通运输绿色低碳行动、循环经济助力降碳行动、绿色低碳科技创新行动、碳汇能力巩固提升行动、绿色低碳全民行动、各地区梯次有序碳达峰行动等"碳达峰十大行动"。

同时有关部门和单位将根据《方案》部署制定能源、工业、城乡建设、交通运输、农业农村等领域及具体行业的碳达峰实施方案,各地区也将按照方案要求制定本地区碳达峰行动方案。除此之外,"N"还包括科技支撑、碳汇能力、统计核算、督察考核等支撑措施和财政、金融、价格等保障政策。这一系列文件将构建起目标明确、分工合理、措施有力、衔接有序的碳达峰碳中和1+N政策体系(表1.10)。

表 1.10　1+N政策体系中的N部分政策

N系列	时间	政策	部门
能源绿色低碳转型行动	2022.3.23	氢能产业发展中长期规划(2021—2035年)	发改委
	2022.3.22	"十四五"现代能源体系规划	发改委、国家能源局
节能降碳增效行动	2022.1.24	"十四五"节能减排综合工作方案	国务院
	2022.2.3	高耗能行业重点领域节能降碳改造升级实施指南(2022年版)	发改委、工信部、生态环境部、国家能源局

续表

N系列	时间	政策	部门
工业领域碳达峰行动	2021.12.30	"十四五"工业绿色发展规划	工信部
	2022.1.20	关于促进钢铁工业高质量发展的指导意见	工信部、发改委、生态环境部
	2022.2.11	水泥行业节能降碳改造实施指南	发改委
	2022.3.28	关于"十四五"推动石化化工行业高质量发展的实施意见	工信部、发改委、科技部、生态环境部、应急部、国家能源局
	2022.4.12	关于化纤工业高质量发展的指导意见	工信部、发改委
	2022.4.12	关于产业用纺织品行业高质量发展的指导意见	工信部、发改委
城乡建设碳达峰行动	2021.10.21	关于推动城乡建设绿色发展的意见	中共中央、国务院
	2022.3.1	"十四五"住房和城乡建设科技发展规划	住建部
	2022.3.11	"十四五"建筑节能与绿色建筑发展规划	住建部
	2022.6.30	农业农村减排固碳实施方案	农业农村部、发改委
	2022.7.13	城乡建设领域碳达峰实施方案	住建部、发改委
交通运输绿色低碳行动	2022.6.24	交通运输部、国家铁路局、中国民用航空局、国家邮政局贯彻落实《中共中央 国务院关于完整准确全面贯彻新发展理念做好碳达峰碳中和工作的意见》的实施意见	交通运输部等
循环经济助力降碳行动	2021.7.1	"十四五"循环经济发展规划	发改委
绿色低碳科技创新行动	2022.4.2	"十四五"能源领域科技创新规划	国家能源局、科技部
碳汇能力巩固提升行动	2022.2.21	海洋碳汇经济价值核算方法	自然资源部
	2022.2.11	林草产业发展规划(2021—2025年)	国家林草局
绿色低碳全民行动	2022.5.7	加强碳达峰碳中和高等教育人才培养体系建设工作方案	教育部
保障政策	2022.3.15	关于做好2022年企业温室气体排放报告管理相关重点工作的通知	生态环境部
	2022.5.31	支持绿色发展税费优惠政策指引	国家税务总局
	2022.5.31	财政支持做好碳达峰碳中和工作的意见	财政部
各地区梯次有序碳达峰行动	各地区具体实施政策,以战略性指导文件、保障支撑文件、地方性法规等形式出台		

三、中国碳达峰、碳中和战略行动措施

1. 建设全国统一碳交易市场

中国碳交易市场建设中遵循由"试点"走向"全国"的设计理念。2013年起在多个省市开展国内区域试点碳交易和核证自愿减排市场交易。2016年1月,国家发改委发布《关于切实做好全国碳排放权交易市场启动重点工作的通知》。2017年12月,国家发改委发布《全国统一碳交易市场建设方案(发电行业)》,标志着中国碳排放交易体系完成了总体设计,并正式启动,将以发电行业为突破口,分基础建设期、模拟运行期、深化完善期三阶段稳步推进碳交易市场建设工作。2019年4月,生态环境部发布《碳排放权交易管理暂行条例

（征求意见稿）》，全国统一碳交易市场进入加速期。2021年3月，生态环境部组织起草了《碳排放权交易管理暂行条例（草案修改稿）》，2021年7月16日，全国统一碳交易市场启动上线交易。发电行业成为首个纳入全国统一碳交易市场的行业，纳入控排企业超过2000家，中国碳交易市场将成为全球覆盖温室气体排放量规模最大的市场，2022年1月，全国统一碳交易市场第一个履约周期顺利结束。

为进一步完善碳金融体系，2021年2月1日起，《碳排放权交易管理办法（试行）》正式施行，标志着全国统一碳交易市场的建设和发展进入了新阶段，分工明确、协同推进的碳交易市场建设工作机制正在加速推进。生态环境部门重点负责"一级市场配额管理"，服务碳排放的总量控制，做好配额总量的核发、初始分配、清缴、超排惩罚等全流程管理。金融监管部门重点负责"二级市场交易管理"，参照现行金融基础设施业务规则，指导交易所制定碳交易市场交易规则，明确碳排放权在内的环境权益的法律属性，鼓励金融机构参与，进一步完善碳交易市场在价格发现、资产配置、风险管理和引导资金等方面的功能，做好金融监管。

2. 建设全国统一的生态环境市场

2022年4月10日，中共中央、国务院发布《关于加快建设全国统一大市场的意见》。该意见明确，培育发展全国统一的生态环境市场，建设全国统一的碳交易市场、能源市场。在有效保障能源安全供应的前提下，结合实现碳达峰碳中和目标任务，有序推进全国能源市场建设。在统筹规划、优化布局基础上，健全油气期货产品体系，规范油气交易中心建设，优化交易场所、交割库等重点基础设施布局；推动油气管网设施互联互通并向各类市场主体公平开放；稳妥推进天然气市场化改革，加快建立统一的天然气能量计量计价体系；健全多层次统一电力市场体系，研究推动适时组建全国电力交易中心；进一步发挥全国煤炭交易中心作用，推动完善全国统一的煤炭交易市场。

培育发展全国统一的生态环境市场：依托公共资源交易平台，建设全国统一的碳排放权、用水权交易市场，实行统一规范的行业标准、交易监管机制；推进排污权、用能权市场化交易，探索建立初始分配、有偿使用、市场交易、纠纷解决、配套服务等制度；推动绿色产品认证与标识体系建设，促进绿色生产和绿色消费。

3. 央行推出碳减排支持工具

2021年11月8日，央行正式推出碳减排支持工具，成为实施金融支持绿色低碳的又一创新政策举措，也是结构性政策工具落实"双碳"目标的首次尝试，更是银行实现自身高质量可持续发展的必然选择。在具体的机制设计上，碳减排支持工具由中国人民银行向全国性金融机构发放贷款，相当于再贷款的政策工具。在操作流程上，金融机构首先为清洁能源、节能环保和碳减排技术等三个碳减排重点领域的企业提供碳减排贷款，贷款利率应与同期限档次的贷款市场报价利率（LPR）大致持平；再向中国人民银行按贷款本金的60%申请碳减排支持工具的资金支持，利率为1.75%。金融机构申请碳减排支持工具不仅需要向中国人民银行提供合格质押品，同时还需要提供贷款的碳减排数据，并承诺对公众进行信息披露。

2021年11月，国家设立2000亿元支持煤炭清洁高效利用专项再贷款，专项支持煤炭安全高效绿色智能开采、煤炭清洁高效加工、煤电清洁高效利用、工业清洁燃烧和清洁供热、民用清洁采暖、煤炭资源综合利用和大力推进煤层气开发利用。2022年5月，国家明确支持煤炭清洁高效利用专项再贷款额度增加1000亿元。

◆ **本章小结** ◆

温室气体排放会引起气候变化从而带来自然灾害。为避免气候变暖导致严重后果,国际上采取了相应的行动措施,发布了《联合国气候变化框架公约》、《京都议定书》及其修正案、《巴黎协定》等,明确在21世纪中叶实现全球范围内净零碳排放;之后介绍了碳达峰碳中和概念、实现路径选择和实现制度设计,以及世界上各国最常用的两大碳减排经济制度——碳税和碳交易制度;最后简要概述了中国不断完善的碳达峰、碳中和战略与1+N政策体系。

◆ **思考题** ◆

1. 简述全球气候变暖带来的危害。
2. 简述《巴黎协定》的主要贡献。
3. 简述《京都议定书》与《巴黎协定》不同点。
4. 简述碳达峰、碳中和概念。
5. 简述如何实现碳达峰、碳中和。
6. 简述碳税和碳交易的优缺点。
7. 简述中国为实现碳达峰、碳中和的战略行动措施。

第二章
碳交易市场理论

本章学习要点

本章在外部性理论、公共物品理论、科斯产权理论基础上,学习碳交易经济学理论;重点学习《京都议定书》三大交易机制,包括国际排放贸易机制、清洁发展机制和联合履约机制;最后学习碳交易市场包含法律框架、交易制度、交易动机和交易对象等在内的市场框架。

第一节 碳交易理论

一、外部性理论

(一) 外部性理论概述

外部性理论是微观经济学市场失灵的代表性理论,学术界对外部性的界定基于两个方面:一是保罗·萨缪尔森和威廉·诺德豪斯从外部性的产生主体角度进行的界定,即生产或消费对其他团体强征了不可补偿的成本或给予了无须补偿的收益的情形;二是兰德尔从外部性的接受主体进行的界定,即当一个行为的某些效益或成本不在决策者的考虑范围内的时候所产生的一些低效率现象。两个界定分别从生产或消费、接受主体角度对获得收益而无须付费,或付出投入却得不到补偿来阐明外部性。这两种不同的定义,本质上是一致的,即外部性是某个经济主体对另一个经济主体产生一种外部影响,而这种外部影响又不能通过市场价格进行买卖。

当某个经济主体从事的活动对另外一个经济主体的福利产生影响,且对这种影响既不支付成本又得不到报酬时,就产生了外部性问题。如果这种影响是不利的,就是负外部性;如果这种影响是有利的,就是正外部性。无论是正外部性还是负外部性都会造成市场均衡的非有效性。

(二) 碳排放的外部性

由于经济主体排放污染物的行为,会损害其他经济主体的福利,因此产生了负外部性,对损害的一方来说，不需要承担责任会导致他们失去减少这种行为的动力。对于负外部性，经济主体行为的社会成本会大于其私人成本。假设一个企业的生产活动导致污染物的排放，产生了负外部性，那么生产活动的社会成本就包括生产者的私人成本和受到污染物不利影响的其他人的成本，并使得经济主体的经济行为对社会的成本远远大于对于其自身的成本。

在环境领域中，当某个经济主体从事某个活动时对自然环境造成不利影响，却没有把破坏环境的成本包含到产品和交易的成本中，就产生了环境负外部性。碳排放的外部性，是个人没有把对他人的损害予以考虑的潜在悲剧——资源滥用和过度损耗，产生了"公共物品悲剧"。

二、公共物品理论

（一）公共物品特性

公共物品是与私人物品相对应的，具有非竞争性和非排他性。私人物品是指具有明确的产权特征的物品，私人物品的特点是在形体上可以分割和分离，消费或使用私人物品时具有明确的专有性和排他性。现实中，并不是所有的物品都具有私人物品的特点，存在大量不具备明确的产权特征，形态上难以分割和分离，消费时不具有专有性和排他性的物品，例如国防、道路、广播等。

公共物品性质包括不可分性和非排他性。不可分性指一个人对一种物品的消费不会降低其他人可获得的数量，也被称为非竞争性。或者说，在给定的生产水平下，向一个额外消费者提供商品或服务并不需要增加成本，即边际成本为零。例如，某城市空气质量改善后，一个居民呼吸到的清洁空气并不会减少其他居民呼吸的清洁空气量。非排他性是指一旦提供资源，即使没有付费的人也不能被排除在享受该资源带来的利益之外，或者提供某种劣等品时无法排除损失。例如，一旦国家提供了国防服务，所有公民都能享受它的好处。这样就导致很难或者不可能对使用公共物品收费，因为无法阻止免费"搭车"。公共物品这种性质使得私人市场缺乏有效提供公共物品和服务的动力。

（二）碳排放公共物品性

全球碳排放的环境容量具有典型的公共物品性质。它具有明显的非竞争性，不归任何个体或地区所有，任何个体和地区都可以使用这种容量空间，无法排除任何人或地区使用这个空间。在工业革命以前，煤炭等化石燃料没有大规模应用，人类活动排放的二氧化碳并不会对这种容量空间造成影响，此时这种容量空间的消费具有非竞争性，它属于纯公共物品。

碳排放的环境容量具有非排他性，其消费并不排斥不承担成本者的消费，即使个人不为公共物品的生产和供应承担任何成本也能为自己带来收益。从气候治理（本质上是改变碳排放环境容量的利用方式）的角度，如果某个国家不参与气候治理，碳排放的环境容量也会被参与全球气候治理的国家所提供。对于非参与国来说，既可以免去参与全球气候治理所需要的各项成本，又可以共享全球气候治理所带来的有益成果，必然出现"搭便车"行为。除非存在强有力手段使所有国家将气候变化的影响纳入经济社会发展的考虑，追求经济增长的国家不会全力推动全球气候治理进程以实现人类共同的长期利益。碳排放迅速上升，而容量供给相对有限，所以类似其他"免费的资源"，碳排放的环境容量从富足走向短缺。

温室气候和其他污染物排放所具有的外部性产生了公共物品悲剧，如全球气候变暖、环境恶化等，进一步导致海洋变暖和酸化、冻土融化、极端灾害增多、生物多样性锐减、脆弱人群健康受影响等，给不同地区带来多种不同的系统性、组合性变化，对人类生存和持续发展带来强烈的威胁。碳排放外部性是长期的、全球性的，包含着重大的不确定性，具有潜在的巨大规模。碳排放带来的问题和威胁具有非排他性和非竞争性，无法被任何国家和地区避免，为一种具有公共性的、使人们受害的产品。所以碳排放可以视为一种公共劣品或公共不良物品。因此，缓解气候变化需要社会各界广泛长期参与。正因为公共物品排他性和非竞争性的特征，使市场这只"看不见的手"出现失灵现象，因此有必要通过有效方法遏制公共悲剧的发生。

三、科斯产权理论

科斯（Ronald. H. Coase）是美国芝加哥经济学派代表人物、法律经济学代表人物之一，新制度经济学的鼻祖。科斯于1960年发表了《论社会成本问题》，提出与庇古方案截然不同的思想来解决外部性问题。科斯认为，政府只要把产权界定清晰，就可以利用市场机制进行产权交换并有效地解决经济的外在性问题，而环境问题源于产权不明晰和市场失灵，只要产权界定明晰，不需要政府对市场进行干预，仅仅依靠市场交易就可以有效解决污染的外部性问题。

（一）科斯定理

科斯定理通俗的解释是：在交易费用为零和对产权充分界定并加以实施的条件下，外部性因素不会引起资源的不当配置。因为在此场合下，当事人（外部性因素的生产者和消费者）将受一种市场力的驱使就互惠互利的交易进行谈判，也就是说，是外部性因素内部化。

科斯定理由三组定理构成。科斯第一定理的内容是：如果交易费用为零，不管产权初始如何安排，当事人之间的谈判都会导致那些财富最大化的安排，即市场机制会自动达到帕累托最优。科斯第二定理通常被称为科斯定理的反定理，其基本含义是：在交易费用大于零的世界里，不同的权利界定，会带来不同效率的资源配置。也就是说，交易是有成本的，在不同的产权制度下，交易的成本可能是不同的，因而，资源配置的效率可能也不同，所以，为了优化资源配置，产权制度的选择是必要的。科斯第三定理描述了产权制度的选择方法，认为如果不同产权制度下的交易成本相等，那么，产权制度的选择就取决于制度本身成本的高低，如果建立一项新制度的成本无穷大，或新制度的建立所带来的收益小于其成本，则一项制度的变革是没有必要的。

科斯产权理论的核心是，一切经济交往活动的前提是制度安排，这种制度实质上是一种人们之间行使一定行为的权力。科斯认为，生产要素是一系列的权力，即产权，而非实物。产权界定清晰和交易成本为零，私人之间通过讨价还价和交易，可实现外部性的内部化，私人的边际收益等于社会的边际收益。除了制定界定产权和保障产权的法律框架，政府的干预可以是不必要的，产权的经济功能就在于克服外在性，降低社会成本，在制度上保证资源配置的有效性。

例如钢铁厂排放废气是一种权利，周边居民阻止钢铁厂排放废气也是一种权利。科斯认为，不管权利界定给谁，只要在初始阶段把权利界定清楚，允许他们之间讨价还价，就能够达到控制污染的目的。把权利界定给钢铁厂，钢铁厂有权排放废气，周边居民可以为钢铁厂提供经济补偿，要求钢铁厂少生产钢铁，少排放废气；把权利界定给居民，居民有权阻止钢铁厂生产，钢铁厂可以向居民提供医疗费补偿，使居民允许钢铁厂生产。

（二）科斯理论的应用

碳交易的理论基础源于科斯定理，根据科斯定理，只要产权界定清晰，并且交易成本为零或者很小，市场均衡的最终结果都是有效率的，从而实现资源配置最优，使外部性因素内部化。明晰产权后，人们就可以有效地选择最有利的交易方式，使交易成本最小化，从而通过交易来解决各种问题。根据科斯定理，碳交易市场要顺利运行，必须解决以下三个问题。

1. 明确产权

排污权交易最早起源于美国，分别在大气污染和水污染治理领域中实施，实践证明其具有极大的可行性。1990 年，美国国会通过《清洁空气法》修正案并实施"酸雨计划"，以二氧化硫为交易对象，在电力行业实施，有可靠的法律依据和详细的实施方案，是一项非常成功的排污权交易实践。碳交易制度就是在此基础上提出的将碳排放权利作为一种商品进行交易的制度。碳排放权也是一种产权，它的明确界定是碳交易制度有效运行的前提和基础。

2. 确定初次分配

在实践中，碳排放权初始分配不仅涉及效率问题，还涉及公平问题。允许经济较为发达的地区排放一定量的二氧化碳和允许经济发展水平较为落后的地区排放一定量的二氧化碳，其相应的成本和收益是不同的。一般而言，同时产生一定量的二氧化碳，前者产生的收益会大于后者，所以，碳排放权就应当给前者，但是落后地区也要发展经济，因此针对全球温室气体减排工作的分配方案，使用的是《巴黎协定》中制定的各缔约方"自主贡献"的方式，体现了公平、"共同但有区别的责任"、各自能力原则。

3. 减少碳交易成本

碳交易市场顺利运行的前提是，必须探索出能够有效减少碳交易成本的方法。科斯定理告诉我们，不同的交易成本会产生不同的资源配置效率。因此，在实践中应当尽量减少各方进行碳交易的难度，降低交易成本，提高经济效率。

四、碳交易经济学理论

（一）碳交易经济学阐释

科斯指出，排污权交易是通过市场解决环境资源优化配置、环境污染问题最有效的方式。外部性的存在导致了市场失效，而只有将外部成本内部化，才能解决外部性问题，不管是否存在交易成本，产权明晰后的市场均衡结果都是有效的。受科斯产权思想的启发，1968 年，经济学家戴尔斯（J. H. Dales）和蒙哥马利（W. D. Montgomery）等在科斯产权理论的基础上提出了污染权交易的概念，由政府确定某一区域的最大允许污染物排放量并将其分割为若干规定的排放量，即排污权，选择不同的权利分配方式，并建立排污权交易市场，从而达到更有效率减少排污量和环境保护的目的。政府通过对排污权进行定价分配，然后卖给排污企业，而排污企业既可以从政府手中购买排污权，也可以从其他排污权拥有者手中购买。并提出了排污权许可证交易的具体设想，即首先确定社会可承受的污染物排放总量，形成排污权许可证，通过拍卖或免费发放的方式对排污权许可证进行初始分配，再允许企业之间对排污权许可证进行自由买卖，从而形成排污权交易市场。排污权许可证的设想使排污权交易逐渐成为可操作的政策工具。1976 年美国国家环保局应用这一概念管理大气和河流污染，直至《京都议定书》通过二氧化碳排放权交易来解决气候变化问题。

碳交易是一种市场机制，被用来降低全球二氧化碳排放量，用于全球温室气体减排。《联合国气候变化框架公约》的第一个附加协议，即《京都议定书》，针对以二氧化碳为代表的温室气体减排，引入市场机制，将二氧化碳排放权当成一种商品，进行二氧化碳排放权的交易，其基本原理是合同的一方向另一方支付报酬以获得温室气体减排额，买方可以将购得的减排额用于减缓温室效应,从而实现其减排的目标。

1. 碳排放权商品化

碳交易属于排污权交易的一种,即把二氧化碳排放权作为一种商品,买方通过向卖方支付一定金额以获得一定数量的二氧化碳排放权,从而形成了二氧化碳排放权的交易。商品化是碳交易的本质属性,是人类社会在环境资源逐步成为限制经济持续增长的前提下,以市场化的逻辑促进经济发展方式由高碳转向低碳,以便让充足的资源数量、较高的资源质量和优美的生态环境成为经济持续发展的坚实可靠基础,并实现物质生产和生态生产的有效兼顾。政府在确定碳排放总量目标并对排放配额进行初始分配后,企业之间(或国家之间)以排放配额为标的进行交易,企业根据各自的边际减排成本决定买入或卖出排放权,在市场出清时,总的排放将处于边际减排成本和边际社会损害相等的水平上。

2. 碳排放外部性内在化

对于经济主体而言,碳交易政策是让其将经济行为的环境污染效应纳入成本范畴,注重个人成本与社会成本的匹配,既要为破坏生态环境的经济行为承担生态成本,又能够对保护生态环境的经济行为获取生态收益。在这个意义上,碳排放权的商品属性成为经济主体衡量其经济行为成本与收益的参照维度,以至于获取碳排放权的成本或者转让碳排放权的收益内在于经济主体的经济行为中,也就是外部性内在化成为经济主体实施碳交易的激励原则。进一步,经济主体会依据其排放污染物的成本与收益决定在市场上获取或转让多少额度的碳排放权,从而会促进碳交易市场的发育与完善,进而会让碳交易成为改善买卖双方福利的最有效途径。

3. 市场机制

碳交易可以发挥市场机制优势,实现对碳排放权这一稀缺资源的优化配置,政府构建和控制碳配额总量旨在交易配额的市场推动形成碳配额价格,由此形成鼓励减排的激励机制,严格的总量控制将减少配额供应,推动配额价格走高,由此形成更强有力的激励机制,降低减排成本,提高发展效率。碳交易是以碳交易价格为信号,让经济主体依据该信号所体现出的生态成本与生态收益确定各种经济资源在生产中的配置,让经济资源的所有者和使用者将经济资源引向最能释放效率的地方,并最终实现物质财富增加和生态环境改善的统筹兼顾。

碳交易市场不仅设立强制减排市场约束控排企业,还可设立自愿减排市场鼓励低碳和脱碳企业自发参与碳减排。高排放行业减排迫在眉睫,强制减排市场自然是碳交易市场的主体,而自愿减排市场是重要补充。碳交易的优势在于高效,由排放主体自行选择最适合的减排手段,发现成本最低的减排路径。

(二)碳交易收益-成本效应

对不同技术层级的经济主体而言,碳交易的成本效应不尽相同,由此产生为不同的经济主体带来差异化的收益效应。拥有先进技术的经济主体或者享有碳排放权初始分配额度较高的经济主体,能够以碳排放权的稀缺化,与其他经济主体交易并获取可观的收益。企业间通过市场手段进行排放权交换以平衡各自的排放量,从而达到以低成本控制排放总量的目的。在短期内碳交易的实施不可避免地增加了经济主体的生产成本,但是,碳交易实施后带来了环境改善和资源节约利用,这大大地降低了气候变暖给企业带来的治污成本,从而在长期内使得经济主体的减排成本趋于降低。

只要交易带来的净收益高于交易的费用,交易就会进行,直至边际减排成本相同,此时社会总减排成本最小。以两家企业为例:假设交易成本为零,如图2.1所示,企业1需完成

减排量 O_1X_1，企业 2 需完成减排量 O_2X_1（$O_1X_1=O_2X_1=1/2O_1O_2$），边际减排成本随减排量的上升而升高，二者边际减排成本曲线不同，其中 A—E 代表对应区间的面积。若不进行交易，企业 1 的成本为 A。

企业 2 的成本为 $B+C+D+E$，社会总成本为 $A+B+C+D+E$。若进行交易，双方都有利可图，直至达到边际减排成本相同的点即 O 点，此时交易价格为 P，企业 2 需要支付企业 1 的费用为 $B+D$，则企业 1 的成本为 $A-D$，企业 2 的成本为 $B+C+D$，社会总成本为 $A+B+C$。社会总成本比二者都减排 O_1X_1 减少了 $D+E$，同时也是社会总成本最小的情况。

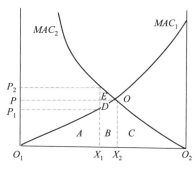

图 2.1 碳交易实现社会总减排成本最小化示意图

（三）碳交易环境效应

碳交易的经济激励导向激发了经济主体参与环境治理的积极性。作为一个社会的游戏规则，制度能够通过建立一个人们相互作用的结构来降低彼此交往时的不确定性，通过明晰经济行为的边界来规范和约束人们的行为，并以所形成的合作与竞争关系构成运行良好的经济秩序。与以行政控制方式为特征的传统环境治理做法不同，碳交易制度能够基于自身利益的考虑，自主地在买入或卖出碳排放权上作出理性的选择。囿于环境治理技术水平的差异，经济主体就会围绕排污权展开交易并获益。一旦排污权交易带来的收益高于环境治理的成本，经济主体就会主动地专注于环境治理技术的研发与采用，并将多余的碳排放权指标用于交易以获得经济利润。正是碳交易制度的经济激励导向，使得经济主体更加注重碳排放权的商品属性，并着力通过技术改进和应用将富有商品属性的碳排放权广泛地与其他经济主体展开交易，以便释放碳交易带来的资本化收益。

碳交易的福利分配效应促进了环境治理技术的研发与应用。对于参与碳交易的经济主体而言，碳排放权的买卖能够带来自身福利水平的改进。尤其是在环境质量对经济可持续发展的约束力日趋增强的今天，加大负碳技术研发与应用成了社会各个经济主体的基本共识。某个经济主体越是能在负碳技术的研发和应用中占据优势地位，其可用于交易的剩余碳排放权指标就越多，所能产生的利润就越为可观。因此负碳技术的研发与应用成为全球气候变暖条件下经济主体拓宽利润来源的渠道，并且有利于人类社会可持续发展及环境保护的可持续性。因此一旦明确了污染物排放总量的控制目标，在环境治理成本的约束下，碳排污权的稀缺性更为凸显，碳交易的利润更为可观，经济主体研发环境治理技术的积极性更高，采用环境治理技术的主动性更强，由此产生的福利分配效应就更具有整体增进性。

第二节 《京都议定书》交易机制

《京都议定书》建立了旨在减排温室气体的三个灵活的产权交易机制——国际排放贸易（International Emission Trading，IET）机制、清洁发展（Clean Development Mechanism，CDM）机制和联合履约（Joint Implementation，JI）机制，允许控排主体在不同国际碳交易系统内交换碳排放单位。这些机制的设立，使碳交易市场有了可交易的产品。

一、国际排放贸易机制

(一) 国际排放贸易机制概况

国际排放贸易机制的基本内涵是为了实现温室气体限排或减排目标,通过规定有关国家温室气体的排放限额,并在尽可能广泛的范围内建立温室气体排放配额贸易市场,进行温室气体排放配额贸易,以通过市场机制实现温室气体减排成本最小化,从而实现温室气体减排的目标,缓解气候变暖对人们的不利影响。

国际排放贸易机制来自《京都议定书》第十七条。IET 机制是指一个发达国家将其超额完成的减排义务的指标,以贸易的方式转让给另一个未能完成减排义务的发达国家,并同时从允许排放限额(Assigned Amount Unit,AAU)上扣减相应的转让额度,允许发达国家之间相互转让部分"允许排放量"(图 2.2)。国际排放贸易机制是附件一国家根据其在《京都议定书》中的减排承诺,可以得到的碳排放配额,每个分配数量单位等于 1 吨二氧化碳当量,交易一方凭借购买合同向另一方购买一定数量的温室气体减排量,以实现其减排目标。

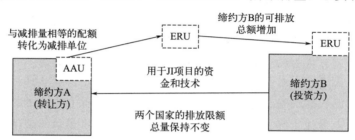

图 2.2 国际排放贸易机制示意图

2008—2012 年为《京都议定书》第一承诺期。从 2008 年开始,每个有减排承诺的国家根据在基准年的排放量和各自的减排目标,会被分配对应的 AAU 数量(第一个五年承诺期内允许排放的二氧化碳吨数),并在 2012 年末,每个国家必须交出足够的 AAU 以支付其五年的排放量。《京都议定书》允许缔约方交易 AAU,排放量高于规定目标的国家可以从有盈余的国家购买 AAU,以便按时履行减排义务。

为了跟踪每个国家必须持有的 AAU,《京都议定书》建议各国设立国家登记处以跟踪各国 AAU 的持有情况。每个国家从其最初的 AAU 开始登记,然后向上或向下调整以反映 AAU 的购买和销售情况。国家登记册以电子形式记录 AAU——类似于股票或股份记录证书系统。每个 AAU 都将贴上标签以识别原产国(签发方或卖方),并带登记序列号及其被列入登记册的日期。交易不会更改此基本信息,因此 AAU 可以始终追踪到原始卖家。

AAU 转移将直接在国家登记处之间进行登记。注册表还将包含有关交易中合作伙伴的信息。例如,A 国可以将其从 B 国获得的 AAU 出售给 C 国,并且该信息将被记录。这将用于跟踪 AAU,因为它们可能会被多次交易。此外,联合国气候变化框架公约秘书处保存从一个登记处到另一个登记处的所有交易日志,以确保 AAU 不会被多次使用。

注册系统将与 AAU 的商业交易分开,它是一种簿记工具,而不是交易平台。商业交易将在交易所进行或通过双边协商交易(并单独记录)。注册机构只会在达成一致后记录交易,但不会记录价格信息,以便为系统中的私营部门参与者保密。

(二) AAU 交易条件

只有符合以下条件的国家才可以出售或者购买 AAU:①必须是《京都议定书》的缔约

方,必须将减排承诺转化为具有法律效力的排放配额;②拥有排放监测系统和 AAU 的国家登记册;③必须在其国家登记册中拥有盈余才能销售 AAU。

《京都议定书》的规则允许各国将盈余的 AAU 结转到下一个承诺期,但是只有满足该条件的国家才允许结转。换句话说,只有在规定的承诺期内作出承诺的国家才有权将 AAU 结转到下一个承诺期,而那些原本属于第一承诺期但决定不在第二承诺期继续履行承诺的国家将无法进行 AAU 交易。加拿大已退出《京都议定书》,他不能参与 AAU 的后续交易;俄罗斯不同意第二承诺期的目标,他也无法在下一阶段销售其盈余。

(三) AAU 市场参与主体

AAU 交易主要发生在政府层面,购买的 AAU 可用于履行《京都议定书》中的减排义务,但私人实体之间的交易也大量存在。在宏观层面上,国际排放贸易是以国家为单位进行温室气体排放配额的交易,但在实际经济活动中,企业是经济活动的主体,实际产生温室气体排放的是企业实体,因此温室气体减排目标能否实现最终要落实到企业实体上。在经济活动中进行实际生产经营活动的企业,若其温室气体排放量超过分配配额,就需要从国际排放贸易市场上购买。例如,日本政府允许个别企业从其他国家购买 AAU,以满足日本自愿碳排放权交易体系(Japan Voluntary Emissions Trading Scheme,JVETS)下的减排要求。

中介机构也会参与 AAU 的交易,因为其意识到国际排放贸易市场有巨大的发展潜力。虽然中介机构本身并不需要温室气体排放配额,但可以从有排放余额的国家买进温室气体排放配额再出售给另外一个需要配额的国家,从中赚取价差。例如,Camco 是一家碳抵消项目开发商和聚合商,其于 2010 年 4 月从匈牙利购买了 AAU,并转售给一家参与 JVETS 的日本公司。

二、清洁发展机制

(一) 清洁发展机制概述

清洁发展机制意在促进发达国家和发展中国家之间的合作,出自《京都议定书》第十二条,是指发达国家通过提供资金和技术,与发展中国家开展项目级合作,通过项目所实现的"经核证的减排量"(Certified Emission Reduction,CER),用于发达国家缔约方完成在议定书下的减排承诺。在 CDM 机制下,附件一国家为发展中国家(即非附件一国家)的清洁技术提供项目资金,如风能和太阳能,发展中国家交出的排放权被称为"核证减排量"(CER)。发展中国家能够通过低碳排放甚至无碳排放实现可持续发展,而承担这些项目的投资国家(附件一国家)将获得 CER,这些抵免额是实现其京都目标的信用额度。这一机制规定发达国家可以通过提供资金和技术支援发展中国家的减排事业,在发展中国家落地减排项目。签署协议的发达国家通过提供资金和技术支持,协助发展中国家在本国建设绿色减排项目,所创造的减排量可被提供支持的发达国家用于抵消自身的碳排放量,而发达国家可以通过这些项目的减排效果获取 CER。简单来说,就是发达国家用资金和技术购买发展中国家的温室气体排放权,用于抵消其规定的碳排放指标(图 2.3)。

对于发达国家来讲,能源结构的调整,高耗能产业的技术改造和设备更新都需要高昂的成本,温室气体的减排成本在 100 美元/吨碳以上。根据日本 AIM 经济模型测算,在日本境内减少二氧化碳的边际成本为 234 美元/吨,美国为 153 美元/吨,经合组织中的欧洲国家为 198 美元/吨。当日本要达到在 1990 年基础上减排 6% 温室气体的目标时,将损失 GDP 发展量的 0.25%。而发展中国家的平均减排成本仅几美元至几十美元每吨碳,如果是在中国进行 CDM 活动的话，可降到 20 美元/吨。清洁发展机制（CDM）既解决了发达国家的减排成本问题，又解决了发展中国家的持续发展问题，所以被公认为是一项双赢机制。巨大的减排成本差异，促使工业化国家积极向发展中国家寻找项目，从而推动了 CDM 的发展。

CDM 为发展中国家的碳交易市场形成奠定了基础，这些项目创造了发达国家可以购买和利用的信用额度，用来履行其减排义务，实现了由基金机制向交易机制、由罚款机制向价格机制、由司法制度向市场机制的转变。1998 年中国加入了《京都议定书》的缔约方行列。作为发展中国家，中国主要通过 CDM 机制参与全球碳交易市场。

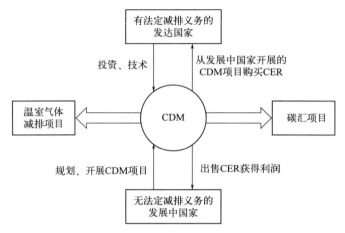

图 2.3　清洁发展机制示意图

（二）清洁发展机制相关概念

清洁发展机制是一种互惠互利的制度，与清洁发展机制紧密相关的概念和主体包括参与方、执行理事会、方法学和符合 CDM 的项目类型等。

1. 参与方

《京都议定书》明确指出，参与清洁发展机制的国家必须满足以下三个基本要求：一是基于自主自愿的原则；二是建立全国性的 CDM 主管机构，能够切实推进清洁发展机制项目的运转；三是接纳并批准《京都议定书》。这三个基本要求是面向所有国家的，包括发达国家和发展中国家。除了满足以上三个基本要求外，《京都议定书》还特别对发达国家提出了更为严苛的要求，包括：①国家或区域温室气体排放总量不能突破《京都议定书》所规定的标准；②对温室气体排放进行有效评估，并建立覆盖全国的温室气体排放评估体系；③在全国性的 CDM 主管机构中增加项目注册部门或单独设立国家级 CDM 项目注册机构；④能够认真并有效履行年度清单报告的义务；⑤能够设立一个账户管理系统，单独对温室气体减排量交易进行管理。

2. 执行理事会

CDM 执行理事会（EB）是国际上负责清洁发展机制申请、注册、实施和监管的最高权力机构。EB 主要由 10 名专家组成，其中经济合作与发展组织国家、中东欧国家、亚洲国家、非洲国家、拉丁美洲和加勒比海地区国家等五个联合国官方区域各派出 1 名代表，小岛屿国家联盟、附件一缔约方国家和非附件一缔约方国家则各派出 1 名、2 名和 2 名代表。

3. 方法学

为了发挥 CDM 项目可持续发展方面的作用，保障其实现目标，使其能够切实产生持久、可测度的减排量,需要制定一个科学的、系统的、可操作的方法学体系。目前 CDM 执行理事会设立的方法学小组是专门负责研究、制定和修正方法学的部门,该部门由 12 名相关领域的专家组成。CDM 涉及的方法学主要包括四种类型:一是指导如何确定基准线的方法学;二是确定项目边界和泄漏估算的方法学;三是计算减排量和减排成本效益的方法学;四是监测项目减排量的方法学。

4. 符合 CDM 的项目类型

《京都议定书》规定,一个项目要成为 CDM 项目,应符合以下三个基本条件:一是得到清洁发展机制项目供给方和需求方所在国家的正式批准;二是能够促进清洁发展机制项目供给方所在国家的节能减排和可持续发展;三是能够产生可测量、可核查和可核证的减排量。CDM 项目主要集中在新能源(包括风能、水能、太阳能)、生物质发电、垃圾填埋、气体发电等领域。

(三)清洁发展机制的实施

为保障清洁发展机制的客观、有效和透明,清洁发展机制执行理事会规定,CDM 项目的开发和实施需要遵守严格的申请、认证及监测流程。

第一,项目开发主体为申请 CDM 项目准备提案,内容包括经营实体(Operational Entity,OE)信息、项目可行性分析、项目概念书(Project Idea Note,PIN)、项目设计文件(Project Design Document,PDD)、买家意向函等。第二,承办该项目的发展中国家相关负责机构对项目提案给予批准,并论证该项目的减排意义。第三,由具有特定资质的指定经营实体(Designated Operational Entity,DOE)审核该项目提案书中的相关信息。第四,清洁发展机制执行理事会负责监督批准项目注册。第五,项目开发机构负责监测项目实施过程中的减排情况,并向特定认证机构提供书面碳减排监测报告。第六,具有特定资质的第三方认证机构验证减排量,且通常而言,本环节中进行碳减排验证的第三方机构与之前项目注册验证时所选择的第三方机构一般不能相同。第七,由清洁发展机制执行理事会监督 CER 的发放。第八,该项目开发商向附件一国家或企业出售已认证的碳减排量(图 2.4)。

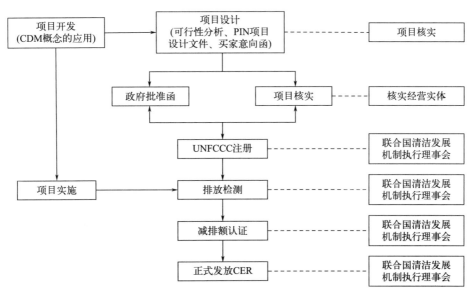

图 2.4 清洁发展机制的项目流程

三、联合履约机制

(一) 联合履约机制概述

联合履约机制意在推动发达国家内部的合作,来自《京都议定书》第六条,是指发达国家之间通过项目级的合作,其所实现的减排单位(Emission Reduction Unit,ERU)可以转让给另一发达国家缔约方,同时在转让方的允许排放限额(AAU)上扣减相应的额度。参与主体为"发达国家-发达国家",其中一方发达国家在另一方发达国家落地节能减排项目,东道主方得到了资金与技术,出资方得到减排单位(ERU)。ERU和CER性质一样,仅叫法不同,出资方也可抵消等量的碳排放量。

联合履约机制是附件一国家之间以项目为基础的一种合作机制,目的是帮助附件一国家以较低的成本实现其温室气体减排承诺。减排成本较高的附件一国家通过该机制在减排成本较低的附件一国家实施温室气体减排项目,投资国可以获得项目活动产生的减排单位,从而用于履行其温室气体减排承诺,而东道国可以通过项目获得一定的资金或有益于环境的先进技术,从而促进本国的发展。

联合履约机制意味着行为主体(国家或企业)不仅在本国或本国工厂减少或限制温室气体排放,而且与其海外伙伴一起减少或限制温室气体排放。该机制在一定程度上鼓励那些拥有技术优势的行为主体出于降低减排成本的考虑,在其他国家投资减排项目,在满足其经济利益的前提下,提高了被投资国的减排能力,实现共赢(图2.5)。

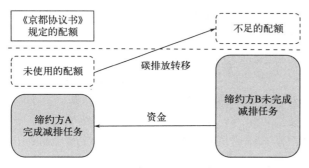

图 2.5 联合履约机制示意图

联合履约项目主要包括:可再生能源项目,如风能、水电、生物质能;能源效率改进的项目;帮助供应方能源效率提高的项目;燃料转换项目;减少工业排放;煤矿、垃圾填埋场和工业废水中的甲烷捕获和再利用;植树造林。该机制使政府能够"交易"或更好地"交换"根据《京都议定书》分配给他们的排放权。

(二) 联合履约机制的实施过程

联合履约项目的实施分为以下五个步骤。第一,发现潜在项目。项目发起人首先分析在其组织或经营范围内是否存在实行联合履约项目的机会。分析既有投资计划和项目开发提案,以确定是否存在减少温室气体排放的潜能。除此之外,最为重要的是要分析通过该项目的实施,是否可以减少温室气体的排放,项目所在国家是否符合资格要求。第二,项目的可行性分析。估算该项目可能减少的温室气体排放的数量。项目实施产生的减排额度的计算应以不存在该项目时本应发生的情况假设(基准)为基础。第三,项目的批准。根据《京都议定书》的规定,联合履约项目必须得到相关缔约方的批准。在项目参与人为经授权的法律实体的情形下,其需要首先获得东道国的批准,然后再获得其所在的本国的批准。第四,项目实际执行和监测。第五,减排单位的核查和发放。

JI项目的开发有两种不同的程序。程序1(Track 1,也称为简化程序)允许一个国家确定JI项目提案和验证减排,并在不受联合履约机制监督委员会(Joint Implementation

Supervisory Committee,JISC)监督的情况下发行 ERU。符合程序 1 规定的国家可以自由地设置本国 JI 项目的开发流程,这将产生不同国家在确定 JI 项目和发行 ERU 方面的严格程度上存在差异的风险。

程序 2(Track 2)涉及 JISC 对 JI 项目的确定、减排的验证和 ERU 发布的国际监督。JISC 会选择其认可的独立实体(Accredited Independent Entities,AIE),确定候选 JI 项目是否符合《京都议定书》规定的要求以及相应的实施准则,并跟踪验证其减排情况。作为一个监督机构,JISC 可以要求对 JI 项目的资格与减排效力进行审查。程序 2 的设立最初是为了帮助那些获取程序 1 资格困难的转型经济体。尽管大多数国家,包括乌克兰和俄罗斯早在 2008 年就有资格实行程序 1,但在实践中,大多数国家表示愿意遵守程序 2,即遵守 JISC 的核查程序,将减排量或清除量的增加作为附加核查项目。

(三)《京都议定书》交易机制比较

《京都议定书》三大交易机制,使温室气体减排量成为可以交易的无形商品,通过三大机制有机结合,实现了全球不同机制下的减排工作:发达国家通过国际排放贸易约束倒逼自身产业结构调整减排,或通过联合履约机制在本国设立清洁项目实现减排;发展中国家通过清洁发展机制在本国设立清洁项目实现减排,并参与到国际碳交易市场中。同时可以进行现货、期货的买卖,为碳交易市场的发展奠定了基础。

CDM 机制和其他两者之间仍然存在着诸多不同:第一,JI 机制和 IET 机制是附件一国家之间的合作机制,而 CDM 机制则是附件一国家和非附件一国家之间的合作机制,它们所涉及的合作参与方资格有着明显的差异。第二,JI 机制和 CDM 机制都是基于项目基础上的国际合作机制,而 IET 机制则是以市场为基础的国际合作机制,其实施的载体不同。在项目合作下,缔约方通过投资于其他缔约方的减排项目从而获得减排额度,并非在市场上购买减排额度。而在 IET 机制下,附件一国家可以在国际市场上购买其他附件一国家的排放额度,作为履行本国减排义务的组成部分。第三,即使同为基于项目的国际合作机制,CDM 机制和 JI 机制也不尽相同。如果被投资方为减排成本较低的附件一国家,则为 JI 机制,如果被投资方为非附件一国家,则为 CDM 机制(表 2.1)。

表 2.1 京都议定书三种交易机制比较

机制	交易主体	标的类型	交易标的
国际排放贸易(IET)机制	发达国家之间	碳配额	配额排放单位
联合履约(JI)机制	发达国家之间	碳信用	减排单位
清洁发展(CDM)机制	发展中国家和发达国家之间	碳信用	核证减排量

第三节 碳交易市场结构

一、碳市场法律框架

根据与国际履约义务的相关性,即是否受《京都议定书》辖定,可分为京都议定书和非京都议定书两种法律框架,因而有京都市场和非京都市场。

(一) 京都市场

京都市场是基于遵循《公约》及《京都议定书》一系列规则的京都市场和基于国家或区域性规定而建立的交易市场，为强制性的减排交易市场，主要是《京都议定书》所建立的三大交易机制，其中 CDM 和 JI 机制以项目市场为基础，通过项目合作交易减排，主要交易标的分别为核证减排量（CER）及减排单位（ERU）。IET 机制以配额交易为基础，采用总量管制和排放交易的管理和交易模式，主要交易标的为碳排放指标分配的欧盟碳排放配额（EU-ETS Allowances，EUA）。当前最大的配额交易市场是欧盟排放贸易体系，该体系创立之初的主要目的是便于欧洲国家完成《京都议定书》规定的目标，引导欧盟各国和公司熟悉碳交易市场的建立、发展、运行，并指导他们进行碳交易。根据《京都议定书》，三种机制中，CDM 机制是发展中国家可以受益的唯一履约机制。在受益逻辑上，发达国家缔约方有温室气体减排义务，而发展中国家没有，发展中国家通过发达国家向发展中国家购买碳减排量抵消额而受益。但是 CDM 机制由欧洲主导，发展中国家自主能力极弱。

(二) 非京都市场

非京都市场是不基于《京都议定书》相关规则，以自愿为基础的碳交易市场，包括企业自愿行为的碳交易市场和一些零散市场等，是全球碳交易市场的一个重要组成部分。非京都市场的需求主要来自各类机构、企业和个人的自发减排意愿，这种意愿不具有任何强制性。非京都市场基于自愿的配额市场，排放企业自愿参与，协商认定并承诺遵守减排目标，承担有法律约束力的减排责任，如英国非放贸易计划、芝加哥气候交易所。非京都市场的交易环境则相对自由，因为参与方是出于自身的道德要求或者成员间的自发组织而进行碳交易。由于没有强制市场中法规的束缚，可供交易的碳减排量更加广泛，包括经核实的自愿减排量（Vertified Emission Reduction，VER）、未经核实的减排量（ER）及预期的减排量（PER）等。非京都碳交易市场的减排量交易活动需遵循经许可的标准实施，其中比较活跃的标准主要有黄金标准（Gold Standard）、核证碳减排标准（VCS）等。在强制性市场中交易的 CER、EUA、ERU 及其他形式的碳信用和配额都可以在自愿市场上进行交易。正因为非京都市场的非强制性，其份额在全球碳交易市场占比很小，极少数企业参与多为了宣传企业形象。

二、碳市场交易制度

碳市场有三种交易制度，分别是总量限制与交易制度（Cap and Trade）、基线与信用交易制度（Base Line and Credit）和碳抵消制度（Offset）。

(一) 总量限制与交易制度

总量限制与交易制度是在首先确定一个国家或区域总量排放限额的基础上，对以产业或企业为单位的营运主体进一步分配排放限额的制度，在营运主体实际减排的过程中，有的公司能够达到减排目标，并且有排放配额的剩余，则可以将余额卖给那些由于各种原因未能实现预期减排目标的企业。如果减排额大于配额，不足的部分则需要从市场上购买不足差额。一般来说，公司从有配额剩余的公司手中购买排放信用成本是相对低的，这样可以激励那些最成功实现减排的公司。

在总量限制与交易制度下，排放会受到限额（即总量）的限制。限额可以有不同形式，如绝对的排放总量、排放增量、碳强度或其他变量。限额如同配额，每个参与个体都会在配额制度下被分配到一定量的排放权限。参与到这一制度安排下的排放个体,不管是自愿的还是强制的,同意将他们的排放量保持在总量之下。政府部门根据整个经济体的雄心水平和司法环境可以采取自上而下法、自下而上法及混合法等不同的方法来设定总量,然后对碳排放进行配额分配,分配方式决定了企业参与碳排放权交易体系的成本,当前主要有免费分配和有偿分配两类。

该交易制度是全球最重要的减排交易机制,其总交易额占全球碳交易市场的90%以上。例如欧盟2005年实施的碳排放交易机制(EU-ETS)就属于排放上限交易制。该交易机制的不足之处是将碳排放权配额无偿地分配给提供环境负外部性的污染主体,而非给提供环境正外部性的减排主体。这种配额发放方式无法克服初始分配的不公平性和对资源配置效率可能产生的负面影响。此外,各国对全球统一的市场配额分配很难达成共识,欧盟试图将各国纳入其强制减排市场的努力一直遭到包括中国、美国等排放大国在内的多数国家抵制。

(二)基线与信用交易制度

基线与信用交易制度是不规定一国总量上的配额,而是基于每一减排主体主管机构事先确定一个排放基准,经过可核查的程序,如果实际减排量小于基准排放量,差额部分作为减排信用量予以出售。其交易标的是减排项目产生的温室气体减排"信用",这是一种事后授信的交易方式,这一交易机制为监管对象设置了排放率或排放技术标准等基准线,对减排后优于基准线的部分经核证后发放可交易的碳减排量,即碳信用,并允许因高成本或其他困难而无法完成减排目标的管制对象通过购买这些信用来履约。

采用基线与信用制度,自愿减排企业实施提升能源使用效率、吸收温室气体、减少温室气体排放等类型项目,基于原本的排放强度或基准情景下的排放量(基准),在采取技术创新、使用新能源等措施后,比基准情景下减少了一定的排放量,从而形成了减排量(图2.6)。基准是在没有自愿碳减排的情况下,为了提供同样的服务,最有可能建设的其他项目(基准项目)所带来的温室气体

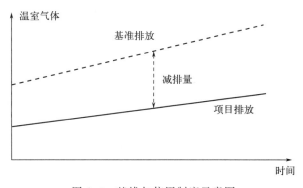

图 2.6 基线与信用制度示意图

排放量基准值。相较基准情形,自愿碳减排项目产生的温室气体减排量就是该项目的减排效益。基准的存在为温室气体自愿碳减排项目提供了一项标准,让温室气体自愿碳减排项目活动的减排量、减排效益额外性、减排增量成本等指标通过与基准进行比较,能够被计算、评价、测量和核实。比如钢铁厂某项工艺改进的节能项目,其基线是根据该项工艺改进之前的历史数据,同时参照同类钢铁厂同类工艺的平均排放水平碳信用机制确定,通常是建立一个排放基线情景,如果企业将排放降低到基线情景以下,或对排放进行永久封存,或产生碳汇,就可以创造碳信用。

(三)碳抵消制度

碳抵消是指用于减少温室气体排放源和增加温室气体吸收,用来实现补偿或抵消其他排放源产生温室气体排放的活动,碳抵消允许个人或组织通过购买其他地区/项目的碳减排量,用于补偿其无法减少的温室气体。例如标的物A(个体或者行为)产生了温室气体排放,导

致全球排放到大气中的温室气体增加。为了达到低碳或者近零碳的目标，可以允许另一标的物 B（其他个体或者行为）开展减碳或者固碳行为，从而使全球排放到大气中的温室气体总量减少，或达到零排放，这就是碳抵消或碳中和。与此同时，造成温室气体排放增加的主体 A 需要通过支付费用的形式来补偿实现温室气体减少的主体 B，此乃碳补偿的体现。在此过程中，减排主体 B 是在没有法定强制减排责任、没有受到法定强制力约束的情况下进行的减排行为，通常是出于其自身意愿（如自身公益诉求、承担企业社会责任、为强制减排系统履约做储备等）而自愿实施的碳排放减少（如提高能效、技术创新）行为，这一过程正是温室气体自愿碳减排行为的体现。自愿减排项目是碳排放交易市场抵消机制的运行载体。

碳抵消制度基本原理是允许碳交易体系外的温室气体减排项目所产生的碳信用"冲抵"承担减排义务的国家或企业的温室气体排放量，从而为这些国家或企业提供了除提交碳排放配额之外的另外一种完成履约义务的手段。企业使用碳信用对自身排放进行抵消的过程称为碳抵消，可发生在强制或自愿碳交易市场。在目前的碳交易体系设计中，政府部门允许控排企业购买项目市场的碳信用来抵扣其排放量，即碳抵消机制。碳抵消机制是指正在执行或者已经批准的碳信用项目经过核查后产生的减排量，在碳交易市场进行交易从而用作排放量的抵消，减排量通常指的是在常规情景之外避免或封存的排放量。1 吨碳信用在碳交易市场中等效于 1 吨碳配额，也就是说企业自身配额不够时不仅可以购买其他控排企业的排放权，还可以购买非控排企业的碳信用项目减排量，但对用于履约的减排量（碳信用）有限制，如特定项目类型、产生时间甚至产地，以确保控排企业不仅仅购买减排量，还会自己减排。抵消信用源自碳交易体系未覆盖的排放源开展的减排活动产生的减排量或增加碳封存量，抵消信用的使用允许被覆盖排放源的排放总量超过总量控制目标，但由于超出的排放量被抵消信用所抵消，因此总体排放结果不变。

抵消制度本身也是一个多赢的机制。碳交易市场将碳排放内化为企业经营成本的一部分，引入碳抵消机制一是为了降低排放企业的履约成本，并促进可再生能源、林业碳汇、农村户用沼气等温室气体减排效果明显、生态环境效益突出的项目发展，可以激励其减排并获得额外收益，也有利于激励促进减排技术的应用和发展；二是促进未纳入碳交易体系范围内的非控排企业通过减排项目实现碳减排，相当于通过市场手段为能够产生减排量的项目提供补贴；三是可以在不影响体系整体环境完整性的前提下提供更多灵活性，对于控排企业来说可以降低履约成本，进一步活跃碳交易市场，增加碳交易市场参与主体，有助于增加市场流动性，促进碳交易市场稳定运行；四是抵消机制也是影响市场供给量和碳价的重要补充机制，而交易形成的碳排放价格则引导企业选择成本最优的减碳手段，包括节能减排改造、碳配额购买或碳捕捉等，市场化的方式使得在产业结构从高耗能向低耗能转型的同时，全社会减排成本保持最优化。

三、碳市场交易动机

碳市场有两种交易动机，分别是强制性交易和自愿性交易。

（一）强制性碳交易市场

强制性碳交易市场也就是通常提到的"强制加入、强制减排"，是由政府部门按照法定程序，将符合条件的高碳控排企业纳入管控，要求其承担减排义务的碳交易市场。

强制性碳交易市场交易标的为碳配额（碳排放权），监管部门向强制控排企业发放碳排放权配额，初期免费分配给碳控排企业并按照一定规则逐年减少；强制减排企业实际排放量超过配额的部分，需要向有剩余额度的企业购买，多余部分可以出售。这是目前国际上运用最为普遍且发展势头最为迅猛的碳交易市场。强制性碳交易市场能够为《京都议定书》中强制规定温室气体排放标准的国家或企业有效提供碳排放权交易平台，通过市场交易实现减排目标，其中较为典型或影响力较大的有欧盟排放交易体系（EU-ETS）、美国区域温室气体减排行动（RGGI）、美国加州总量控制与交易计划（CCTP）、新西兰碳排放交易体系（NZETS）、日本东京都总量控制与交易体系（Tokyo-CAT）等。

（二）自愿性碳交易市场

自愿性碳交易市场是指没有承担减排义务的组织、机构、个人，或承担减排义务的控排企业在义务范围外，自愿购买碳信用而形成的市场。自愿市场多出于企业履行社会责任、增强品牌建设、扩大社会效益等一些非履约目标，或是具有社会责任感的个人为抵消个人碳排放、实现碳中和，而主动采取碳排放权交易行为以实现减排。作为强制市场的补充，碳减排企业通过自愿市场开发项目碳信用，碳信用额可以由那些自愿想要抵消其排放的企业购买。

自愿性碳交易市场通常有两种形式：一种为"自愿加入、自愿减排"的纯自愿碳交易市场，如日本的经济团体联合会自愿行动计划（KVAP）和自愿排放交易体系（JVETS）；另一种为"自愿加入、强制减排"的半强制性碳交易市场，企业可自愿选择加入，其后则必须承担具有一定法律约束力的减排义务，若无法完成将受到一定处罚，最典型的代表是芝加哥气候交易所（CCX）。由于后者发生前提为"自愿加入"，且随着强制性碳交易市场的不断扩张，此类实践逐渐被强制性或纯自愿性碳交易市场所取代，故未作单独列出。

四、碳市场交易对象

根据碳市场交易对象有碳配额市场和碳信用市场。

（一）碳配额市场

碳配额市场是碳排放权配额进行交易的市场。碳配额是政府基于总量控制原则，通过有偿或无偿的方法，发放给控排企业的证书，企业有多少碳配额，就能排放多少二氧化碳，所以可以认为是排放二氧化碳的权力，是政府应对气候变化主管部门发放给控排企业的二氧化碳初始排放权，纳入碳交易的企业允许的碳排放额度。1个单位碳排放配额相当于向大气排放1吨二氧化碳当量，是控排企业的排放权益标的，属于控排企业的资产，在最初阶段，控排企业可能会获得免费配额或向政府购买有偿配额，还可选择交易配额或跨期存储配额，以供未来使用。

碳配额交易指国家给定企业的一定配额，在当年内结算时排放如果超过配额就需要购买其他企业的配额来填补，而排放未超过配额时可以出售未超过部分的碳排放权。其实质就是在一个原本自由排放的领域，通过对排放上限进行封顶，从而把不受约束的排放权，人为地改造成一种稀缺的配额的过程，是控排企业的金融资产。根据履约机制，控排企业每年需提交与上年度确认排放量等量的排放配额用于清缴履约，企业经过一年的经营，需要报告过去一年的排放量，并由第三方机构确认，确认后企业要将等于排放数量的配额上缴到政府部门，如果企业实际排放高于配额，需要到市场上购买配额。与此同时，部分企业通过采用节能减排技术，最终碳排放低于其获得的配额，则可以通过碳交易市场出售多余配额。如果不能足额上缴，就要受到政府部门的惩罚，这样既控制了碳排放总量，又能鼓励企业通过优化能源结构、提升能效等手段实现减排。碳配额交易是碳交易市场交易量最大最活跃的品种。

国际上基于配额的交易市场有欧盟 EU-ETS、美国 RGGI 等。

（二）碳信用市场

碳信用市场即项目市场。碳信用（Carbon Credit）指通过国际组织、独立第三方机构或者政府确认的，一个地区或企业以提高能源使用效率、降低污染或减少开发等方式减少的自愿碳排放量，并构成自愿减排碳交易市场，同时也可以进入碳交易市场交易。一般情况下，碳信用以减排项目的形式进行注册和减排量的签发，单位为吨二氧化碳当量，1 单位碳信用可抵消 1 吨二氧化碳当量的排放量。除了在碳税或碳交易机制下抵消履约实体的排放外，碳信用还用于个人或组织在自愿减排市场的碳排放抵消，碳信用是官方认可的最具有可行性的交易标的，是碳配额市场的补充。碳信用不仅可以作为自愿减排市场的交易品种，还可以作为强制碳交易市场的抵消用于管控企业履约。若将碳信用通过金融的手段资产化参与质押、信托等类型的金融活动，还有利于企业拓宽绿色融资渠道。碳信用不仅限于自愿减排市场的交易品，还应该包括小微企业及个人的碳账户，以及高排碳行业信用机制下的信用额度。

碳信用是项目主体依据相关方法学，开发温室气体自愿减排项目，经过第三方的审定和核查，依据其实现的温室气体减排量化效果所获得签发的减排量。碳减排项目经政府批准备案后所产生的自愿减排量，控排企业可使用符合要求的一定比例碳信用来一同完成清缴履约，交易完成后在国家登记簿中予以注销。广义来说，碳信用可以由避免或减少碳排放的缓解活动（如防止砍伐森林、能源效率提升项目等）或消除排放（如重新造林、可再生能源项目替代化石能源、碳捕捉项目等）产生（表 2.2）。

表 2.2　碳配额与碳信用比较

比较项目	碳配额	碳信用
包含权利的差异	碳配额包含的是可排放的温室气体量	碳信用是减少的排放量
产生方式的差异	由政府发放给企业（有偿或无偿），且配额数量是事先确定的	碳信用是事后产生，减排行为实际发生后，经过专业机构核证后确认
交易目的差异	满足企业低成本履约的需要	更多的是用于满足企业社会责任的要求
交易系统的差异	碳交易市场（ETS）	碳交易市场、自愿减排系统交易

碳信用是通过实施项目削减温室气体而获得的减排凭证。在履约过程中，企业如果超出了国家给的碳配额，就需要购买其他企业的，随即形成了碳交易。但也可以通过采用新能源等方式自愿减排，这种自愿减排量经过国家认证之后，就是碳信用，包括政府对抵扣信用的审批签发，以及买卖双方间对碳信用的交易。国际上基于项目的交易市场有清洁发展机制、联合履约机制。

（三）两类交易市场比较

配额市场和项目市场在性质上有本质的差异，同时又有千丝万缕的联系。

首先，交易标的不同。配额交易基于总量限制与交易制度，项目市场的减排信用交易则是基于基线与信用制度，因此交易标的不同。这两种交易标的具体有以下几点区别：①配额针对的是排放量，是绝对值，信用针对的是减排量，是相对值；②配额是事先创建的，即在开始之时就应发放给企业，信用则是事后产生的，当减排行为切实发生并被核证之后，才会产生减排信用；③配额的数量是确定的，每一年的配额数量在开始交易之前便已确定，而减排信用不到核证完成便无法准确知道所产生的数量。

其次，交易范围不同。配额交易的范围一般仅限于当地的碳交易体系，例如欧盟的配额只能在欧盟交易，加利福尼亚州（简称加州）的配额只能在加州交易；同样地，中国碳交易试点的配额只能在试点当地的企业间交易。而减排信用交易则具有明显的跨地域性，最为典型的代表是CDM项目，其项目开发产生的核证减排量（CER）信用可以在全球大部分地区流通；另外一些自愿减排标准，例如核证减排标准（VCS）或黄金标准（Gold Standard），也可在全球开发项目，产生的减排信用同样可以销往全球。类似地，中国核证自愿减排量（China Certified Emission Reduction，CCER）信用也可以根据一定条件在各个区域试点碳交易市场之间流通。

最后，交易目的不同。配额交易的主要目的是满足控排企业低成本履约的需求，而减排信用交易除了可以满足控排企业的履约需求外，还可以满足其他企业和个人践行社会责任的需求。特别是VCS和黄金标准这类自愿减排标准，主要用途就是为了满足企业社会责任的市场需求。因此，配额交易的需求是完全来自碳交易体系内生的，减排信用交易的需求则不一定在强制减排市场中，配额和减排信用是互补品。因此，为了保障配额市场的需求，各碳交易体系通常会对减排信用的使用数量进行限制，如大部分中国碳交易试点对CCER的使用比例要求在10%以内（表2.3）。

表2.3 碳交易市场组成体系

	配额交易市场（强制交易）				自愿交易市场	
交易类别	基于配额的交易		基于项目的交易		自发性地作出减排承诺并出资抵偿其超额的排放量	
交易机制	排放交易	排放交易	清洁发展（CDM）机制	联合履约（JI）机制	芝加哥气候交易所（CCX）	自愿碳减排体系（VER）
计算单位	《京都议定书》下的分配数量单位（AAU）	欧盟碳排放配额（EUA）	核证减排量（CER）	减排单位（ERU）	派生出各种类似期权与期货的金融衍生品	

（四）碳交易市场体系

目前碳交易市场将成为碳减排的关键驱动力，而完整的碳交易市场包括配额市场和项目市场。碳配额市场是由政府通过对能耗企业的控制排放而人为制造的市场。在设定排放总量目标的前提下，确立排放权稀缺性，通过无偿（政府配额）或有偿（市场拍卖）方式分配碳配额，依托公开、公平和公正的交易平台，实现碳排放权二级市场交易和环境资源商品化，如果未来企业排放高于配额，需要到市场上购买配额。与此同时，部分企业通过采用节能减排技术，最终碳排放低于其获得的配额，则可以通过碳交易市场出售多余配额，从而实现减排目标。企业为了履约，每年必须核查确认实际排放与配额之间的关系，核销与自身排放量等量的配额，它是碳交易市场的主要交易产品，决定碳交易市场供给和碳价走势。引入碳抵消机制后，可以按照碳抵消机制从项目市场获取的合法排放量单位，即碳信用，如国内碳交易市场可以从总量控制范围之外的行业或项目、国际碳抵消机制或其他碳交易体系获得碳信用。

因此碳交易市场可分为一主一辅两个市场，主市场为碳配额交易市场（碳交易市场），交易主体主要为政府主管部门、控排企业、金融机构、机构投资者和个人等，交易标的为碳配额，实际排放量大于初始碳配额的企业可向存在富余碳配额的企业购买。辅市场为碳信用交易市场（自愿减排市场），作为主市场的补充，交易主体主要为控排企业和自愿减排企业，交易标的为碳信用（核证减排量）。控排企业按照碳抵消机制可使用碳信用完成配额清缴，但为了确保控排企业有效减排，该使用量会存在限制，一般不超过控排企业应清缴碳排放配额的5%或10%。碳配额市场（强制交易市场）和碳信用市场（自愿交易市场）能够通过抵消机制产生联动。例如整体机制看，中国碳交易市场包括强制性的配额（CEA）交易市场和中国核证自愿减排量（CCER）市场两大市场。

比如企业 A 和企业 B 原先每年排放 210 吨二氧化碳，而获得的配额为 200 吨二氧化碳。第一年末，企业 B 因为提高了产品产量，又因节能减排技术花费过高而未加以使用，最终排放了 220 吨二氧化碳。反观企业 A，加强节能减排管理，仅排放 180 吨二氧化碳，从而在碳交易市场上拥有了可出售剩余配额的权利。因而，企业 B 需要从市场上购买配额，而企业 A 的剩余配额可以满足企业 B 需求，使这一交易得以实现，同时企业 B 可以从自愿减排市场购买自愿减排企业 C 的碳信用抵消一部分（如 5%）碳配额。最终的效果是，两家企业的二氧化碳排放总和未超出 400 吨的配额限制，完成了既定目标，如图 2.7 所示。

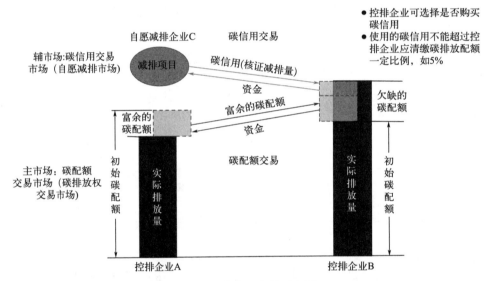

图 2.7　碳信用交易示意图

碳交易市场体系包括一级市场、二级市场。一级市场是发行市场，由国家相关主管部门和委托机构管理，创造和分配碳排放权配额（碳配额）和已审定备案项目的减排量（碳信用）两类基础性碳资产❶。二级市场是交易市场，是碳资产现货和碳金融衍生产品交易流转的市场，亦是整个碳交易市场的枢纽。二级市场又分为场内交易市场和 OTC 场外交易市场。场内交易是指在经认可备案的交易所或电子交易平台进行的碳资产交易，这种交易具有固定的交易场所和交易时间、公开透明的交易规则，是一种规范化的交易形式，价格主要通过竞价方式确定。OTC 场外交易又称柜台交易，指在交易场所以外进行的各种碳资产交易活动，采取非竞价的交易方式，价格由交易双方协商确定。二级市场通过场内或场外的交易，能够汇聚相关市场主体和各类资产，从而发现交易对方和价格，以及完成货银的交付清

---

❶ 碳资产是指在强制碳排放权交易机制或者自愿碳排放权交易机制下，产生的可直接或间接影响组织温室气体排放的配额排放权（碳配额）、减排信用额（碳信用）及相关活动。

算等。此外，二级市场还可以通过引入各类碳金融交易产品及服务，提高市场流动性，为参与者提供对冲风险和套期保值的途径。

◆ 本章小结 ◆

在外部性理论、公共物品理论、科斯产权理论的基础上，分析出碳交易经济学理论。温室气体经过确权后，其稀缺性、商品性、排他性、竞争性和交易性等市场特征明显，具备进入交易市场的条件，碳交易市场应运而生。《京都议定书》建立了旨在减排温室气体的三个灵活的产权交易机制——国际排放贸易机制、清洁发展机制和联合履约机制，允许控排主体在不同国际碳交易系统内交换碳排放单位。最后从法律框架、交易制度、交易动机和交易对象方面分析碳交易市场结构。

◆ 思考题 ◆

1. 碳交易市场用到了哪些理论？请简要说明。
2. 简述科斯定理在碳金融的应用。
3. 简述清洁发展机制。
4. 简述联合履约机制的实施过程。
5. 简述碳抵消制度。
6. 碳交易市场的两种交易动机是什么？
7. 碳配额与碳信用有什么区别？

第三章 碳交易市场基础

本章学习要点

本章学习碳核算概念、碳核算标准及碳核算方法，重点学习碳交易市场基本要素，包括覆盖范围、总量控制、配额分配、MRV 机制和履约机制，并学习碳交易市场价格形成机制、影响因素和调节机制。

第一节 碳核算基础

一、碳核算概念

企业的碳排放量不仅决定了它是否被纳入碳交易市场，还决定了之后可以获得的配额数量。因此准确计算企业的碳排放、确保数据的准确性及公平性，是碳交易市场的根基。碳核算，全称应该叫温室气体核算，因为核算中除二氧化碳（CO_2）外，还要包括其他温室气体。碳核算是一种测量工业活动向地球生物圈直接和间接排放二氧化碳及其当量气体的措施。从核算对象来说，开展碳核算至少需要包含以下两点条件：一是划定造成温室效应的气体，二是确定工业活动主体。从工业活动主体来说，根据《IPCC 国家温室气体清单指南》和《省级温室气体清单编制指南》，碳核算主要覆盖五种活动：能源活动、工业生产、农业生产、林业和土地利用变化以及废弃物处理。针对上述核算主体对象，碳核算可以具体根据数据来源、测量方式、数据形式、数据质量、测量地域及时间范围等因素，生成不同类型的碳核算结果产出。

碳核算是实现碳达峰与碳中和所有工作的基础，需要实现碳排放数据标准的统一与碳排放数据质量的控制，在数据得到保障的基础上，各国碳排放体系可实现与全球碳排放体系的统一，碳交易市场可顺利运行激发活力。此外，碳核算也可从源头对减排路径进行研究开发，对减排效果量化评估。碳核算一方面依据来自联合国政府间气候变化专门委员会（IPCC）制定的 IPCC 清单指南，为世界各国提供清单编制的方法学依据；另一方面可以保障来自碳排放可检测、可报告、可核查体系（MRV 体系），保障形成准确可靠的碳排放数据。

二、碳核算标准

碳核算是一个多元主体的体系,各个主体所承担的角色和责任也会直接影响到核算结果的准确度及成果性质。整体而言,碳核算的方式可分为自上而下及自下而上两类,前者主要指国家或政府层面的宏观测量,而后者则包括企业的自测与披露、地方对中央的汇报汇总及各国向国际社会提交的反馈。目前碳核算标准涵盖五大层面:区域层面、组织层面、交易层面、产品层面、项目层面。

(一)区域层面

区域层面的核算标准包含《IPCC 国家温室气体清单指南》(以下简称《IPCC 指南》)和《省级温室气体清单编制指南》(以下简称《省级指南》),这两个标准分别是国际和国内区域层面温室气体核算的权威标准,也是其他所有层面碳核算的基石。这两个标准不仅提供了区域层面碳核算的方法,更是为其他层面的碳核算提供了大量的基础参数作为参考,如化石燃料的低位发热量、单位热值含碳量、氧化率等缺省值(默认值)。

《IPCC 国家温室气体清单指南》是当前适用性比较广泛的主流国际标准,属于国家层面的核算指南,是针对国家、企业、项目等不同核算对象的温室气体排放量进行核算的标准和编制温室气体清单的指南。世界各国在制定本国的温室气体核算体系时大多都以《IPCC 指南》为准,对各国制定减缓温室气体排放政策和应对气候变化行动有较大的贡献。

《省级温室气体清单编制指南》主要用于指导中国编制 2005 年省级温室气体清单,也逐步适用于区域层面的温室气体核算的指导工作,具有科学性、规范性和可操作性。与《IPCC 指南》一致,同样是按部门划分,分为能源活动、工业和生产过程、农业、土地利用变化和林业及废弃物处理。该指南对于温室气体核算所使用的碳排放因子与《IPCC 指南》中推荐的缺省排放因子不同。《省级指南》中给出的碳排放因子是针对中国国情进行修改,更加符合中国能源消耗结构具体情况的。不同部门的清单编制指南为碳排放计量工作提供指南。除此之外还包括不确定性方法以及质量保证和控制的内容。

(二)组织层面

组织层面的核算标准包括 ISO 14064-1-2018《组织层次上对温室气体排放和清除的量化和报告的规范及指南》、《GHG Protocol 温室气体议定书》、24 个行业温室气体排放核算方法与报告指南(国家发改委)、10 个行业工业企业温室气体排放核算和报告通则(国家质检总局、国家标准委)等。其中前两个标准为通过的国际标准,后两类为国内指南。

2006 年 3 月,国际标准化组织 ISO 发布了关于温室气体的排放标准 ISO 14064。作为一个温室气体的量化、报告与验证的实用工具,ISO 14064 应用于企业量化、报告和控制温室气体的排放和消除。ISO 14064 包含三部分内容:ISO 14064-1,组织层次上对温室气体排放和清除的量化和报告的规范及指南;ISO 14064-2,项目层次上对温室气体减排和清除增加的量化、监测和报告的规范及指南;ISO 14064-3,温室气体声明审定与核查的规范及指南。这是目前国际上最广泛应用的组织层面上的温室气体核算标准。

ISO 14064-1-2018 是 2006 版本基础上的升级更新版,于 2022 年 6 月全面启用,规定了在组织层次上温室气体清单的设计、制定、管理和报告的原则和要求,包括确定温室气体组

---

❶ 碳排放因子是指每一种能源燃烧或使用过程中单位能源所产生的碳排放数量。

织和报告边界、量化温室气体的排放和清除以及确定组织减缓行动等方面的要求，并提供了直接排放、间接排放的分类指南和如何选择、收集和利用数据进行直接排放量化的指南。此外，该标准还包括对清单的质量管理、报告、核查活动的职责等方面的要求和指导，为政府和工业界提供了一系列综合碳核算的程序方法，旨在减少温室气体排放和促进温室气体排放交易。ISO 14064-1 奠定了其他组织层面温室气体排放核算标准的基础，但由于这个标准适用的范围非常宽泛，因此在具体活动数据、排放因子等参数选择时，可能会面临选择困难，而选择不同的参数则会出现不同的结果。此外，在使用 ISO 14064-1 时，数据的不确定性是不可忽视的。

《GHG Protocol 温室气体议定书》系列标准最为广泛使用，是由一系列为企业、组织、项目等量化和报告温室气体排放情况服务的标准、指南和计算工具构成，由非政府组织出具的标准及指引，均鼓励国家、城市、社区及企业等主体对于核算结果进行汇报和沟通，以此确保公开报告的一致性。这些标准、指南、工具相互独立又相辅相成，是企业、组织、项目等核算与报告温室气体排放量的基础，以帮助全球达到发展低碳经济的目的。以国际能源署（International Energy Agency，IEA）发布的碳核算报告为例，其数据主要为国家向 IEA 能源数据中心提交的月度数据、来自世界各地电力系统运营商的实时数据、国家管理部门发布的统计数据等。

由国家发改委发布的 24 个行业温室气体排放核算方法与报告指南是目前中国使用最广泛的温室气体核算标准，该系列标准基本是从 ISO 14064-1 演化而来，但融入了国内不同行业的排放特征，如钢铁、水泥、化工等，且核算边界主体明确为法人企业，因此在具体核算的时候更加明确和清晰。与 ISO 14064-1 明显不同的是，该系列标准不考虑其他间接排放，不考虑数据的不确定性，还规定一些参数的缺省值，如一些燃料的单位热值含碳量、低位发热量、氧化率等。该系列中不同行业的标准的参数缺省值之间缺乏统一性，会引发人为造成的系统性碳核算结果差异。

2013 年 11 月到 2015 年 11 月国家发改委先后发布了 24 个行业的《企业温室气体排放核算方法与报告指南（试行）》（以下简称《企业指南》），具体包括：第一批 10 个，包括发电企业、电网企业、钢铁生产企业、化工生产企业、电解铝生产企业、镁冶炼企业、平板玻璃生产企业、水泥生产企业、陶瓷生产企业、民航企业；第二批 4 个，包括中国石油和天然气生产企业、中国石油化工企业、中国独立焦化企业、中国煤炭生产企业；第三批 10 个，包括造纸和纸制品生产企业，其他有色金属冶炼和压延加工业企业，电子设备制造企业，机械设备制造企业，矿山企业，食品、烟草及酒、饮料和精制茶企业，公共建筑运营单位（企业），陆上交通运输企业，氟化工企业，工业其他行业企业。《企业指南》覆盖了高排碳的全部重点行业，规范了企业与核查机构碳排放数据核算，确保了碳交易市场基础数据的准确性。但是组织层面的温室气体核算有准确性原则，并没有保守性原则，这和交易层面、项目层面的核算是不同的。

（三）交易层面

交易层面的核算标准包括《企业温室气体排放核算方法与报告指南 发电设施》、2020 年度温室气体排放报告补充数据表以及各区域试点碳交易市场的核算指南等。其中各区域试点碳交易市场（如上海、重庆等）的核算指南均与 24 个行业温室气体排放核算方法和报告指南大同小异，也是企业层面温室气体核算方法，只是在一些排放核算的细节处理和参数选取上有着地方特色。

由生态环境部发布的《企业温室气体排放核算方法与报告指南 发电设施》、2020 年度温室气体排放报告补充数据表是为全统一碳交易市场服务的核算标准，分别用于发电行业和其他七大重点排放行业。与组织层面核算标准不同的是，这类核算标准明确采用设施边界，即按产品生产设施的排放进行核算，而法人企业的排放量等于各设施边界排放总和。比如煤电企业的设施边界是以锅炉、汽机、发电机为核心的供热生产的设施，水泥企业的设施边界是以熟料生产为核心的设施等。因此，全国统一碳交易市场交易边界的碳排放核算与各个行业的生产设施和工艺密切相关，更严格和细致的要求意味着更加精确的核算数据和为配额发放作出更完善的依据。而补充数据表是指没有对应行业核算指南的过渡性文件，随着八大行业各核算指南逐步发布，最终补充数据表也会退出历史舞台。

交易层面的碳核算在数据不确定时，采用保守性原则，即选取不利于交易参与方的数据，一般而言，都是取偏大的排放数据。

（四）产品层面

产品层面的核算标准包括《ISO 14067 基于生命周期评价方法的温室气体产品碳足迹[1]量化及报告指南》《PAS2050 商品和服务在生命周期内的温室气体排放评价规范》《建筑碳排放计算标准》等。

ISO 14067 是关于产品层面的标准，包括产品碳足迹的量化和产品碳足迹的信息交流，主要是通过全生命周期评价（Life Cycle Assessment，LCA）的方法去量化一个产品在整个生命周期的温室气体排放量，并对结果进行标准化的信息交流；PAS2050 规范是全球首个生命周期评价方法的产品碳足迹方法标准，于 2008 年由英国标准协会发布。同时为完善碳足迹信息交流和传递机制，补充制定了以规范产品温室气体评价为目的的《商品室气体排放和减排声明的践行条例》，并建立了由英国碳标识公司负责提供碳足迹标识管理服务的碳标识管理制度，帮助参与碳足迹项目的企业在其商品包装上标注企业温室气体减排量等数据；《建筑碳排放计算标准》是按照 LCA 评价方法设计的以建筑物为产品的 LCA 碳排放量，涵盖了建筑的运行阶段、建造及拆除阶段、建材生产及运输阶段，此外还提供了排放因子的参考值。

产品层面的温室气体核算几乎都应用了产品生命周期分析方法，计算产品碳足迹。ISO 14067 是国际通用的产品碳足迹的核算标准，而国内目前还是空白。相比较于标准的缺失，最大的问题还在于国内 LCA 数据库的缺失。由于产品生命周期平价的复杂性，在实际核算中，都需要借助 LCA 因子库的帮助，而国内碳排放因子库缺乏，且没有权威性。因此出口海外的产品碳足迹均借助欧洲对于中国产品的 LCA 因子库。

（五）项目层面

项目层面目前并没有碳排放核算的方法，仅有减排量核算方法，即各类减排的方法学，如 CCER 方法学、VCS 方法学、CDM 方法学等，分为能源利用、能源效率、工业、交通、建筑、农业、林业等十多个类别。这些方法学中的减排量计算部分就是项目减排量的核算方法。经过核证过的项目减排量就是减排碳资产，可以用于交易及抵消机制。项目层面的减排量核算数据采用严格的保守性原则，即数据有不确定性时，一律采取相对保守，也就是较小

---

[1] 碳足迹是指企业机构、活动、产品或个人通过交通运输、食品生产和消费以及各类生产过程等引起的温室气体排放的集合，是一个人或者团体的"碳耗用量"。

的减排量数据。

三、碳核算方法

碳核算方法可分为基于测量和基于计算两种方法，具体从现有的温室气体排放量核算方法来看，主要可以概括为三种：排放因子法、质量平衡法、实测法。目前国家发改委公布的24个指南采用的温室气体量化方法只包含排放因子法和质量平衡法，但2020年12月生态环境部发布的《全国碳排放权交易管理办法（试行）》中明确指出，控排企业应当优先开展化石燃料低位热值和含碳量实测。

（一）排放因子法

排放因子法是适用范围最广、应用最为普遍的一种碳核算办法。IPCC提供的碳核算基本方程：

$$温室气体（GHG）排放 = 活动数据（AD）\times 排放因子（EF）$$

其中，活动数据（AD）是导致温室气体排放的生产或消费活动的活动量，如每种化石燃料的消耗量、石灰石原料的消耗量、净购入的电量、净购入的蒸汽量等；排放因子（EF）是指与活动水平数据相对应的系数，表征单位生产或消费活动量的温室气体排放系数，用于量化单位活动水平的温室气体排放量，通常基于抽样测量或统计分析获得，表示在给定操作条件下某一活动水平的代表性排放率（表3.1）。如吨煤、吨燃料油、立方米天然气排放的CO_2量，吨碳酸盐产生的CO_2量，吨硝酸产量生产过程产生的N_2O排放量，电力的排放因子为$tCO_2/(MW \cdot h)$。EF既可以直接采用IPCC、美国环境保护署、欧洲环境机构等提供的已知数据（即缺省值），也可以基于代表性的测量数据来推算。中国已经基于实际情况设置了国家参数，例如《工业其他行业企业温室气体排放核算方法与报告指南（试行）》的附录二提供了常见化石燃料特性参数缺省值数据。

表 3.1 排放因子数值获取来源

来源	机构	内容
IPCC 指南	IPCC	提供普适性的缺省因子
IPCC 排放因子数据库（Emission Factors Database）	IPCC	提供普适性缺省因子和各国实践工作中采用的数据
国际排放因子数据库：美国环境保护署（USEPA）	美国环保署	提供有用的缺省或可用于交叉检验
EMEP/CORINAIR 排放清单指导手册	欧洲环境机构（EEA）	提供有用的缺省或可用于交叉检验
来自经同行评议的国际或国内杂志的数据	国家参考图书馆、环境出版社、环境新闻杂志	较可靠和有针对性，但可得性和时效性较差
其他具体的研究成果、普查、调查、测量和监测数据	大学等研究机构	需要检验数据的标准性和代表性

该方法适用于国家、省份、城市等较为宏观的核算层面，可以对特定区域的整体情况进行宏观控制。在实际工作中，由于地区能源品质差异、机组燃烧效率不同等原因，各类能源消费统计及碳排放因子测度容易出现较大偏差，成为碳排放核算结果误差的主要来源。

（二）质量平衡法

质量平衡法是根据每年用于国家生产生活的新化学物质和设备，计算为满足新设备能力或替换去除气体而消耗的新化学物质份额。对于二氧化碳而言,在碳质量平衡法下,碳排放由输入碳含量减去非二氧化碳的碳输出量得到

$$二氧化碳(CO_2)排放 = (原料投入量 \times 原料含碳量 - 产品产出量 \times 产品含碳量 - 废物输出量 \times 废物含碳量) \times 44/12$$

其中,44/12 是碳转换成二氧化碳的转换系数(即 CO_2/C 的原子量)。采用基于具体设施和工艺流程的碳质量平衡法计算排放量,可以反映碳排放发生地的实际排放量。该方法的优势是可反映碳排放发生地的实际排放量,不仅能够区分各类设施之间的差异,还可以分辨单个和部分设备之间的区别,尤其在年际间设备不断更新的情况下,该种方法更为简便。一般来说,对企业碳排放的主要核算方法为排放因子法,但在工业生产过程(如脱硫过程排放、化工生产企业过程排放等非化石燃料燃烧过程)中可视情况选择碳质量平衡法。

(三) 实测法

实测法基于排放源实测基础数据,汇总得到相关碳排放量。这里又包括两种实测方法,即现场测量和非现场测量。

现场测量一般是在烟气排放连续监测系统(Continuous Emission Monitoring System, CEMS)❶中搭载碳排放监测模块,通过连续监测浓度和流速直接测量其排放量。该系统能够同时测量烟气流速及烟气中的二氧化碳浓度,再通过这两项数据计算温室气体的排放量。连续监测系统的主要优势在于原始数据分析量小,且能在排放设施直接确定具体排放量。此外,还可以将企业的排放数据上传至监测系统,以便监管部门能够借此掌握不同区域、不同企业的实时数据详情,提升评估、预警、管理等工作的效率和效益。该法中间环节少、结果准确,但数据获取相对困难,投入较大。非现场测量是通过采集样品送到有关监测部门,利用专门的检测设备和技术进行定量分析。二者相比,由于非现场实测时采样气体会发生吸附反应、解离等,现场测量的准确性要明显高于非现场测量。

美国推广实测法的力度最大,要求将监测点设在烟囱 80 米高处,测点气态污染物混合均匀,流场稳定,数据代表性较高,误差较小。美国环保署为 CEMS 开发了在线校准电子系统和监测数据检查(MDC)软件,通过远程校准和电子审计使 CEMS 的监测和报告更加自动化,同时提高了数据质量。美国环保署在 2009 年《温室气体排放报告强制条例》中规定,所有年排放超过 2.5 万吨二氧化碳当量的排放源自 2011 年开始必须全部安装烟气 CEMS 系统并在线上报美国环保署。欧盟委员会自 2005 年启动欧盟碳排放交易系统并正式开展监测 CO_2 排放量,但目前 23 个国家中仅 155 个排放机组(占比 1.5%)使用了 CEMS 系统,主要有德国、捷克、法国。

2021 年 3 月,国网浙江电力研发的浙江电网电力碳排放指数监测系统完成整月测试并正式上线。通过对一定时间段(年、月、日和实时)内的全省发电量、含碳排放机组(煤电机组、燃气机组等)电量、零碳机组(水电、新能源和核电等)电量、含碳排放的外来电量及其相应的二氧化碳排放量进行统计计算,从而全面直观地反映该时间段内全社会消耗电力的碳排放综合情况,实现电力碳排放可量化、可展示和可分析。目前中国火力发电厂基本已安装了 CEMS,具备使用 CEMS 对 CO_2 排放量进行监测的基础。

三种碳核算方法的比较见表 3.2。

---

❶ CEMS 是指对大气污染源排放的气态污染物和颗粒物进行浓度和排放总量连续监测并将信息实时传输到主管部门的装置。

表 3.2 碳核算方法的比较

类别	优点	缺点	适用尺度	适用对象	应用现状
排放因子法	简单明确，易于理解；有成熟的核算公式和活动数据、排放因子数据库；有大量应用实例参考	对排放系统自身发生变化时的处理能力较质量平衡法要差	宏观 中观 微观	社会经济排放源变化较稳定，自然排放源不是很复杂或忽略其内部复杂性的情况	广为应用；方法论的认识统一；结论权威
质量平衡法	明确区分各类设施设备和自然排放源之间的差异	需要纳入考虑范围内的排放中间过程较多，容易出现系统误差，数据获取困难且不具权威性	宏观 中观	社会经济发展迅速、排放设备更换频繁、自然排放源复杂的情况	方法论认识尚不统一；具体操作方法众多；结论需讨论
实测法	中间环节少；结果准确	数据获取相对困难，投入较大，受到样品采集与处理流程中样品代表性、测定精度等因素干扰	微观	小区域、简单生产排链的碳排放源或小区域、有能力获取一手监测数据的自然排放源	应用历史较长；方法缺陷最小但数据获取最难；应用范围窄

第二节 碳交易市场基本要素

碳交易不是为了交易而交易，制度设计是确保实现其政策目标的核心。碳交易市场基本要素包括覆盖范围、总量控制、配额分配、MRV 机制和履约机制。其中覆盖范围包括具体覆盖温室气体种类和具体行业覆盖范围；总量控制是碳排放控制目标设定；配额分配涉及配额分配方式选择；MRV 涉及核算与报告和第三方核查；履约机制涉及清缴配额及处罚。

一、覆盖范围

覆盖范围的大小直接决定着配额总量的多少，而配额总量是碳交易体系的前提。覆盖范围是指碳交易市场的纳入行业、纳入气体、纳入标准、纳入门槛和监管主体等，覆盖范围明确了政策管理的边界，对控排企业的数量、所覆盖排放的比例，以及经济体范围内覆盖和非覆盖行业间减排责任的分担等均有影响。覆盖的参与主体和排放源越多，碳交易体系的减排潜力越大，减排成本的差异性越明显，碳交易体系的整体减排成本也越低。但并不是覆盖范围越大越好，因为覆盖范围越大，对排放的监测、报告与核查的要求也越高，管理成本也越高，同时加大了碳交易的监管难度。

（一）确定覆盖范围
1. 覆盖气体种类

一般来说，最好覆盖排放量大，且其排放容易监管的行业或气体。通常应覆盖现有措施无法提供足够的经济刺激推动其减排的行业，以及通过减排可带来协同效益的领域。应考虑国家或地区的产业结构和能源结构涉及的覆盖温室气体种类、排放机理和行业范围；纳入的温室气体类型最常见的是二氧化碳（CO_2），其次是《京都议定书》第一期规定管制的其他五种温室气体——甲烷（CH_4）、氧化亚氮（N_2O）、氟碳化合物（PFCs）、六氟化硫（SF_6）和氢氟碳化物（HFCs）。部分碳交易市场（如加州和魁北克碳交易市场）还考虑《京都议定书》第二期新增的三氟化氮（NF_3）。确定纳入某一排放交易体系的气体种类时，通常根据其排放源、排放实体以及快速有效测算、监测以及报告这些气体的能力而定。一般而言，排放交易体系会将 CO_2 排放纳入管制范畴，因为它是大气中含量最高的一种温室气体（约占大气中所有温室气体浓度的80%）。

2. **覆盖排放类别**

纳入履约范围的排放类别包括：一是化石燃料燃烧导致的 CO_2 排放，全国温室气体排放总量的近80%，占全国 CO_2 排放总量的85%以上；二是外购电、热所对应的排放，目前电力、热力价格不能向下游用户传导，工业锅炉等通用设备可以实现煤改电、气改电，或通过外购热力代替自有锅炉供热，因此如果不覆盖外购电、热所对应的碳排放较易造成碳交易市场体系内外的碳泄漏。

3. **排放源边界**

与采取的配额分配方法挂钩，确定不同行业的排放源边界：一是采用基准线法分配配额的行业子类，以纳入的控排企业主产品生产系统（工序、分厂、装置）为排放源边界，能耗可以单独计量，计量准确性高，易于核查；产品和工艺具有同质性，行业内横向可比。二是采用历史碳排放强度下降法分配配额的行业子类，对于排放源边界的要求可适当放松，以企业法人或独立核算单位为边界，但应保持历史年度和履约年度排放源边界的一致性，以免影响配额分配结果的公平性。

（二）覆盖行业及纳入门槛

选择碳交易市场纳入行业标准包括排放量和排放强度较大、减排潜力较大、较易核算等，深度挖掘不同行业的减排潜力，并通过市场机制实现这些减排潜力，一般选择可监测、可监管、可强制履约的实体企业，在现有措施下提供充足的经济刺激以促使相关行业减排，并期待能够带来协同效应；在纳入门槛设定方面，优先考虑减少或消除小型企业履约成本、政府管理及执法成本，同时防止降低环境有效性，因此，电力、钢铁、石化等排放密集型的工业行业往往是优先考虑的对象。2016年1月，国家发展改革委发布《关于切实做好全国统一碳交易市场启动重点工作的通知》，全国统一碳交易市场第一阶段将涵盖石化、化工、建材、钢铁、有色、造纸、电力、航空等重点排放行业。全国统一碳交易市场分阶段进行，逐步扩大覆盖的行业和门槛标准，以保证碳交易市场实施效果的长期有效性。同时，经国务院生态环境主管部门批准，省级生态环境主管部门可适当扩大碳排放权交易的行业覆盖范围，增加纳入碳排放权交易的控排企业。

（三）确定覆盖范围的因素

在确定碳交易市场覆盖范围时，主管部门必须平衡广泛覆盖带来的好处与额外的行政工作及更高的交易成本之间的关系，也要充分考虑可能的替代或配套政策的有效性和适用性。通过设定准入门槛排除小型控排企业，以及在供应链最集中的环节设置监管点，都有助于实现这种平衡。

1. **监管点的设置**

确定排放监管点是指通过指定必须提交排放配额的企业类型规定排放交易体系的参与者，应在可监测、可强制履约，且被监管的实体能直接减排，或通过成本传递来影响排放的地方设置监管点。在监管点设置方面，优先考虑设置在通过成本传递影响碳排放的环节，防止实体企业提高产品单价向供应链下游转移履约成本，可采用上游监管模式（化石燃料由上游企业进入经济体)、下游监管模式(下游企业消耗化石燃料并向大气排放温室气体),或整合下游大型固定点源监管与其他上游排放源监管的综合模式。上游监管模式涵盖燃料生产商或进口商,且参与者数量相对较少,因此可覆盖整个化石燃料市场。下游监管方式直接针对排放者,如发电厂运营商,直接将温室气体释放到大气中的设施或实体。这种情况通常会释放最直接的价格信号,然而,这也可能导致较高的交易成本。一般下游监管方式仅覆盖超过给定排放限值的大型固定点源。综合监管模式涵盖下游大型固定点源与价值链上游其他环节,例如交通环节,目前综合监管模式正处于开发阶段。

2. 碳价以及减排成本

一般来说,更为宽泛的覆盖范围可以鼓励更多低成本减排措施的实施,实现全社会以最低成本减排。同时更宽泛的覆盖范围还可以降低竞争扭曲(即将具有竞争关系的企业和行业置于相同的市场规则下)和增强市场流动性。但从另一个角度来看,不同行业纳入 ETS 的难易程度有很大不同,如纳入电力行业,相较于废弃物处理和土地利用等其他行业要更容易一些,后两者纳入常面临更多挑战。此外更大的覆盖范围也可能会带来较大的监管负担,尤其是对小而分散的各类排放源,监管难度相对较大。因此需要处理好覆盖范围、额外的行政成本和交易成本等因素间的平衡关系;考虑碳价的传导途径以及主要用能设施间的可替代性,避免碳排放从碳排放权交易覆盖范围内向体系外转移。

3. 碳泄漏风险

虽然广泛覆盖能将国内碳泄漏风险降至最低,但在特定行业部门可能引发排放密集型、外向型企业的国际碳泄漏风险。例如,不同国家、地区的排放管控差异可能导致企业投资模式的改变或生产转移,这将导致经济、环境和政治等方面的不良后果。

4. 监管环境的复杂性

很多国家和地区已经有非碳交易市场的温室气体减排政策对部分行业部门进行了约束和监管。因此,在这些行业部门,既有政策和措施与碳交易市场的结合可能导致极其复杂的监管环境。

二、总量控制

碳交易市场的总量是政府在规定时间跨度内发放的配额上限数量,它反过来决定了所覆盖的排放源对全球碳排放的贡献量。配额由政府提供,每单位配额允许持有者依照碳排放权交易确立的规则,在总量范围内排放 1 吨温室气体。由于碳排放权交易限制了配额总量,并设立了交易市场,因此每个配额均具有价值。总量设定得越"严格"或越"严苛",意味着发放配额的绝对数量越少,配额越稀缺,在其他条件不变的情况下其价格越高。

(一) 排放总量的分类

设定总量应包括确定拟发放的配额,碳交易市场按每单位(例如吨)温室气体,即二氧化碳或二氧化碳当量(CO_2e),来发放配额。此外,主管部门还要决定是否接纳体系外的履约单位及是否限制其在体系内的使用;选择设定总量的时间跨度,总量可以一年或多年为基础来确定。总量的时间跨度通常应与承诺期或碳排放权交易体系的阶段相对应,针对该时间段还应明确其他的碳排放权交易设计要素。总量分为绝对总量和强度总量两类。

1. 绝对总量

绝对总量即规定控排企业可获得的配额数量上限,为监管机构和市场参与者提供了预先的确定性。绝对排放总量确定了每个履约期的排放上限,但配额的存储和预借、抵消机制、市场间的链接❶，以及价格或供应调整措施（Price or Supply Adjustment Measure，PSAMs）等仍可为市场提供灵活性。

2. 强度总量（或称相对总量）

强度总量即规定每单位产出或投入所发放的配额数量，强度排放总量规定了单位产出（如附加值或每度电）可获得的配额量，使排放总量能够根据经济产出的波动自动调整，但这种方法在控制整体减排效果方面的确定性较差。总量类型的选择取决于多个因素，包括整个经济体总体减排目标，主管部门对限制未来排放密集型企业和生产活动的决心，未来经济增长的不确定水平（例如在快速增长和结构转型经济体中），数据的可得性，促进与任何考虑进行链接的体系之间相互兼容的优先考虑等。到目前为止，选择设定绝对排放总量的司法管辖区更为常见，而选择设定强度排放总量的司法管辖区可借鉴的知识和经验较少。

（二）总量控制的严格性

通过设定排放总量的方式对控排企业产生的排放进行定量约束，并反映在特定时期内发放的配额数量上，配额总量的多寡决定了配额的稀缺性，进而直接影响碳交易市场的配额价格。配额总量的设置，一方面应确保地区减排目标的实现，另一方面应低于没有碳交易政策下的照常排放，照常排放与配额总量的差值代表了需要做出的减排努力。配额总量的设置决定了碳交易市场上配额的供给，进而影响配额的价格。配额总量越多碳配额价格越低，配额总量越少碳配额价格越高。如果配额总量高于没有碳交易政策的照常排放，那么碳交易市场将会因配额过量而价格低迷。同时碳交易市场的其他设计要素，如抵消机制、链接和不同的PSAMs等，与设定的排放总量共同决定了全面的排放约束，进而形成碳价。在实践中排放总量设定是一种权衡行为，需要在更广泛的政策背景下考虑环境完整性和目标水平、成本约束和公平性等因素。

排放总量应与司法管辖区的总体减排目标保持一致，如国家自主贡献目标（INDC）。在设定排放总量时，主管部门需要权衡减排目标和运行碳交易市场的成本，确保排放总量与总体减排目标保持一致，并明确碳交易市场覆盖和未覆盖行业的减排义务。相应地，设定排放总量需要评估司法管辖区的历史排放量、预测排放量（取决于预期的排放强度改善和经济增长）以及减排的机会和成本，应充分考虑其他现行或预期政策对碳交易市场成效的影响。主管部门还需要考虑与设定总量相关的法律问题和行政程序，包括指定相关政府机构负责管理和设定总量水平，并视情况考虑是否需要设立独立机构，提供设定或修正总量方面的咨询意见。

（三）总量设定方法

目前主管部门采取了不同的方法来设定总量，这取决于整个经济体的雄心水平和司法环境。

（1）**自上而下法** 政府根据总体减排目标，以及覆盖行业减排潜力和减排成本的宏观评估结果来设定总量，此方法比较容易协调碳交易市场的雄心水平与国家或地区更广泛的减排目标之间的关系，并确定其他政策措施的减排贡献。

---

❶ 碳交易市场链接方式有三种：单向链接、双向链接和间接链接。其中单向链接和双向链接都属于直接链接。单向链接是指A市场可以按照需求购买B市场的排放额度，而B市场却不可购买A市场的排放额度用以履约。双向链接相对单向链接更加灵活，A市场和B市场之间可以互相购买额度。间接链接指的是A市场、B市场都与间接单位C相联系，A、B市场之间形成了间接链接关系。

(2) 自下而上法　政府首先对各行业、子行业或参与者的排放量、减排潜力和减排成本进行更为微观的评估，分别确定各行业相应的减排潜力。然后将各行业、子行业或参与者的减排潜力数据加总，据此确定碳交易市场总量控制目标。

(3) 混合法　混合法结合了自上而下法和自下而上法的特点。首先，自下而上收集数据并进行分析，作为设定总量的依据；其次，适当调整以反映行业间相互作用效应，以及覆盖行业对完成自上而下减排目标的预期贡献，许多覆盖范围有限的碳交易市场均采用了混合法。

三、配额分配

通过实施碳排放配额管理，有效控制全省温室气体排放，促进实现节能降碳约束性指标，推动经济社会的可持续发展；同时坚持效率优先、兼顾公平。根据经济社会发展实际，综合考虑排放企业行业基准水平和历史碳排放量，公平、合理地分配配额。

排放总量决定了碳交易市场对控排和减排的整体作用，但分配配额是碳交易市场分配效应的重要决定因素，可以有效地影响碳交易市场的整体运行效率。以拍卖方式出售，主管部门可以筹集大量公共资金，在分配配额时，主管部门将寻求实现以下部分或全部目标。

(一) 配额分配目标

1. 保持以成本有效的方式提供减排激励

想实现很多目标，主管部门就必须坚守碳交易市场总体目标不动摇，即激励控排企业以成本有效的方式减少排放，并尽可能使减排激励在整个价值链中传导。

2. 实现向碳交易市场的平稳过渡

主管部门可能会希望借助恰当的配额分配，理顺向碳交易市场过渡过程中的诸多问题。实施碳交易政策中出现的一些问题与成本和价值的分配有关，具体可表现为可能的资产价值受损的搁浅资产❶、对消费者与社区的不良影响以及识别早期减排行动实体的需要。

3. 降低碳泄漏或丧失竞争力的风险

当生产从一个有碳价的地区转移到另一个没有碳价格或碳价格较低的地区时，就会发生碳泄漏。这使主管部门面临不受欢迎的环境、经济和政治后果。在考虑碳交易市场的设计尤其是配额分配方法的设计时，避免以上风险始终是最有争议和最重要的问题之一。迄今为止，大多数碳交易市场也已采取措施降低碳泄漏风险。

4. 支持市场价格发现

碳交易市场的经济效率源于交易配额时的价格发现。一般来说，这发生在二级市场上；然而，在流动性较低、规模较小的市场中，通过拍卖进行配额分配在发现价格方面发挥重要作用，该方法可以匹配市场上配额的供求关系，提供有关市场状况的透明信息。

5. 配额使用时间上的灵活性

即是否允许以及在何种程度上允许配额的存储（允许存储配额到下一履约期使用）和预借（使用未来的配额）。配额存储鼓励提前开展减排工作，有助于在跨履约期时平抑成本（和配额价格），通常被认为是正面的。相比之下，配额预借有推迟减排行动的风险，通常要避免。此外，履约期的长短决定了控排企业开展MRV工作及清缴配额的时间长短。

---

❶ 搁浅资产，即在意料之外或早于预期的账面价值降低、贬值或负债的资产，如气候变化问题造成澳大利亚煤矿业资产成为搁浅资产。

（二）配额分配方法

碳排放配额分配是碳排放权交易制度设计中与企业关系最密切的环节。碳排放权交易体系建立以后，配额的稀缺性将导致形成市场价格，因此配额分配实质上是财产权利的分配，配额分配方式决定了企业参与碳排放权交易体系的成本。配额分配的类型可以分为免费分配和有偿分配两类。免费分配即配额以无偿的方式分给企业，包括历史法和基准线法，前者根据历史排放发放配额，经常会出现的问题是"鼓励落后"，即过去减排控排做得并不好的企业由于其历史排放高而得到了更多的配额；后者根据一定的基准发放配额，这种分配方式可以做到"鼓励先进"，但对于基准的设计和数据基础的科学性和准确性要求很高。配额的有偿分配分为拍卖和固定价格出售两种，前者由购买者竞标决定配额价格，后者由出售者决定配额价格。

1. 免费配额——基准线法

基准线法是基于每单位活动（产品或产值，如钢铁或水泥产品吨数、千瓦时电力能耗或者行业附加值等）的排放基准分配配额。基准线即碳排放强度行业基准值，是某行业代表某一生产水平的单位活动水平排放量根据技术水平、减排潜力、排放控制目标等综合确定。确定行业基准考虑的因素有：全行业企业排放数据分布特征、交易体系碳强度下降要求、行业转型升级（去产能、去库存）要求和不同行业的协调问题。

基准线法包括两条路径：最佳可获得技术法（Best Available Technology）和最佳实践法（Best Practice）。前者根据企业（设施）可获得的最优技术确定单位活动基准线，所需数据较少，方法相对简单，易实施，适合在碳交易市场起步期操作；后者则需在全行业的数据基础上，将不同企业（设施）同种产品的单位产品碳排放量按顺序从小到大排列，选择前10%作为基准线（10%为假设比例，不代表具体行业），每个企业（设施）获得的配额量等于其产量乘以基准线值，数据要求更精确，也更难操作。在碳交易市场的前期，更倾向于采用最佳可获得技术法定基准线。对于数据基础好、产品单一、可比性较强的行业可采用基准线法分配，如发电行业、电解铝等。该方法重技术提升、兼顾效率、精细化管理，需要透彻了解工业生产流程，并获得相对精确可靠的基础数据。该方法理念是通过横向比较，奖励技术先进企业、惩罚技术落后企业，激励各企业向行业基准以上水平发展。

在基准值精心设计且确保基准设计的连贯性、一致性与审慎性条件下，使用固定的行业基准线法可持续激励相关主体以高成本效益的方式实现减排目标（包括通过需求侧的减排）。此外，固定的行业基准线法同样可以奖励先期减排行动者。同时，固定的行业基准法也是一种耗时长久和对数据要求较高的分配方法。固定的行业基准线法在防范碳泄漏方面的效果可能好坏参半，且仍有赚取暴利的可能性。用于确定向控排企业发放免费配额额度的产量可以是历史数据，亦可是实时数据，若使用实时数据则须进行更新。

基准线法是基于产品或行业排放强度的绩效标准，在基准以上的企业能够被分配到更多配额，并且通过出售富余的配额来获取利益。而且基准以下的企业将会受到配额的约束，促使其加快技术创新，对企业进行严格管理。采用行业基准线法进行配额分配，其配额计算满足配额分配和履约的二氧化碳排放量是相互对应的，两者的边界应一致，即针对这一边界内的排放设施发放的配额，在履约时也是通过核算这一边界内的排放水平确定需要上缴的配额量。基准线法是通过产品产量来确定配额的，其对应排放量的核算边界是生产该项产品的设施，按照生产不同产品的不同设施各自对应的基准线确定配额量，再汇总得到整个控排企业履约年度内的配额量。具体公式如下：

$$A = \sum_{t=1}^{N}(A_{x,i})$$

式中 　A——企业二氧化碳配额总量，tCO_2；

　　　$A_{x,i}$——设施生产一种产品二氧化碳配额量，tCO_2；

　　　x——生产产品种类；

　　　N——设施总数。

2. 免费配额——历史排放法

历史排放法又称祖父法，是使用历史基线年数据分配固定数量配额，以企业过去的碳排放数据为依据进行分配，即企业配额量＝历史排放基数。通常选取企业过去3～5年的二氧化碳排放量得出该企业的年均历史排放量，而这一数字就是企业下一年度可得的排放配额，依据企业自身历史排放情况发放配额。这种方法直接从减排结果出发，强制性较大，不能够兼顾生产效率，没有考虑到企业的产量生产情况，很容易造成企业减少产量，而非改进低碳技术的情况出现。历史排放法对数据要求较低，方法简单，但该方法忽略了减排先进企业已实施贡献，影响企业的减排积极性，也忽视了企业在碳交易体系之前已采取的减排行为，同时，在经济衰落期，易造成多发配额的现象。

历史排放法能够补偿因搁浅资产引发的损失。在管理下游排放的碳交易体系中，历史排放法可成为碳交易体系平稳过渡期的一种简单易行的方式。只要分配水平没有根据企业实际排放进行事后更新，便可为促进以高成本效益的方式实现减排目标提供强大动力，有助于向碳交易体系平稳过渡。然而，该方法也增加了赚取暴利的可能性，并且在碳泄漏防范方面的效果较弱，若与事后调节相结合，则可能导致扭曲的价格信号，且无法奖励先期减排行动者。

3. 免费配额——历史强度法

历史强度法，也称历史强度下降法，根据企业的产品产量、历史强度值、减排系数等分配配额。它介于基准线法和历史排放法之间，通常是在缺乏行业和产品标杆数据的情况下确定配额分配的过渡性方法，并要求企业年度碳排放强度比自己历史碳排放强度有所降低，以企业历史碳排放为基础，并通过在其后乘以多项调整因子将多种因素考虑在内的，如前期减排奖励、减排潜力、对清洁技术的鼓励、行业增长趋势等。历史强度法是要求企业年度碳排放强度比自身的历史碳排放强度有所降低。其基本公式为：

企业配额量＝历史强度值×减排系数×当年企业实际产出

确定减排系数的几点考虑：全行业企业排放数据分别特征、交易体系碳强度下降要求、行业转型升级（去产能、去库存）要求和不同行业的协调问题。与固定行业基准线法相同的是，政府部门可选择使用历史或实时数据计算企业应得的免费配额额度。使用实时数据时需定期更新，这种分配方法可有效防止碳泄漏，并奖励先期减排行动者。然而，若使用行业碳排放强度基准，这种分配方法可能造成行政管理上的复杂性。不断激励相关主体采取高成本效益方式实现减排目标，这需要以审慎的连贯一致的基准设计为前提，需要保护需求侧减排的动力，且当免费配额分配水平整体较高时，政府部门需将配额控制在总量控制目标范围内。

4. 有偿分配法

有偿分配法是指国家从配额总量中预留出部分或全部配额进行拍卖/定价出售（目前主要为拍卖）。政府不需要事前决定每一家企业应该获得的配额量，企业通过有偿的形式获得配额，有偿分配的价格和各个企业的配额分配过程由市场自发形成，因而通过不容易导致市场扭曲的方法，为财政收入提供新增长点，所得收入可用于其他清洁减排项目的投资。

（1）拍卖法　拍卖法是指各个控排企业参与竞价，出价高者得到相应的配额，企业拍卖所得的配额可以到二级市场上进行流通，拍卖定价和各个企业的配额分配过程均由市场决定。实践中最常用的拍卖方式是一级密封拍卖，即所有投标人同时出价，按最高价成交，拍卖品归出价最高者所有。拍卖的方式可以使配额在公开、透明的情况下得到分配。

拍卖法让所有企业公开、透明地获得排放权。从理论上来说，拍卖形式可以将温室气体排放的外部性影响全部内部化。同时采用拍卖形式进行配额分配，企业所需的配额量完全由市场所决定，不需要政府进行事先测算，可以有效避免滋生寻租及其他腐败行为。

拍卖方式不仅提高了灵活性，对消费者或社区的不利影响进行补偿，同时也奖励了先期减排行动者。拍卖对防范碳泄漏效果甚微，且无法补偿因搁浅资产而导致的损失。这种方式能够抬高碳价、奖励减排先行者、贡献公共收入新的增长点，拍卖法的优点是简单，配额配置效率高，缺点是会显著提高企业的经营成本，影响产业的国际竞争力，也可能会导致一定程度的碳泄漏。

（2）固定价格法　固定价格法是指控排企业以政府规定的固定价格购买配额，政府定价往往是管理当局根据市场需求及行业碳排放强度来制定。这种分配方式实际是政府主导与市场调节相结合的方式。按固定价格出售同样可以使温室气体排放的负外部性内部化，也有利于增加政府收入。由政府主导的方式有利于避免碳价大起大落，逐步形成较为稳定的价格信号、市场预期和资金流向，也给予了控排企业更充分的时间进行适应和调整。但是这种方式的弊病在于政府定价的确定。如果价格过高，会造成企业负担过重，使企业产生抵触情况；如果价格过低，则又失去了调节作用。

（三）配额主要分配方式

配额的分配方式是碳交易中控排企业履约的基础和前提，主要分配方式包括免费分配、有偿分配和混合机制（表 3.3）。

1. 免费分配由政府将设置的配额总量免费分配给控排企业

要求政府有严谨的分配方法，同时由于企业与政府的利益诉求不同并存在信息不对称，免费分配增加了寻租行为的风险。如方法得当，免费分配使得一些减排成本较低的企业可以通过出售配额获得额外收益，在碳交易体系建设初期减少控排企业的抵触情绪。因此，国际上大多数碳交易体系在运行初期都对全部或大部分配额采取免费法分配。

2. 有偿分配由企业通过市场决定各自所需的配额量

体现了将碳排放负外部影响内部化的经济原理，同时由于企业按需配额，政府就不需要事前制定复杂的测算公式，从而避免因此产生的寻租行为风险。然而拍卖法会增加控排企业的成本，影响本国企业竞争力。

3. 混合机制

实际上，许多碳交易体系并未选择以单一形式（拍卖或免费发放）分配所有配额，而是采用混合模式，使得某些行业中的控排企业能够获得部分，而非全部免费配额。目前国际上相对成熟的碳交易体系都采用混合机制，能确保被认为存在碳泄漏风险的行业通过适当的免费配额分配而免于碳泄漏。这种模式又分为随时间逐步提高拍卖比例的渐进混合模式和针对不同行业采用不同分配方法的行业混合模式。混合模式是在初期对全部配额或者绝大部分配额进行免费分配，以便碳排放交易能够尽快为企业所接受并得到推广，在碳排放交易体系发展一段时间后,逐渐地提高有偿分配在配额分配中的比例,向完全有偿分配模式过渡。

表 3.3 碳配额分配方法比较

类型	方法	具体做法	优缺点
免费分配	历史排放法	指以纳入配额管理的单位在过去一定年度的碳排放数据为主要依据确定其未来年度碳排放配额的方法	优点:计算方法简单,对数据要求低 缺点:不公平,变相奖励了历史排放量高的企业;未考虑近期经济发展以及减排发展趋势;未考虑新公司无历史排放数据
	历史强度法	介于历史排放法和行业基准线法之间,是指根据排放企业的产品产量、历史强度值、减排系数等计算分配配额。即企业自身进行纵向对比,例如在过去3年、5年的平均排放水平上叠加减排系数	优点:计算方法相对简单,对数据要求相对低,适用于产品类型较多的行业 缺点:同样存在不公平,变相奖励了历史排放量相对高的企业;未考虑新公司无历史排放数据
	基准线法	指以纳入配额管理单位的碳排放效率基准为主要依据,确定其未来年度碳排放配额的方法。即与行业中企业进行横向对比,例如将整个行业中排放量较少的前15%、25%做一个加权平均作为基准值,在此基础上进行计算	优点:相对公平;为行业减排树立了明确的标杆,考虑了新老公司的排放 缺点:计算方法复杂,所需数据要求高,行政成本高;仅适用于产品类别单一的行业
有偿分配	拍卖	由购买者竞标决定配额价格	优点:增加政府收入,通过补贴政策降低扭曲效应;解决寻租问题;分配更有效率
	固定价格法	由出售者决定配额价格	缺点:不易被企业接受
混合机制	免费+有偿	在市场初期采用免费分配并逐步过渡到以拍卖为主的分配方式或针对不同行业采取不同分配方式	优点:配合政策和市场的推行选择适宜的比例 缺点:拍卖的资金成本对各行业尤其是面临国际竞争压力的行业造成额外负担

四、MRV 机制

(一) MRV 机制概述

MRV 机制是碳交易实施中的核心要素。MRV 机制指碳排放的量化与数据质量保证的过程,包括监测(Monitoring)、报告(Reporting)、核查(Verification),涉及监管方、控排企业和第三方机构等三方面的当事人。其中,控排企业有责任向监管方提交经核查的排放绩效数据。科学完善的 MRV 监管体系,可以实现利益相关方对数据的认可,从而增强碳交易体系的可信度,是碳交易市场平稳运行的保证。

监测是为了计算企业的碳排放而采取的一系列技术和管理措施,包括能源、物料等数据的测量、获取、分析、记录等,控排企业按照监测计划对碳排放相关参数实施数据收集、统计、记录,并将所有排放相关数据进行计算、累加。

报告是指企业将碳排放相关监测数据进行处理、整合、计算,并按照统一的报告格式向主管部门提交碳排放结果,控排企业根据相关技术要求编制监测计划和排放报告并报送主管部门的过程,也可以借助现有的来自能源生产、燃料特性、能源使用、工业产出和交通运输等方面的数据来编制。

核查是指第三方独立机构通过文件审核和现场走访等方式对企业的碳排放信息报告进行核实,出具核查报告,确保数据相对真实可靠。主管部门或核查机构按照核查准则对控排企业的排放报告进行客观、独立的评审,经核查的碳排放相关数据作为配额分配和企业履约的依据。

MRV机制源自国际公约《联合国气候变化框架公约》第13次缔约方大会形成的《巴厘岛行动计划》中对于发达国家支持发展中国家减缓气候变化的国家行动达到可监测、可报告、可核查的要求。可监测要求明确监测对象、方式及认知监测局限性,即根据已建立的标准,尽可能地以准确、客观的概念描述该现象。可报告性涵盖报告的主体、内容、方式、周期等。可核查性的核心内容是核查主体和核查条件,核查主体有自我核查和第三方核查,核查条件则取决于信息的来源和类型,可核查性和可监测性一样,可以通过直接的观察或间接的引导完成。报告在搜集温室气体排放量信息的同时,对减排具有一定鼓励作用;核查有助于保障数据的准确性,利于企业参与碳交易市场的公平性。

排放量数据的准确性是碳交易市场赖以生存的基础,MRV体系为碳交易体系提供强大、可靠、真实的碳数据基础,有效的MRV机制是产生可靠的碳排放数据和进行碳交易的前提。MRV直接影响配额分配和市场交易,是碳排放交易体系的核心和基石。同时MRV机制是碳交易体系的重要监管手段,也是碳交易体系公信力的保证,可以有效地支持碳交易相关政策与法规的制定,能够提高温室气体排放数据质量,支持企业碳资产管理,也是企业低碳转型、区域低碳宏观决策的重要依据。因此MRV机制的实施效果对碳交易政策的可信度至关重要。建立起一套有效的MRV机制涉及确定控排企业、开发具体的排放监测方法学和指南等一系列相关的法律和行政考量。

(二) MRV流程

MRV的基本流程如图3.1所示。从时间维度来说,MRV每年的工作(假设MRV周期为一年)大致可分为以下几步。

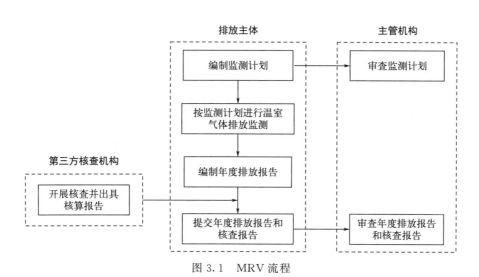

图3.1 MRV流程

①控排企业根据管理机构的要求和自己提交的该年度监测计划,开展为期一年的排放监测工作;②控排企业在每年规定的时间节点前向管理机构报告上一年度的排放情况,提交年度排放报告;③由独立的第三方机构对排放报告进行核查,并在规定的时间节点前出具核查报告;④主管部门对排放报告和核查报告进行审定,在规定的时间节点前确定企业上一年度的排放量;⑤控排企业在每年年底提交下一年度的排放监测计划,作为下一年度实施排放监测的依据,然后开始重复第一步的工作。

(三) MRV 机制要求

1. 监测要求

碳交易市场主管部门应规定覆盖范围内所有排放源的具体监测要求。主管部门必须为碳交易市场覆盖的每个行业提供监测指南，指导其制订监测计划。该计划包括相关设施需要采取的监测步骤，包括测基、计算和报告数据的特定方法。不管采用何种监测方法，大多数碳交易市场都要求通过在线系统提交年度报告。

主管部门可以使用分层管理来确定哪些设施应遵循更严格的监测。IPCC 使用了三个层次，每一个层次都代表了方法的复杂性。第一层次是最简单的，倾向于使用 IPCC 的全球标准排放因子。第二层次和第三层次通常被认为更准确。第二层次往往采用某一地区或更为细分的区域的排放因子。第三层次往往采用直接测量等复杂的方法。缺省排放因子可用于计算排放量，代替直接测量特定来源的排放因子，能够节省排放单位的监测成本（图 3.2）。

图 3.2　不同层次的准确性、精准度

监测是寻求一种平衡，既尽量减少对监测不力者的鼓励，又不对可能负担不起或无法获得更准确方法的小排放源进行不必要的惩罚，随着设施监测能力的提升，碳交易市场还可能要求设施逐步向上调整到更精确的方法。主管部门应尽量确保排放因子的准确度，同时不惩罚那些可能无法使用更准确方法（基于成本或能力）的排放源。如果除了缺省排放因子外，没有提供其他量化排放的方法，就难以激励排放源使用新的、更清洁的能源或物料。如果允许排放源采用比缺省排放因子更准确的方法，则可以提高总体准确性，因为这些排放源提供的信息也可用于改善缺省排放因子。

2. 报告要求

排放源需要以标准化形式向主管部门报告其监测的碳排放数据。排放报告的时间安排应与履约时间框架保持一致，通常在监测期结束后要为准备报告保留足够的时间。主管部门会在报告要求中明确以下内容：①需要报告的信息类型；②报告频率；③记录应保存多长时间（通常为 3~10 年）；④标准化的报告模板，以确保报告之间的一致性；⑤使排放报告的时间安排与现有的财务报告周期和履约时限相一致。

主管部门应创建电子报告格式以减少处理时间和转录错误，如通过网络报告平台，可以减少花费的时间、轻松管理大量数据、自动检查错误并增强安全性。在制定报告要求时，重要的是要考虑碳交易市场的管理环境。许多地区已经建立用于收集排放报告相关数据的体系，可以收集能源生产、消费、运输相关统计数据，以及燃料特性、工业产出和运输统计数据，同时需要注意协同，尽量避免信息重复，确保报告切实有效。

某些类型的配额分配方法可能需要额外的数据，如历史排放法，即使最初分配时不需要这些数据，但从一开始就收集这些数据有助于了解各行业的排放强度，并能够为今后转向其他分配方法（如基于产出的分配）提供基础。主管部门应提前规划其数据需求，确定目前可以获取哪些数据，并尽可能高效地向排放源提出信息报告要求。

3. 核查要求

排放源有动机少报总排放量以降低履约费用，在某些分配方法下，也有动机多报排放量以获得更多的免费配额。因此，核查排放源报告信息的准确性和可靠性至关重要。核查是指独立核查机构审查排放报告并根据可用数据评估报告的准确性。碳交易数据质量保障措施包括三种：一是排放源自查，是指排放源对其排放报告的准确性作出正式声明，明确符合核算要求，并设立对误报的严格惩罚；二是主管部门外部审查，以评估准确性；三是由合格/经认可的第三方机构进行外部审查。数据质量保障应考虑排放源的行政成本、第三方机构和核查人员的能力、企业履行当地其他政府法规的情况，以及排放量化错误的可能性和程度。在实践中，主管部门也可以采取抽查的方式或信任企业自查的结果，但大多数碳交易市场需要第三方核查，为报告数据提供更高的可信度（表3.4）。

鉴于有些排放报告的复杂性，碳交易市场将核查的要求扩大到监测计划，包括测量、计算和报告数据的方法，并经主管部门批准。通常要求排放源的排放报告由经认可的核查人员进行核查，核查人员必须确认排放源符合监测和报告系统的所有要求。然而，出于担心管理成本过高，主管部门有时可能会考虑一些其他选择，如要求排放源为所有报告提供质量保证声明或自查，并对虚假报告承担法律责任，这样主管部门可以抽取一部分排放报告进行详细审查和/或第三方核查，减少核查的频率，重点核查高风险行业或企业。

表 3.4 MRV 机制相关要求

MRV 机制	标准与方法	数据	时间性	责任主体
监测	GHG Protocol 企业核算和报告标准 GHG Protocol 范围 3 排放标准 ISO 14044、ISO 14064 系列标准 《工业企业温室气体排放核算和报告通则》(GB/T 32150—2015)	活动数据与排放因子 来自连续排放监测系统（CEMS）的数据	事后数据，通常在一年中定期收集	组织本身，外部顾问可以协助组织完成整个过程
报告	通过 GHG 排放清单向利益相关者和股东报告自愿报告计划（如 TCFD、SBTi） 适用的强制性报告要求（如 ETS 报告、HKEX ESG 报告指南、SEC 气候相关财务信息披露要求等）	同上	通常按年进行报告	组织本身，外部顾问可以协助组织完成整个过程
核查	GHG Protocol 核算和报告方法 ISO 14064-3 全国碳排放权交易第三方核查参考指南	同上	通常按固定周期进行核证	由组织本身进行内部核证（由不参与制定排放清单的人员进行） 由第三方机构进行核证

五、履约机制

（一）履约机制概述

履约机制指控排企业按照主管部门的要求提交不少于其上年度经审核排放量的配额或碳信用，控排企业主要通过自身减排、购买配额、购买抵消信用抵消自身排放三种方式控制碳排放配额与实际排放量相等或接近，并按实际碳排放量清缴配额。履约是每一个"碳排放权交易履约周期"的最后一个环节,也是最重要的环节之一,是确保碳交易市场对控排企业具有约束力的基础,基本原理是将企业在履约周期末所上缴的履约工具(碳配额或减排信用)数量与其在该履约周期的经核查排放量进行核对,前者大于或等于后者则为合规,小于后者则被视为违规,就要受到惩罚。

强有力的履约制度是碳排放权交易体系的支柱,是碳排放权交易信誉的先决条件,未履约惩罚是确保碳交易政策具有约束力的保障。碳交易体系需引入严格的履约机制,以此敦促参与者履行义务,确保政府监管整个体系的实施情况。缺失履约机制不仅会导致因某些控排企业履约不力而影响减排成果,还会危及碳排放权交易基本功能的正常发挥。

履约是基于第三方机构对控排企业进行审核,将其实际二氧化碳排放量与所获得的配额进行比较,配额有剩余者可以出售配额获利或者留到下一年使用,配额不足者则必须在市场上购买配额或抵消,并按照碳排放权交易主管部门要求提交不少于其上年度经确认排放量的排放配额或抵消量。

履约期是指从配额分配到控排企业到向政府主管部门上缴配额的时间,通常为一年或几年。长履约期规定,可以使体系参与者在履约期内根据不同年份的实际排放情况与配额拥有情况调整配额使用方案,减少短期配额价格波动,降低减排成本。短履约期规定,可以在短期内明确减排结果,并且有利于降低体系总量目标不合理、宏观经济影响等因素导致市场失效的风险。因此,履约期的确定应综合考虑当地主要排放量、排放数据等实际情况。

(二)履约方式

1. 自身减排

通过技术改造降低生产设备的排放水平,如燃煤电厂,CO_2 排放主要来自煤的燃烧,因此,通过技术改造降低 CO_2 排放水平的同时往往可以提高生产设备的效率,增加电厂的产量和收益,这种双赢方式有助于促进自身减排。限于社会经济发展水平,技术改造不能无限降低 CO_2 排放水平,CO_2 排放水平下降到一定程度后再进行技术改造,其成本将大于获得的收益,则控排企业将不会再进行技术改造。

2. 购买配额

从其他配额所有者手中购买配额,增加自身配额量,使之满足自身排放量的要求。这种方式是成本最高的,但同时控排企业购买的配额没有上限,在不计较成本和市场上有充足的待售配额的情况下,控排企业可以完全通过购买配额满足自身排放量需求,达到完成配额履约的目的。

3. 购买碳信用

根据抵消机制,碳交易市场允许用抵消信用代替配额完成履约义务。碳信用的价格通常低于配额的价格,因此购买抵消信用抵消自身排放可以降低配额履约成本。各地区对抵消信用的使用量都有严格的限制,使用的抵消信用量占排放总量的比例较小,因此购买抵消信用抵消自身排放的方式仅是完成配额履约的一种有效补充方式。

4. 调度产能履约

调度产能履约方式是指对于在一个试点地区有多家控排企业的集团企业,可以发挥集团优势,在产能不变的情况下,通过适当调度各控排企业的产能完成或部分完成集团下所有控排企业的配额履约。

(三)处罚措施

目前在碳排放权交易过程中,需要行政处罚的行为包括:

① 超额排放/未足额清缴：按照要求，控排企业如果超额排放，应当清缴上年度碳排放配额，清缴量应当大于或等于有关部门核查确认的上年度温室气体实际排放量。

② 未及时申报或虚假申报年度报告：按照要求，控排企业应当于每年规定时间前向生态环境主管部门履行报告义务。

③ 不配合核查：在碳排放权交易过程中，主管部门或第三方机构将对控排企业提交的碳排放年度报告进行核查，控排企业有义务予以配合。

④ 控排企业通过欺诈、恶意串通、散布虚假信息等方式操纵碳交易市场等。

实践中常用的惩罚措施：对配额不足部分进行罚款，并在企业账户中扣除相应配额；将企业未遵约信息记入征信系统，在相关媒体通报等；取消对企业在节能减碳等领域的财政补贴；停止企业的新建生产项目或节能改造等项目的审批。

第三节　碳交易市场价格

一、价格形成机制

价格形成机制是指价格形成的制度安排，主要包括：一是价格管理权限，即价格决策的主体是谁，由谁定价；二是价格形式，包括价格形成的方式、途径和机理；三是价格调控方式，包括价格调控的对象、目标和措施。价格形成机制是市场机制中的基本机制，在市场机制中居于核心地位。价格形成机制是市场机制中最敏感、最有效的调节机制，市场机制要发挥作用必须由价格机制来实现。市场价格形成机制的方式有：一是以市场定价为主的价格形成机制；二是以政府定价为主的价格形成机制；三是混合定价机制即结合市场、政府、中介机构等多方面力量的价格形成机制。

碳交易市场运行需要建立有效的价格形成机制来保障市场的正常运行。良好的碳交易市场可以推动减排以支持实现和强化气候目标，还可以通过确保在合适的时机减少排放（跨期效率）和采取适当的减排措施（分配效率）来支持经济效率。碳价格随着主管部门所控制的供需平衡而变化，被政府、市场和企业层面各种复杂因素的相互作用所驱动。良好的价格机制对于碳减排机制按预期运行、有效推动减排和为长期脱碳提供合适的碳价信号至关重要，可以随外部事件与市场参与者获取的信息而变化，呈现出可预测的价格调整，推动碳价发现，具有由透明规则支配的流动性。反过来价格会在合适的时机推动减排，并且为参与者提供了减排成本最低的方案。

（一）配额供给与需求的平衡

市场通过设定价格来确保在任一时间点上配额供给与需求的平衡。当处于经济强劲期和企业业务扩展期时，对产品的需求相对较高，因此相关排放量也会随之增加。这会增加基准情景下的碳排放量和实现既定总量控制目标所需的减排量。在碳交易市场中，潜在的经济和技术条件与碳交易体系总量相互作用，以确定价格。例如，在减排技术和其他因素相同的情况下，更快的经济增长速度将导致更高的碳价格。相反，在相同条件下，较低的经济增长速度将导致较低的碳价格，甚至可能降至零，尤其是在不允许配额储存的情况下。

配额市场的预期也是价格形成的主要驱动因素。例如，低利率可在降低面向未来的配额投资成本的同时，增加配额跨期储存的需求；相比之下，对碳交易市场未来的不确定性会降低这种需求。预期可能意味着，即使在短期内与当前生产相关的配额总需求量低于市场上可用的配额总量（供给），若存在对配额储存的需求，则配额价格仍可能大于零（图 3.3）。

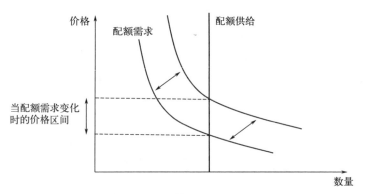

图 3.3　配额供给与需求变化

（二）有效的二级市场

二级市场是指配额在拍卖或免费分配后在企业之间进行交易的市场。碳交易市场的设计会在某种程度上影响二级市场的功能，在决定谁可以参与碳交易市场时尤为重要。碳交易市场中有履约义务的企业需要参与市场，但金融市场参与者可以在增加流动性和提供风险管理等方面发挥重要作用。

如果金融市场参与者和其他投资者认为长期价格相对于当前价格水平过高或过低，他们可能会在碳交易市场上持有长期的头寸。金融市场参与者会在价格低于长期预期时买入，在价格高于长期预期时卖出，通过缩小交易价格区间减小市场的波动性，有助于二级市场的需求与供应平衡，推动价格上涨或下跌。同时履约实体可根据碳价格水平的变化增加或减少排放，推动碳配额跨期替代。

（三）完善的交易制度

碳交易通常通过金融服务提供商进行，金融服务提供商通常充当履约实体的交易经纪人，或提供市场趋势和前景的信息。配额交易方式有：一是直接交易，即履约实体之间的交易；二是场外交易，由经纪人促成；三是场内交易，在特定交易所内交易。这些方式在交易成本、灵活性和提供市场信息方面有所不同。

一般而言，由于确定潜在交易伙伴和协商交易条件的成本可能比较高，履约实体之间的直接交易很少，无法向更大范围的市场提供有关配额需求和供应的信息，但可以在企业之间达成交易协议，交易较为灵活，也容易产生交易对手风险，需要中央清算机构来确定交易条件。场外交易通过经纪人和交易商来促成，相比直接交易降低了交易成本，同时具有灵活性，可以根据买卖双方的需要拟定个性化的交易条款，但定制化的交易需要匹配卖方和买方，因此很难有效地应对快速变化的市场环境。场内交易有标准化合同交易，能够较好地实现价格发现功能，并以透明的碳价格传达市场对碳资产价值的整体看法。同时场内交易支持发展碳资产衍生品市场，通过对冲碳定价风险，能锁定当前履约期之后的碳价并减少不确定性，使企业有信心投资减排技术和项目。

二、价格影响因素

（一）市场需求因素

宏观经济发展、能源结构等因素影响市场总需求。在经济繁荣阶段，企业生产活动不断增加。一旦扩大生产规模，企业碳排放需求相应提高，在供给一定的情况下，碳配额价格随之上升。反之，碳配额价格下降。不同企业在生产过程中使用的能源类型各不相同，相应地对碳排放的需求也有所差异，如相比于使用化石能源进行生产的企业，使用清洁能源的企业碳排放需求更小。在国家大力鼓励清洁能源发展的趋势下，未来社会能源结构的调整通过改变配额总需求影响配额价格的高低。

（二）市场供给因素

配额总量、分配方式及抵消机制等顶层设计决定市场总供给。碳交易市场初期配额实行全部免费分配，并采用基准线法核算控排企业的配额量。配额分配决定了企业碳配额初始供给，在排放基准线逐渐严格的情况下，企业配额供给将随之减少，当配额供给量与企业实际配额需求量之间存在差异时，则会引起碳价的变动。碳交易市场在免费分配的基础上适时引入有偿分配，并逐步扩大有偿分配比例，通过给企业初始配额赋予一定成本，激励企业选择更加有效的方式开展节能减排，同时形成二级市场价格预期。

影响市场供给的另一个重要因素是抵消机制，抵消比例的大小直接改变了市场供给量的多寡。从实践来看，抵消机制的碳信用价格往往低于配额价格，因此在允许实行抵消机制的碳交易体系中，企业偏向于购买碳信用抵消其超额排放。抵消机制虽然能够降低企业的履约成本，但如果抵消比例过大，市场供给过多，容易造成碳配额价格下跌。

（三）政策预期因素

碳交易市场是一种政策导向型市场，碳价容易受到政府行为的影响，例如总量的松紧程度、拍卖的价格设定、配额有效期、抵消比例的变化等因素都会对二级市场价格产生影响。清晰、明确的政策路径能够给企业提供强有力的可预见性，有助于企业在节能减排方面做好长期规划，从而加强参与碳交易市场交易的意愿。

如果无法保证政策的连续性，没有形成稳定的市场预期，企业往往只是消极被动地参与交易甚至持观望态度，容易出现市场活跃度只集中在履约期的现象。这样一来，由于履约期的配额需求集中增加，碳价随之上涨，造成企业履约成本增加，不利于碳交易市场实现低成本减排的目标；而在非履约期，因为市场流动性偏低，难以充分发挥价格发现功能，也无法形成连续有效的价格信号。

（四）交易管理因素

交易管理是从交易产品、交易主体、交易场所与交易规则等方面作出规定。交易产品的丰富性有利于促进市场价格发现功能。碳交易市场具有明显的金融属性，衍生产品的引入能够为交易参与者提供风险管理工具并提升市场流动性，形成市场预期，强化价格发现功能，同时有助于吸引更多金融机构、投资机构及个人等主体深度参与碳交易，对提升市场活跃度具有重要意义。

在市场准入方面，一定数量的参与主体是保障碳交易市场流动性、形成有效定价的基础。机构投资者的引入能够为碳资产优化配置和风险管理提供专业咨询服务，同时为碳交易市场带来足够资金体量和交易对手，在盘活碳资产、提升市场活跃度方面发挥不可或缺的作用,有利于促进碳交易市场价格发现功能,提高定价能力和定价效率。

(五)信息披露因素

碳信息披露是保障碳交易市场健康运行的有效支撑,有利于实现碳交易市场的公开透明。由于碳交易市场建立在总量控制和配额交易的基础上,需要形成明确的减排目标才能进一步稳定市场预期、传递价格信号,而减排目标的确定和真实可靠的碳信息披露密不可分,能帮助企业实现自身碳资产管理和风险识别,同时为政府实施有效监管和政策制定提供基础依据。

三、价格调节机制

考虑到碳交易市场价格波动过大的风险,碳交易市场通常会采用某种形式的价格或供应调整措施(PSAMs机制)。PSAMs机制是根据某些触发条件来调整配额供应,其宗旨是平衡区域内的减排成本及确保实现预定减排目标,有助于建设一个可预测和有效的碳交易市场,并确保足够高的碳价以支持长期减碳,但也不会因价格太高而导致成本过高。PSAMs机制主要取决于碳交易市场选择低价格、高价格还是配额供应数量。

1. 以高碳价或低碳价为目标

PSAMs机制能干预市场中的低碳价或高碳价,或同时干预两种情况。一般来讲如果价格太低则减少供应,如果价格太高则增加供应,通过提高碳价的确定性,帮助确定未来预期碳价格波动的界限,降低价格风险,有助于对低碳技术和碳资产的投资,也有助于增加碳减排投资。欧盟 EU-ETS、美国加州总量控制与交易计划(California's Cap-and-Trade Program,CCTP)、加拿大魁北克省总量控制与交易体系和美国的区域温室气体倡议都设计了 PSAMs 机制,在碳价过高或过低时通过增加或减少配额供应来干预价格。

2. 确定价格或供应调整的触发条件

大多数碳交易市场是以价格作为触发条件来制定 PSAMs 机制的规则,也有市场用基于数量的触发条件,如欧盟 EU-ETS。价格和数量触发机制可以设计为"软"或"硬"。软干预将增加或减少供应直至达到预定的限度,而硬干预可能无限增加或减少供应。硬干预提供了更大的确定性,使价格保持在预定的范围内,通常采用价格触发的方式,在降低价格波动性方面更为有效。

(1)价格触发方式 价格触发方式有助于将碳交易市场价格保持在一定范围内,通过发出价格信号,可以更好地刺激低碳投资,如果能够排除将来的极端碳价格变动,也降低了投资相关的风险。价格触发方式的缺点有:在政治上很难确定正确的价格范围,此外减排成本可能会发生重大变化,如燃料价格的变化,这可能会影响选择合适的价格触发条件。

(2)数量触发方式 数量触发方式有助于管理市场中的配额数量,在总量固定的情况下,数量触发将通过配额储备来增加或减少配额,并根据预定的触发条件将其释放到市场中,以此应对外部冲击。数量触发优势在于,它保留了灵活的供应,同时规避了价格触发在政治上的不可行性,但也使得对碳价格的影响更加不确定,这样在实现预设碳价时面临更大的困难,在某些政策环境下更容易实施,特别是在价格触发面临较大政治挑战时,但不太适合直接针对具体的碳价格。

3. 临时性和永久性供应调整

作出临时性或永久性供应调整与碳交易体系总量设定和拍卖配额有明确的联系。通过拍卖或用配额总量变化来抵消当前供应量变化称为供应量临时性变化,它能使碳交易市场平稳。拍卖中未售出的配额将在随后的拍卖中返还给市场，而成本控制储备中的配额则来自其他年份的碳交易体系总量。自 2021 年起，加州 CCTP 允许以价格上限增加配额供应，尽管按价格上限（如果触发）出售的额外履约配额的收入需要用于从低碳项目购买额外的等量的减排量，确保碳交易市场的环境完整性。

当前部分或全部供应的变化不会被未来拍卖或总量变化所抵消称为供应永久性变化，永久性供应调整对碳交易市场的有效雄心水平有影响。例如以永久性减少供应为特征的 PSAMs 机制有效地降低了累积排放量，可在各国逐步实现减排目标的雄心水平方面发挥有益作用。但允许永久性增加供应量的 PSAMs 机制可能导致累积排放量的增加，从而损害碳交易市场实现其减排目标的能力，因此最好避免永久性增加供应。

4. 自主裁量的 PSAMs

大多数 PSAMs 机制是根据预先明确的干预要求而制定相应规则，然而包括韩国和中国的碳交易市场保留了自由裁量的干预措施，在干预市场的时间和方式方面保持了灵活性。可自由裁量的 PSAMs 机制明确需要干预的情况及潜在的干预方法，但不具体说明干预的确切措施。因此在提高灵活性的同时，因缺乏明确的干预标准会造成不可预测性，可能会适得其反。

基于规则的 PSAMs 机制为监管机构应对冲击和不可预见的事件提供了更多的确定性，因而在管理过度的价格波动方面效果更好。近年来，随着欧盟和新西兰碳交易市场采取了基于规则的措施，韩国碳交易市场正在转向基于规则的方式。

◆ 本章小结 ◆

在碳核算概念及基础上，介绍目前涵盖区域、组织、交易、产品、项目等五大层面碳核算标准。为了确保实现碳交易市场减排，碳交易市场的制度设计是关键，制度设计中的基本要素至关重要，其中包括覆盖范围、总量控制、配额分配、MRV 机制和履约机制五大要素。碳交易市场需要建立有效的价格形成机制来保障其正常运行，影响碳价格因素有市场需求、市场供给、政策预期、交易管理、信息披露等，为防止碳交易市场价格波动过大，PSAMs 制度则被用来对碳交易市场进行某种形式的价格或供应调整，从而实现碳价格的稳定。

◆ 思考题 ◆

1. 简述碳交易核算的标准。
2. 简述碳核算方法中实测法的两种方法。
3. 什么是 MRV 机制？
4. 简述碳交易市场确定覆盖范围的因素。
5. 碳交易市场价格受哪些因素所影响？

第四章
国际碳交易市场

 本章学习要点

本章学习国际碳交易市场发展历程、发展现状、发展特征及发展趋势，重点学习欧盟碳排放权交易体系运行机制、构成及发展阶段和特征，并学习美国碳交易市场起源、交易运行机制及成功经验，以及新西兰、韩国、新加坡和日本排放权交易体系。

第一节 国际碳交易市场发展概况

一、国际碳交易市场发展历程

（一）国际碳交易市场的前身

针对污染问题的排放权交易实践（1970—1990 年）。碳交易市场的前身是美国的排污权市场。1970 年美国通过《清洁空气法案》，规定了各地区污染物的排放上限，并在 20 世纪 70 年代中期开始允许各地区排放量低于法定标准的企业出售其超额减排量；到 1986 年美国环保局发布《排污权交易政策报告书》，正式明确各州可以建立排污权交易系统；1990 年美国启动了著名的"酸雨计划"：在为电力部门设定二氧化硫和氮氧化物排放上限的同时，允许其相互就二氧化硫排放量进行交易。"酸雨计划"建立了美国第一个国家级的排放总量"上限与交易"（Cap&Trade）体系，并取得了显著成效。

（二）国际碳交易市场的基础

全球碳减排目标与共识的形成（1979—1997 年）。20 世纪 80～90 年代，气候变化问题逐渐成为全球关注和讨论的议题。1979 年第一届世界气候大会上，二氧化碳排放与全球升温的问题成为议题之一；1992 年，《联合国气候变化框架公约》正式提出了具有法律约束力的温室气体浓度目标；1997 年《京都议定书》签署，为缔约方确立了量化的减排目标，并提出了联合履约机制、清洁发展机制和国际排放贸易机制三种碳减排交易机制。至此，全球减排目标与共识正式形成，各国开始尝试采用市场化手段助力减排目标的达成。

（三）国际碳交易市场的兴起

区域与全球碳交易市场的协同发展（1997—2012年）。《京都议定书》签署后，清洁发展（CDM）机制交易体系逐渐成为各缔约方减排履约的重要手段。2004年，全球首个CDM项目注册成功。此后，各国使用CDM项目产生的核证减排量（CER）抵消碳配额上缴义务，事实上形成了碳排放权的跨境交易。2005年，欧盟正式采用排放总量"上限与交易"的模式建立了第一个区域碳排放交易系统——EU-ETS，并允许各国使用CER。此后，其他区域的碳交易市场逐步兴起。

2005年1月，欧盟开始实施温室气体排放许可交易制度，即欧盟排放权交易体系（EU-ETS），碳排放权正式成为全球范围内的可交易商品。日本制订了自愿交易计划以帮助其自身履行《京都议定书》承诺。从那时起ETS开始逐步发展，不同的司法管辖区采用了不同的设计和方法，2005—2012年间专注于本地减排的试点碳交易市场与基于CDM机制的全球碳排放权跨境交易协同发展。据国际碳行动伙伴组织（International Carbon Action Partnership，ICAP）报告，自《京都议定书》生效后，碳交易体系发展迅速，各国及地区开始纷纷建立区域内的碳交易体系以实现碳减排承诺的目标，在2005—2015年遍布四大洲的17个碳交易体系已建成。

（四）国际碳交易市场的割裂

跨区域市场矛盾逐渐凸显（2012—2021年）。随着碳交易市场的发展与各国减排进程的不断推进，碳交易市场跨区域链接的矛盾逐渐凸显。CDM机制设计的初衷，是为发达国家及发展中国家之间提供减排项目再分配的空间，提升全球减排效率。由于CDM的主要供给方为中国、印度等减排空间较大的发展中国家，需求方则主要为欧洲、日本等减排目标较高的发达国家；前者充足的核证减排量供给，显著压低了后者试点碳交易市场的价格，实际上阻碍了本地碳减排目标的实现效果。2012年之后，随着欧盟碳交易市场宣布禁止核证减排量（CER）的交易，全球碳交易市场逐渐走向割裂。2020年1月，英国正式退出欧盟和欧盟碳排放交易体系，英国碳排放体系也在2021年1月1日正式上线运行。

（五）国际碳交易市场进入新阶段

中国统一碳交易市场启动，国际碳交易市场进一步发展（2021年以后）。2021年7月16日，中国全国统一的碳交易市场正式启动。这意味着中国全国性的碳排放权交易拉开了序幕。首批仅纳入了发电行业，"十四五"期间，八大高耗能行业，如钢铁、有色金属、石化、化工、建材、造纸、电力和航空等或将全部被纳入全国统一碳交易市场，能够有效地推动控排企业实现产业结构和能源消费的绿色低碳化，促进高排放行业率先达峰；同时为碳减排释放价格信号，将资金引导至减排潜力大的行业企业，推动绿色低碳技术创新以及高排放行业的绿色低碳发展的转型。

2021年，国际碳交易市场进一步发展，交易总量比2020年增长了24%；交易额达到7600亿欧元，比2020年增长了164%。欧洲碳排放交易体系（EU-ETS）、美国加利福尼亚州碳排放交易计划（California's Cap-and-Trade Program，CCTP）和韩国碳排放交易体系（Korean Carbon Emissions Trading System，KETS）等多个碳排放交易市场进入了新的发展阶段，碳配额总量继续下降，拍卖比例逐步提升，碳交易价格稳步上升。2022年5月，欧盟委员会提出利用市场稳定储备机制（Market Stability Reserve，MSR）出售碳配额，各个市场建立市场调节机制来防范价格波动风险（图4.1）。

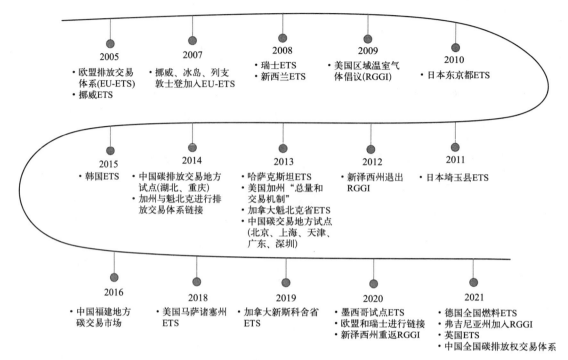

图 4.1　碳交易市场时间发展线

二、国际碳交易市场发展现状

截至2022年1月，约有38个国家级司法管辖区和26个州、地区或城市正在运行碳交易市场，呈现多层次的特点，碳交易已成为碳减排的核心政策工具之一，这些区域的国内生产总值（Gross Domestic Product，GDP）总量占全球约55%，人口占全球的1/3左右。当前全球范围内25个正在运行的碳交易体系已覆盖了17%的温室气体排放，还有8个碳交易体系即将开始运营（表4.1）。

到目前为止国际上还未形成全球范围内统一的碳交易市场，但不同碳交易市场之间开始尝试进行链接。在欧洲，欧盟碳交易市场已成为全球规模最大的碳交易市场，是碳交易体系的领跑者。在北美洲，尽管美国是排污权交易的先行者，但由于政治因素一直未形成统一的碳交易体系。当前是多个区域性质的碳交易体系并存的状态，且覆盖范围较小。在亚洲，韩国是东亚地区第一个启动全国统一碳交易市场的国家，启动后发展迅速，已成为目前世界第二大国家级碳交易市场。在大洋洲，作为较早尝试碳交易市场的澳大利亚当前已基本退出碳交易舞台，仅剩新西兰碳排放权交易体系在"放养"较长时间后回归稳步发展。

2014年，美国加州碳交易市场与加拿大魁北克碳交易市场成功链接，随后2018年又与加拿大安大略碳交易市场进行了链接。2016年，日本东京碳交易系统成功与埼玉市的碳交易系统进行链接。2020年，欧盟碳交易市场已与瑞士碳交易市场进行了链接。

全球各碳交易市场因减排目标的不同而设置了不同的覆盖气体与行业范围，又因此造成各市场覆盖碳排放量规模的不同。

表 4.1 全球不同层级碳交易市场情况

1 个超国家机构	8 个国家	18 个省和州	6 个城市
欧盟成员国 ＋冰岛 ＋列支敦士登 ＋挪威	中国 德国 哈萨克斯坦 墨西哥 新西兰 韩国 瑞士 英国	加利福尼亚州 康涅狄格州 特拉华州 福建省 广东省 湖北省 缅因州 马里兰州 马萨诸塞州 新罕布什尔州 新泽西州 纽约州 新斯科舍省 埼玉县 魁北克省 罗得岛州 佛蒙特州 弗吉尼亚州	北京 重庆 上海 深圳 天津 东京

（一）温室气体覆盖范围

从覆盖气体来看，各碳交易市场根据减排目标的不同覆盖了常见温室气体中的一种或几种。其中，瑞士、加州、魁北克、新斯科舍、新西兰、韩国、俄勒冈、中国的碳交易市场覆盖了全部七种主要温室气体中的六种或七种；欧盟和英国碳交易市场主要覆盖了 CO_2、N_2O、PFCs 三种气体；日本、哈萨克斯坦、德国、RGGI、麻省和墨西哥碳交易市场则仅覆盖了 CO_2 一种气体。

（二）覆盖行业

从覆盖行业来看，大多数碳交易市场覆盖行业主要为电力、工业、航空、交运及建筑，部分碳交易市场覆盖行业还拓展到了其他领域。例如，哈萨克斯坦碳交易市场还包括石油、天然气领域；新西兰碳交易市场还加入了废物、林业、农业三个行业。

（三）温室气体覆盖排放量

从覆盖排放量看，中国的全国统一碳交易市场以 45 亿吨左右的规模位居全球首位；欧盟碳交易市场作为超国家级碳交易市场，覆盖排放量 17.5 亿吨二氧化碳当量为全球第二；其他国家级碳交易市场覆盖排放量规模普遍在数亿吨量级，而地方碳交易市场的规模则更低。但从碳交易市场覆盖的排放量占区域总排放量的比例来看，新斯科舍、魁北克、加州、韩国等碳交易市场覆盖的排放量比例较高。

（四）碳交易市场交易主体

从参与主体看，除履约机构外，当前全球多数碳交易市场已允许非履约机构及个人参与，仅新斯科舍、麻省、俄勒冈、埼玉县的碳交易市场将参与主体限定为履约企业。此外，韩国碳交易市场仅对履约企业和指定金融机构开放，哈萨克斯坦及墨西哥碳交易市场要求非履约企业及个人必须提供碳汇以参与碳交易市场，门槛相对较高。

（五）碳配额从免费逐步向拍卖发展

配额拍卖可增加公共财政收入，截至 2021 年底，全球体系已筹集超过 1610 亿美元资金。拍卖收入资助气候项目，包括能效提升、发展低碳交通，以及开发利用清洁能源和可再生能源，也用于支持能源密集型产业，以及帮助弱势群体和低收入群体。

三、国际碳交易市场发展特征

（一）金融危机前迅猛发展，金融危机后在停滞中进入试探性复苏

国际碳交易市场的迅猛发展起源于 2005 年 1 月 1 日欧盟排放交易体系的执行。根据世界银行的统计，2005—2008 年，全球碳交易额年均增长 126.6%；碳交易量年均增长 59.5%。仅 2008 年一年，全球碳交易量达到 48.1 亿吨二氧化碳当量（tCO_2e），是 2005 年交易量的 3 倍。受全球金融危机的影响，欧盟温室气体排放大幅下降，客观上降低了对碳配额的需求。2009—2013 年，碳交易市场总体低迷，碳排放配额（EUA）、碳核证减排量（CER）及减排单位（ERU）三项交易指标的月均价格均有所下跌。2008 年后期，EUA 价格从最高 31 欧元下降到 10 欧元以下。2009 年之后有所复苏，但随着 2012 年欧盟排放权交易体系（EU-ETS）第二阶段的结束，欧盟碳配额发放过量和供需失衡的问题凸显出来，加之 EU-ETS 体系运行规则缺乏灵活性，减排目标缺乏力度，配额严重过剩，EUA 价格降至 5 欧元以下。

2013 年，全球碳交易市场交易总量约为 104.2 亿吨二氧化碳当量（tCO_2e），交易总额约为 549.08 亿美元。相比于 2012 年全球碳交易市场交易总量变化甚微，而交易总额缩水近 36.18%。由于欧盟碳交易市场的供求关系仍未能从根本上得到改善，碳价仍处于低位。2014 年，全球碳交易市场出现明显复苏迹象，主要原因在于：一方面，据国际能源署（IEA）统计，全球温室气体排放量与 2013 年持平，估计二氧化碳排放量为 323 亿吨，较年初预期明显减少；另一方面，欧盟出台了多项干预措施，着力解决碳配额过剩的问题，引发欧洲碳排放价格上涨。但 2016 年，欧美碳交易市场遭遇了众多"黑天鹅"事件，受"英国公投脱欧"的影响，2016 年 6 月 23 日公投后 5 天内，欧盟碳排放配额（EUA）跌幅达 17%，甚至超过英镑本身的跌幅。

（二）交易市场碳价差别较大，当前碳价处于上升趋势

欧盟碳交易市场碳价最高，2021 年 3 月 9 日碳价为 46.88 美元/吨，中国试点碳交易市场价格最低，福建碳价为 1.26 美元/吨，是欧盟碳价的 1/37。2010—2011 年，碳价波动较为平稳。2011 年，由于发生欧债危机，碳价大幅下跌。随后 4 年内，由于《京都议定书》第一承诺期的到期，再叠加后京都时代以美国等为代表的伞形国家[1]在气候政策上的反复及消极态度，各市场碳价处于较低值，基本保持在 10 美元/吨左右或以内。2016 年开始，新西兰碳交易市场开始回暖，韩国碳交易市场从 2015 年开始就处于上涨态势，但此时，欧盟仍低迷，碳价一直保持在 10 美元/吨左右或以内。

2018 年，全球碳交易市场开始了新一轮的增长，尤其是欧盟碳交易市场，在 2019 年稳定储备机制的实施等利好下，碳配额加快缩减幅度，碳价迅速增长。2020 年，由于疫情冲

---

[1] 2009 年哥本哈根气候变化大会中，伞形国家集团形成，由美国、加拿大、澳大利亚、新西兰、哈萨克斯坦、挪威、俄罗斯、乌克兰及日本等国家组成，其在地图上的连线像一把伞状，因此被称为伞形国家集团。伞形国家的减排立场大同小异，以"主要排放国参与绝对减排"为前提，中期减排目标低。

击,所有碳交易市场无一幸免发生暴跌。目前各国纷纷制定了更高的自愿减排贡献目标,均将碳减排碳中和置于较高战略地位,逐步收紧了碳配额发放,碳价逐步攀升。2021年底,欧盟排放交易体系(EU-ETS)的补贴价格达到创纪录的100美元以上,2021年市场拍卖收入达到367亿美元,增长近63%。从北美到亚太地区,几乎所有系统都可以看到补贴价格和收入的增长。在北美,加利福尼亚州和魁北克省的许可价格从18美元增长到28美元,区域温室气体倡议(RGGI)从8美元增长到14美元。在整个亚太地区,韩国从21美元升至30美元,新西兰从27美元升至46美元。

(三)统一碳交易市场仍未形成,欧盟、北美、亚洲等各地发展不均衡

目前世界上还没有统一的国际排放权交易市场。在区域市场中,也存在不同的交易商品和合同结构,各市场对交易的管理规则也不相同。目前全球共有16个区域性、国家级和次国家级的碳交易体系在运转,包括欧盟整个区域和美国的部分州在内。

欧盟(EU-ETS)依然是全球碳交易市场的引领者,自运行以来,碳产品交易量和交易额一直占全球总量的3/4及以上。2013年,EU-ETS第三阶段正式开始(2013—2020年),多项重要改革开始执行。电力企业不再获得免费配额,40%的配额通过拍卖而非免费的方式进入市场。尤其是2014年3月份正式实施的"推迟拍卖方案"(Back-loading)。该方案将9000万吨EUA进入市场的时间推迟。"推迟拍卖方案"仅仅是EU-ETS机制改革的第一步,调整2020年后的排放限额也在计划之中。此外,欧盟希望通过EU-ETS将2030年的温室气体排放量在2005年基础上削减43%,以实现其2030年的气候变化控制目标。

美国目前还没有建立全国统一的碳交易体系,但已有芝加哥气候交易所、东部及中大西洋10个州区域温室气体减排倡议(RGGI)、加州全球变暖行动倡议等试点碳交易市场,2013年起,RGGI提出了以缩紧配额总量和更改成本控制机制为核心的改革方案,该方案将2014年起每年的配额数量削减了45%以上。受此方案刺激,萎靡多年的RGGI碳交易市场重新焕发活力,市场价格稳步上扬。

澳大利亚最初设计的碳价机制分两个阶段实施:2012年7月1日至2015年6月30日为固定碳价阶段,2015年7月1日自动过渡为温室气体总量控制和排放交易机制。2012年8月,澳大利亚宣布其碳交易市场将与EU-ETS进行链接:2015年7月建立部分链接,澳大利亚可单方面进口EUA,并打算2018年7月1日前实现完全链接。

亚洲地区碳交易起步较晚。2012年5月2日,韩国国会通过了引入碳交易机制的法律,是第一个通过碳交易立法的亚洲国家。2015年1月1日,韩国碳交易机制运行启动。日本的几个重要的碳交易市场,如东京、京都、同川的特点和覆盖范围都不太相同,但总体来说,市场比较有限。

(四)碳金融产品创新迅速,发展中国家成为主要卖方市场

碳交易市场出现以后,相应的碳排放配额和碳信用也相应出现,交易所根据政策规定设计相应的标准化合约产品,并提供交易的平台,为碳交易市场提供流动性,帮助碳交易市场参与者平抑风险。目前国际典型的碳金融交易工具主要包括碳远期交易、碳期权、碳期货及碳金融产品的证券化四个大类。一方面,开展碳交易权期货及衍生品交易,可以提供高效的信息交流平台,形成公开透明的交易价格,既方便买卖双方寻找交易对手,也为相关企业的排放权现货交易提供权威公正的定价机制;另一方面可为相关现货企业提供有效的避险工具,由于排放权项目建成以后需要运行较长时间,在此期间所产生的减排量价格也在不断变

化，通过碳排放权衍生品交易可以有效规避价格风险。

在碳交易市场成立初期，大部分碳交易主要发生在发达国家之间，尤其是美国和加拿大。虽然中国仍是核证减排量的最大来源，但非洲国家在2011年开始呈现强劲态势，占当年签订的2012年后核证减排量合同量的21%。

四、国际碳交易市场发展趋势

虽然国际碳交易市场在发展中遇到了阶段性问题，但总体来看，未来仍将呈现产品不断丰富、交易逐步扩大的趋势，碳金融衍生品将成为商业银行金融创新的重要内容之一。

（一）全球经济向低碳转型已是大势所趋

从全球来看，在政府的支持下，消费者对环保产品和服务的需求与日俱增，公众需求又促进低碳产业和金融产品不断发展，由此形成一个良性循环。目前，全球各主要国家都将绿色发展作为经济增长的核心新动力。美国出台了《美国清洁能源和安全法案》，日本和欧盟分别制定了"绿色发展战略"和"2020发展战略"。汇丰银行估算，2010—2020年期间，全球低碳经济转型需要的投资额度为10万亿美元。在国际能源组织设定的蓝图情景下（2050年在2007年基础上，能源相关的碳排放减半），2010—2050年间在提高能源效率和发展可再生能源方面的投资也达到46万亿美元。

（二）气候变化谈判取得重要进展，为推动全球碳交易市场发展奠定基础

国际碳交易市场格局，正处于变革调整期。多哈会议之后，巴厘路线图完成了历史使命，德班会议对《京都议定书》第二承诺期作出安排，启动绿色气候基金。2014年中美共同发表《中美气候变化联合声明》，为2015年底的巴黎会议商定"2020年后全球减排目标"提供了坚实基础。2015年12月通过《巴黎协定》，各方承诺将在21世纪下半叶实现温室气体净零排放。新的全球减排协议需要相应碳交易市场机制建设。目前，欧盟积极推动的新市场机制，包括行业碳信用与行业总量控制与交易机制。此外，日本积极推动双边碳抵消机制（BOCM）❶。

（三）全球碳交易市场发展的深度和广度将进一步加强

全球范围内碳排放权由于其稀缺性而进一步资产化，各国碳交易市场的链接，国际碳交易市场的统一都已成为不可逆转的趋势。2013年之后，全球几个较大规模的强制性ETS依法相继确立，加州、魁北克、澳大利亚、韩国碳市场陆续启动，不仅改变了EU-ETS一家独大的局面，也使得全球碳交易市场进一步向成熟迈进。目前，欧盟碳交易市场成功与多个国家在推进碳交易市场链接方面进行了有益的探索，如挪威碳交易市场从一开始就依照欧盟碳交易市场的指令进行设计，因此只需要通过已有的自由贸易区协议就可以进行相互交易。此外，由于加州与魁北克碳交易市场关键设计要素保持一致，也实现了双向链接。截至2022年底，占全球GDP 55%的地区纳入了碳交易体系范围并受到管辖。

（四）碳金融产品深受青睐，金融创新快速推进

目前，零售类、投资类、资产类和保险类产品是全球主流的四类碳金融产品。发达国家银行业以成熟的传统金融产品为依托，在碳金融领域作了诸多的创新尝试。如以个人、家庭

---

❶ 双边碳抵消机制是基于项目的碳交易创新——亚洲国家如印度尼西亚、蒙古等与日本签订双边协议，日本可以与协议国家开展项目合作获得碳减排。

和中小企业为主要目标客户群的零售类金融产品，其特点是交易金额较小，风险系数相对较低；能将公众的消费行为与碳排放挂钩，能使购买者既得到一定的经济利益，同时又能履行一定的减排义务。以大型企业、机构等团体为主要目标客户的投资类碳金融产品，主要投向清洁能源项目、能源技术开发项目等，一定程度上缓解了低碳技术投入资金不足问题，能够改善银行的融资结构，为低碳资金提供灵活的融资渠道。低碳资产管理类产品当中最受欢迎的项目是低碳投资基金，国际上一般由政府主导，或由政府全部承担出资，或通过征税的方式出资，抑或政府与企业按比例共同出资，交易金额一般较大。除此之外，国际上大型保险公司和部分银行还积极尝试低碳保险类产品。

第二节 欧盟碳排放权交易体系

一、欧盟碳排放权交易体系起源

欧盟作为工业化发展较快的国家联盟，作为全球经济技术较为发达的地区，相比于世界其他国家和地区，其二氧化碳排放量较大。为应对气候变化，欧洲从20世纪90年代开始就关注能源消耗和温室气体排放所产生的气候问题，并设计减排制度。1986年，《单一欧洲法令》（Single European Act，SEA）确立了欧洲政治合作机制和单一欧洲市场，为欧盟应对气候变化提供了法律基础。1992年欧盟委员会提议实施面向整个欧洲统一的碳能源税，但由于各国担心碳税侵蚀财政主权，加上产业界的普遍反对，碳税方案于1997年并未成功。1997年在日本京都召开的《联合国气候变化框架公约》第三次缔约方大会上通过的国际性公约，规定了发达国家的减排义务，全球主要工业国家的工业二氧化碳排放量在2008—2012年比1990年的平均排放量低5.2%，1997年签订的《京都议定书》更加明确了强制减少温室气体排放的方向。

为实现减排目标，欧盟内部在1998年签订《责任分担协定》，确定了欧盟15国的减排责任和目标。同年，欧盟委员会发布了《气候变化：后京都议定书的欧盟策略》，正式建议建立欧盟碳排放权交易体系（EU-ETS），并推动了欧盟为构建碳排放权交易体系而积极探索的脚步：1999年，丹麦开始控制发电厂的温室气体排放量；2002年，英国试运行相关交易体制；等等。这些积极的探索为欧盟碳排放权交易体系的形成积累了丰富的经验，并为日后不断创新改革打下了坚实的基础。

为了实现《京都议定书》中2008—2012年将温室气体排放量比1990年减少8%的目标，21世纪以来，欧盟诸多条例的签署加速了EU-ETS的建立：2000年《温室气体绿皮书》论证了欧洲共同体内部温室气体排放权交易体系的相关政策和措施，标志着二氧化碳排放权交易正式纳入治理气候问题的政策体系；2001年《排放交易指令》正式将合作构建碳排放权交易体系提上议程，随后经过多番审议和修订向大众公布了一个较为完善的修订草案；2003年，欧洲议会和欧盟理事会通过碳交易指令（Directive 2003/87/EC），立法建立了欧盟范围内的排放贸易体系，并将EU-ETS直接与《京都议定书》的灵活机制对接，同时创立了欧盟碳排放配额（EUA），使欧盟碳排放权受到法律体系保护；2004年颁布了联合指令（Directive 2004/101/EC），将EU-ETS与《京都议定书》的联合履约机制和清洁发展机制衔接起来；同年12月引入了"国家登记簿"，以《关于标准、安全的注册登记系统的规定》为内容，通过国家电子登记注册系统来追踪碳排放权交易，并以碳交易指令（Directive 280/2004/EC 和 2216/2004/EC）为法律保障。2005 年，欧盟碳排放权交易体系正式启动。

同时欧盟对碳排放权交易体系进行了不断修正和扩充：2008 年颁布了指令（Directive 2008/101/EC），规定从 2012 年开始将航空碳排放量纳入欧盟碳排放权交易体系，并对所有进出欧盟的航班收取碳税；2009 年进一步延伸了欧盟碳排放权交易体系，颁布的指令（Directive 2009/29/EC）中提出了第三阶段的配额及配额拍卖机制（表 4.2）。

表 4.2 欧盟碳排放权交易体系相关政策

名称	法案	主要内容
欧盟碳交易市场框架性指令及修正	总框架指令《碳排放交易框架指令》2003/87/EC	规定碳排放权交易机制的适用范围、许可内容、条件、分配、批准、注册和转让过程
	实施阶段调整性指令 2004/101/EC、2009/29/EC	改善了交易机制并扩大适用范围，明确各成员国排放配额拍卖的比例
	航空排放交易指令 2008/101/EC	将航空业的排放纳入欧盟碳排放权交易体系之中
欧盟碳交易市场相关指令及规则	碳捕获与封存的指令 2009/31/EC	规定碳捕获与封存操作条件和程序，要求成员国自 2010 年起每三年一次向欧盟报告实行情况
	乘用车二氧化碳排放标准的法规 443/2009/EC	规定到 2020 年新乘用车的二氧化碳排放标准要达到 95g/km
欧盟金融工具监管法规	欧盟针对其金融工具监管制定了一系列法案，如《金融工具市场指令Ⅱ》（MiFiDⅡ）、《反市场滥用指令》（MAD）及《透明度指令》（TD）	EU-ETS 下的碳排放权配额现货交易被纳入欧盟金融工具监管体系之中；明确碳期货作为金融期货产品进行监管
	《拍卖规定》2010	该规定有效拓宽了 MAD、MIFIDⅡ 适用于碳交易市场的范围，要求拍卖平台及金融机构的活动即使是在典型的二级市场之外也需要遵守大致相同的规定

二、欧盟碳排放权交易体系运行机制

（一）总量控制与分配机制

EU-ETS 的核心交易原则是总量限制与交易制度（Cap and Trade）。根据《京都议定书》规定的市场机制，欧盟在限制温室气体排放总量的基础上，通过买卖行政许可的方式进行减排。欧盟内部成员国受制于 EU-ETS 规定的国家排放上限。在此上限内，各成员国将本国碳排放额度分配给本国企业。各行业企业可以用分配得到的欧盟碳排放配额（EUA）和基于清洁发展（CDM）机制获得的核准减排额度（CER）履行减排承诺。目前 EU-ETS 与京都机制的关系如图 4.2 所示。

成员国除了分配到的排放量以外，还可以购买额外的额度，以确保整体排放量在特定的额度内。超额排放的企业将受到处罚，而配额有剩余的企业则可以保留排放量以供未来使用，或者出售给其他企业。

前两个阶段，各成员国基于历史法决定自身国家分配方案（National Allocation Plan，NAP），明确本国分配的拟订配额，汇总给欧盟委员会，批准或修订拟分配的配额总数，再免费分配给减排主体。编制 NAPs 的过程通常复杂且缺乏透明性与一致性，尤其是不同成员国可能采用不同的配额计算方法，会导致不同成员国产业之间的竞争扭曲。因此，从第三个阶段开始，成员国被要求准备一份国家执行措施（National Implementation Measures，

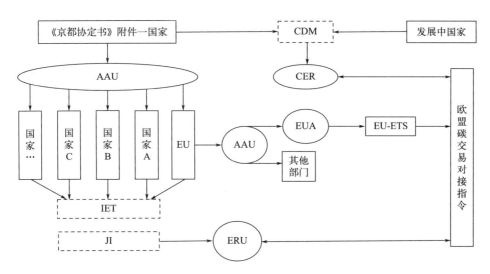

图 4.2 EU-ETS 与京都机制的关系

（注：AAU、EUA 分别是《京都议定书》、EU-ETS 下的配额单位，CER、ERU 分别是清洁发展机制和联合履约机制的减排单位。1AAU＝1EUA＝1CER＝1ERU＝1 吨二氧化碳。）

NIMs）。欧盟委员会检查和批准 NIMs，必要时要求修改，这确保统一所有成员国的分配方法，从而提高透明度和所有市场参与者的平等性。同时，由欧盟制定总量目标，总配额上限每年以 1.74% 线性减少，2013 年的总量为 2008—2012 年每年发放配额的平均数，第四阶段排放上限继续以每年减少 2.2% 的速度逐年下降。

EU-ETS 的分配机制主要包括免费发放与拍卖两种形式，总体呈现免费发放配额逐步减少，拍卖比例逐步上升的趋势。第一阶段的配额发放全部为免费形式，至少 95% 的配额无偿发放，第二阶段中拍卖的比例逐步提升，免费比例下降至 90%。在第三阶段的改革中，拍卖比例扩大的趋势更加明显。

（二）配额储存与预留机制

市场稳定储备机制（MSR）是欧盟为了应对需求侧冲击和配额过剩来稳定碳交易市场信心的机制。即欧盟每年发布截至上一年底碳交易市场的累积过剩配额总数，然后将过剩配额总数的 24%/12%（2024 年起）转存入 MSR。同时，当市场配额低于 4 亿，或者虽不低于 4 亿，但连续六个月以上的配额价格比前两年的平均价格高出 3 倍，则从储备中取出 1 亿配额注入拍卖市场，从而有效应对不可预料的需求侧冲击。

伴随着第三阶段在个别行业全部实行拍卖决定的颁布，以延迟拍卖为核心的排放配额预留机制也成为另一重要举措，并提议将 2014—2016 年的 9 亿配额推迟到 2019—2020 年进行拍卖，这种延迟拍卖计划在适度的范围内尽力维持碳排放配额的供需平衡，将短期内的碳价波动控制在合理范围。

（三）规范的 MRV 机制

MRV 机制是 EU-ETS 中获取配额数据的重要来源，也是维持整个体系有效运作的基础与支撑。监测、报告与核查制度缘于 2003/87/EC 指令，MRV 机制能够有效保证碳排放权交易的公信力，在欧盟碳排放权交易法案中提供了核查制度应当遵循的一系列标准。例如，明确规定成员国的监测方法及上传数据的精确性，以及行业报告的完整性和统一性。

在前两个阶段，为了保证 EU-ETS 的良好运行，通过欧盟独立交易登记系统（the

Community Independent Transaction Log，CITL）对每一个排放实体配额的发放、转移、取消、作废和库存等进行记录和管理。采用 CITL 电子信息系统对排放配额进行管理。同时欧盟委员会在年度报告递交后需要发布一个面向成员国间分配、登记系统操作、核准及承诺的报告书，对各成员国注册内容以及各国账户之间的往来交易情况进行核查，通过核证后方可开展后续交割，从而确保欧盟委员会和各个成员国之间的联系。在第三阶段改进了制度上的规范性和统一性，《2009 年修改指令》决定自 2013 年起，直接由欧盟统一确立区域内的碳排放总量，并授权欧盟委员会制定统一的监测和报告条例，控排企业在对自身上一年排放量进行监测的基础上，将有关信息及情况汇总成碳排放报告，由第三方机构核查后方可在市场交易，并由欧盟委员会对核查者及核查事项进行统一规定。

（四）严格履约及处罚机制

EU-ETS 的处罚力度在不断加强，从第一阶段的 40 欧元/吨上调至 100 欧元/吨。在第二阶段中新增规定，即使减排企业缴纳罚款，其超出且未能对冲的碳配额将会持续遗留到下一年度补交而不能豁免，在进入第三阶段后，处罚的标准依据欧洲消费者价格指数进行深入调整，且处罚的力度及影响不断加深。上一自然年度没能遵守欧盟碳排放权交易法案的成员国需要在下一年 4 月 30 日支付超额排放的处罚，缴纳超出排放权的罚金并受到通报等。欧盟 2003/87/EC 法案中对超额排放的处罚标准是：第一阶段对超额排放的罚款为 40 欧元/吨，从第二阶段开始升至 100 欧元/吨，罚款的标准远超过配额的同期市场价格。

同时规定，排放超标而被惩罚的企业不能豁免在下一年份中提交相同数量超额排放的配额的义务，即下一年度中仍需要加大节能减排的力度，不仅不能购买超量排放的部分，在下一年度发放配额时还会将该部分注销。要求违约企业在下年度补足本年度超量的碳排放配额。即违约企业缴纳罚款后，其超出且未能对冲的碳配额将会持续遗留到下一年度补交而不能豁免，且需补交超额排放量的 1.08 倍配额量。根据该条款，被罚款企业在下一年的排放配额会更少。因此，理性的控排企业会格外注意从而避免被罚款。当遭遇不可抗力因素使得行业面临不可避免的高排放量时，欧盟委员会可以向行业发行多余的但不能够交易的配额。

三、欧盟碳排放权交易体系构成

（一）EU-ETS 交易所

欧盟碳排放权交易体系的交易所主要有：

第一，欧洲气候交易所（European Climate Exchange，ECX）：欧洲气候交易所交易标的包括现货和期货，以欧盟碳排放配额现货交易为主，其结算采取逐日交割方式。

第二，北欧路德普尔电力交易所（Nordpool，NP）：欧洲第一个提供 EUA 和 CER 交易的平台。

第三，法国布鲁奈斯特环境交易所（BlueNext）：交易产品包括 CER 和 EUA 的现货和期货，是世界上最大的碳排放信用额现货交易市场，占据全球碳排放信用市场的 93%。

第四，欧洲能源交易所（European Energy Exchange，EEX）：EEX 成立于 2002 年，是欧洲核心能源交易所之一。欧洲能源交易所采用会员制架构，业务类型包括配额和国际碳信用的现货期货产品，为会员提供清算、担保和风险承担服务。交易产品包括一级市场配额拍卖（包括航空配额）、二级市场配额、国际碳信用的现货和配额、国际碳信用的衍生品。交易方式是拍卖交易和连续交易，并引入做市商制度，以及法国未来电力交易所（Powernext）。

目前欧盟碳交易体系的交易场所主要是洲际交易所（Intercontinental Exchange，ICE）和欧洲能源交易所（EEX），两个交易所的功能基本一致。在一级市场上，ICE 主要对英国碳配额进行拍卖，EEX 对欧盟碳排放配额、德国碳排放配额、波兰碳排放配额进行拍卖。在二级市场上，ICE 主要开展 EUA 期货等金融衍生品的交易，EEX 则是 EUA 现货、期货均有交易，但是以现货为主。

（二）EU-ETS 交易品种

2005 年 4 月，欧盟碳排放权交易体系在推出碳排放现货的同时推出了远期、期货、期权产品等衍生品（部分期货品种更早）。在现货市场中，控排企业可以根据碳配额（EUA）的盈余或短缺情况直接在碳交易所进行场内交易，或在场外直接与交易对手进行买卖。由于碳配额发放和交割履约之间存在时间差，控排企业需要套期保值、风险对冲等碳金融衍生品。

与现货相比，碳期货、碳远期等金融衍生品的优势体现在：其一，价格发现功能，可以通过揭示市场对基础资产交易价格的预期而降低碳价的波动，且为碳现货初次定价提供依据；其二，提高市场流动性，2015 年 EU-ETS 市场期货成交量曾超过现货成交量 30 倍；其三，扩大市场参与主体，参与交易的主体并不限于控排企业，也包括金融机构和其他投资者等。

从交易标的的角度来说，除碳配额（EUA）外，2012 年航空业被纳入控排企业后新增了 EUAA（航空业碳配额），而 CER（抵消机制中 CDM 配额）和 ERU（抵消机制中 JI 配额）从第三阶段（2013—2020 年）开始需兑换为 EUA 后方可进行交易。以此为基础，碳金融衍生品市场与碳现货市场的发展相辅相成。目前，碳交易市场中衍生品除期货、期权外，还有碳远期、掉期、互换、价差、碳指数以及碳保理等结构化产品。

（三）EU-ETS 交易主体

欧盟碳交易市场的参与主体主要分为供给方、需求方和中间商三类。供给方、需求方即碳配额的盈余者、短缺者，以能源企业和工业企业等 EU-ETS 下的控排企业为主。但为了确保碳交易市场的流动性，金融机构（如银行、投资公司等）作为中间商也发挥着不可或缺的作用。此外，一级市场拍卖平台、二级市场交易所以及清算机构、结算机构等均为碳交易市场的建设提供了必要的服务和支持（图 4.3）。

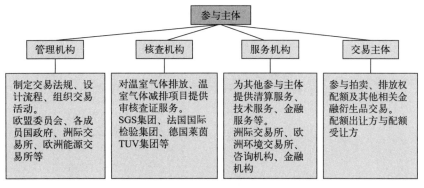

图 4.3 参与主体示例图

EU-ETS 所覆盖的控排企业中占据更大比例的是中小企业，这些企业参与碳交易市场的方式一般更多依赖于代理机构，即以银行和投资公司等金融机构为主的中间商。在场内交易中,中间商凭借其专业性帮助买卖双方寻求最佳交易时机和价格;在场外交易中,中间商为供求双方牵线搭桥,帮助双方达成交易。

金融机构参与碳交易市场的形式既包括提供金融中介服务,也包括直接参与碳交易,包括市场中介、做市商、打包交易、投机获利、衍生产品、市场研究、配额交换和项目投资等。金融机构的参与活跃了碳交易市场,也推动了碳金融产品的设计和碳金融服务的发展。

四、欧盟碳排放权交易体系发展阶段

欧盟碳排放权交易体系是国际碳排放权交易体系的先行者,在不断探索和改革的过程中趋于成熟。欧盟碳排放权交易体系采用分阶段运行机制,经历了从探索到成熟的四个发展阶段(表4.3)。

表 4.3 EU-ETS 四个发展阶段机制变化

项目	第一阶段:2005—2007年	第二阶段:2008—2012年	第三阶段:2013—2020年	第四阶段:2021—2030年
总量目标	试验阶段,检验EU-ETS的制度设计,建立碳交易市场平台	履行《京都议定书》承诺的8%的减排目标	在2020年完成碳排放量比2005年降低21%	在2030年完成碳排放量比2005年降低43%
减排目标	完成《京都议定书》承诺减排目标的45%	在2005年的基础上减排6.5%	在1990年的基础上减排20%	比1990年的水平至少减少40%
总量设定	"国家申报,欧盟调节"方式。削减了NAP总量中2.2亿吨排放量,年均22.99亿吨/年	"国家申报,欧盟调节"方式。第二阶段削减了10.4%上报总量,年均20.98亿吨/年	取消NAP,由欧盟直接进行总量控制,年均18.46亿吨/年	欧盟直接进行总量控制,年均15.72亿吨/年
管制国家	25个成员国	27个成员国(新增罗马尼亚、保加利亚),并新增挪威、冰岛、列支敦士登	28个成员国(新增克罗地亚),瑞士碳市场于2020年与欧盟碳交易市场链接	27个成员国(英国脱欧),但会保留北爱尔兰的电力企业
管制行业	电力和热力生产、工业制造、炼油、炼焦、钢铁、水泥、玻璃、石灰、砖、陶瓷、纸浆、造纸和纸板	新增航空业	新增化工行业和电解铝行业	目前无变化,考虑进一步纳入建筑、交通等部门
管制温室气体	只有二氧化碳	只有二氧化碳	新增氧化亚氮和氟碳化合物	新增氧化亚氮和氟碳化合物
交易机制	碳交易、清洁发展机制	碳交易、清洁发展机制、联合履约机制	碳交易、清洁发展机制、联合履约机制	碳交易、清洁发展机制、联合履约机制
拍卖比例	最多5%	最多10%	电力100%拍卖,制造业2013年免费分配80%,逐年下降,至2020年降至30%	电力100%拍卖;总配额的43%免费分配,至2026年降至0%
分配方法	祖父法	祖父法	基准线法	基准线法
新进入者配额分配	基准线法免费分配,"先到先得"原则	基准线法免费分配,"先到先得"原则	基准线法免费分配,每年递减1.74%	基准线法免费分配,每年递减2.2%

续表

项目	第一阶段：2005—2007年	第二阶段：2008—2012年	第三阶段：2013—2020年	第四阶段：2021—2030年
履约机制	因不处于京都议定书履约时期仅开展EUA交易尝试（欧盟碳排放配额），允许无限制使用清洁发展机制下的CER、ERU	EUA抵消信用；CER、ERU限定在除核能、大型水电以及部分农林相关项目之外	配额；EUA抵消信用，CER、ERU[其中抵消信用不包括核能项目、部分造林或再造林活动项目（LULUCF）、涉及破坏工业气体（HFC-23和N2O）的项目、超过20兆瓦的大型水电项目。2012年以后注册的CER必须来自最不发达国家]	未公布
抵消机制	无限制使用CER和ERU（但实际未使用）	允许使用国际碳信用（CER、ERU等），使用比例不超过欧盟排放总量的6%	允许使用国际碳信用，但要求CER来自最不发达国家，2019年初启动市场稳定储备机制（MSR），旨在减少碳交易市场过剩配额，并提升市场抵御未来冲击的能力	允许使用国际碳信用，但使用CER仍存在限制
惩罚措施	40欧元/吨	100欧元/吨	100欧元/吨	未公布
跨期存储和借贷	不允许	可跨期存储，不可借贷	可跨期存储，不可借贷	可跨期存储，不可借贷

（一）第一阶段（2005年1月至2007年12月）

第一阶段的目标是检验欧盟碳排放权交易体系的制度设计。内部的碳排放配额交易成为此阶段 EU-ETS 的主要运作方式，把《京都议定书》中规定需要减排的六种温室气体中排放量最大的 CO_2 划定为 EU-ETS 第一阶段唯一的交易商品。第一阶段的重要特征：建立总量控制制度，实施限额设定，即国家分配的欧盟碳排放配额（EU-ETS Allowances, EUA）。由各成员国提交碳排放总量国家分配方案（NAP），经欧盟委员会批准后再将本国的碳排放额度分配给本国的企业。该阶段排放许可上限为22.9亿吨/年，其中95%的排放额度采用免费发放形式。受欧盟碳排放权交易体系管制的行业范围主要包括电力、供热、水泥、炼油、炼钢及造纸。

欧盟碳排放权交易体系第一阶段以来，总体上得到了国际社会的肯定。为国际碳交易市场的发展起到了示范作用。

1. 形成了碳排放的登记，有效扩大了市场规模

第一阶段的成效主要体现为碳交易市场的规模有效扩大，登记的许可持有者数量的增加，加速了即期市场的发展，市场的流动性显著增强。电力部门作为最大的温室气体排放部门，处于早期交易的核心地位。银行、基金及其他商品交易者在市场中也日益活跃。作为全球碳交易市场的巨头，欧盟碳交易市场的交易额和交易量逐年成倍增加，相比于全球市场，欧盟碳交易市场规模呈现"爆炸式"增长。

根据世界银行统计，欧盟在2005年的二氧化碳排放总量为54亿吨，截至2007年12月底欧盟的二氧化碳排放量减少了1.2亿~1.3亿吨。其中减排量最大的是受欧盟排放权交

易体系约束的电力部门,仅在 2005 年一年中,其碳排放量就减少了 0.54 亿吨,2006 年更进一步,减少了 0.99 亿吨。

2. 推动了全球行动的一致性,对伞形国家形成压力

EU-ETS 的运行对伞形国家形成压力,进而加快促成全球的一致行动:①欧盟碳金融产业的先行起步使得欧盟的碳价格成为国际碳交易市场的指导性价格,欧元在国际碳交易市场占据了主导性地位,具有至高的定价权;②欧盟作为积极的先行者,把握了气候问题的政治话语权,占据了道德制高点。相反,美国在气候问题上的消极态度受到了国际舆论的谴责,在政治关系中处于被动地位。

3. 探索了《京都议定书》的实现路径,开创了碳交易的新局面

EU-ETS 第一阶段的运行挽救了面临失败的《京都议定书》,开创了碳排放权交易体制的新局面。从设计机制看,《京都议定书》单方面要求发达国家设定强制减排目标的做法有失公平,从而影响全球减排的综合成效。而欧盟先行设立碳排放权交易机制,取得了国际碳交易市场的先行者地位,大幅降低了实现《京都议定书》承诺减排的成本。

(二) 第二阶段 (2008 年 1 月至 2012 年 12 月)

在第二阶段,仍由各成员国提交碳排放总量国家分配方案,经批准后再将本国的碳排放额度分配给本国的企业。排放许可上限为 20.8 亿吨/年,排放权交易仍以二氧化碳为主。各成员国的二氧化碳排放配额根据第一阶段运行情况进行调整,以成员国免费发放碳排放权为主并尝试引入拍卖等市场机制。免费分配的比例下降到 90% 左右,剩下的 10% 由几个国家拍卖等。三个非欧盟国家(冰岛、列支敦士登和挪威)加入欧盟碳排放权交易体系,欧盟计划在 2012 年将航空部门二氧化碳排放纳入欧盟碳排放权交易体系管制,但因阻力太大而失败。

第二阶段初期,从 2008 年下半年起,欧洲经济受到欧债危机的影响加速衰退,制造业整体产量低迷,碳排放需求量大幅降低,对 EU-ETS 的正常运转产生明显冲击,2009 年欧洲经济衰退降低了企业购买排放配额的积极性,排放配额的市场价格出现剧烈下滑,同时全球主要的气候能源交易所迅速发展,参与交易的主体趋于多样化。这激发了欧洲金融机构的参与热情,提高了市场整体的活力和流动性。

1. 配额总量收紧

第一阶段欧盟总配额由成员国配额加总确定,由于各国对减排成本的担心,以及缺乏完善的排放数据(尤其是微观数据),各国高估经济增长而过度分配配额,引起后来碳价格崩溃。吸取经验后,在第二阶段欧盟委员会强化了各国的主导作用,收紧了配额总量,而且根据一个统一和透明的预测模型,基于 2005 年的核证排放数据来分配配额,批准后的各国配额相对 2005 年核证排放量减少 6.5%,27 国的 NAP 比原计划平均减少 10.5%。欧盟委员会将各成员国上报的排放总量上限下调了 10.4%,并最终将 EUA 的最大排放量控制在 20.98 亿吨二氧化碳当量。

2. 减排范围扩大

第一阶段的减排范围主要针对较大的排放源,且仅限于二氧化碳,占欧盟温室气体排放总量的 40%~45%,主要涉及能源密集型部门,主要是电力部门。在第二阶段中,2008 年欧盟议会批准将 2012 年前所有在欧盟起落的航班纳入交易体系,进而逐步将交通运输行业其他企业纳入。从 2013 年开始,EU-ETS 减排范围扩大到包括氨水和铝生产所排放的氧化亚氮、氟碳化合物,并涵盖碳捕获与封存设施,不包括排放量小于 25000 吨二氧化碳当量、发电量低于 35 兆瓦的设施等。

3. 价格机制初步形成

在第二阶段，越来越多的企业、银行、其他机构陆续加入，排放权交易市场的价格准确度越来越高，并影响到企业的生产决策，企业如果不采取减排措施或降低产量，则需要承担更多的减排成本。在该阶段市场交易量快速增长，在全球碳排放权交易中的比重由 2005 年的 45% 增加至 2011 年的 76%。EU-ETS 对过度排放的企业制定了严格的惩罚措施，对违规行为的惩罚从 40 欧元/吨上升到 100 欧元/吨，即使缴纳了罚款，在下一年度仍然需要提交同等数量超额排放的许可。这不仅明确了处罚措施，而且提高了欧盟内部各成员国的执行力，保证了 EU-ETS 的良好信用和正常运行。

4. 抵消机制优化

抵消机制下的项目既可以来自国内非碳交易机制覆盖部门，即国内自愿减排项目；也可以来自非强制减排国家，即国际 CDM 项目。为避免使用碳信用对配额价格造成的影响，也为了鼓励内部减排，欧盟委员会对 EU-ETS 下的 CDM 和 JI 补偿信用的进口数量和项目的质量进行了限制：①数量上，2006 年 11 月欧盟委员会确定了各国使用碳信用数量的计算方法、部门适用规则和减排设施使用碳信用的数量标准，欧盟使用 CDM 和 JI 的总量最多为减排努力（Reduction Effort）的 50%，规定第二阶段每个排放设施使用碳信用的数量不低于其配额的 10%；②质量上，除了对森林业、核电项目及一些大型水电项目进行限制外，欧盟委员会并没有对 CDM 项目作进一步限制。

5. 拍卖比例增加

第二阶段的拍卖比例有所增加，欧盟成员国中有 10 个国家采用了拍卖的配额分配方式，其中丹麦的拍卖比例增加到 10%。但只要存在采用免费分配方式的国家，就会导致欧盟碳交易市场整体的配额价格降低，因其不利于采用拍卖方式的国家内部企业参与市场竞争，从而削弱采用拍卖方式的积极性。

(三) 第三阶段（2013 年 1 月至 2020 年 12 月）

此阶段目标是到 2020 年欧盟碳排放量比 2005 年降低 21%，不再需要成员国提交碳排放总量国家分配方案，欧盟委员会直接确定碳排放总量，并将拍卖列为主要的配额发放方式，鼓励利用配额拍卖的收入发展碳减排技术。规定各行业碳排放指标不再实行统一标准，而是根据不同行业进行分派；排放权交易除 CO_2 外，NO_2 等温室气体也逐渐被纳入排放权交易体系，同时将覆盖的行业范围扩大到化工、合成氨、炼铝等。

1. 深化统一的总量决策制度

欧盟决定从第三阶段开始，取消 NAP，由欧盟直接进行排放配额总量控制，将设定排放配额总量的权力集中至欧盟委员会，向市场发出积极的碳价格信号，保证碳价的稳定，刺激企业对减排技术进行研发和投资。

2020 年，欧盟单方面承诺整体减排目标比 1990 年下降 20%，在其他主要经济体积极减排的情况下可将目标提高至 30%。按照效率原则在覆盖行业和未覆盖行业之间进行划分，即两者承担的减排责任刚好使两者的边际减排成本相等。以 2020 年承诺的目标计算，欧盟整体排放水平相比 2005 年需下降 14%，其中覆盖行业需减排 21%，而未覆盖行业仅需减排 10%。第三阶段首先根据 2008—2012 年间签发配额总量的年均水平来确定 2013 年初始总量，此后每年签发的配额总量呈线性递减趋势，即每年总量下降 1.74%。

2. 逐步确立以拍卖为主的配额分配制度

经过 5 年的实践，EU-ETS 掌握了各行业和企业大量排放特征，并建立了完善的企业碳排放数据库,已经具备为不同产品设置碳排放基准的数据基础,这是改变分配模式关键的前提条件。因此配额分配方法由"免费分配为主,拍卖分配为辅"逐步向"拍卖分配为主,免费分配为辅"过渡,从第三阶段起,除免费发放的配额外,50%以上的配额将分配给各成员国拍卖。其中88%将分配给所有成员国,10%以促进内部团结和经济发展为目的分配给特定成员国,这些国家多为收入相对较低的东欧国家,剩余2%用于奖励早期减排的国家,即在2005年排放量比议定书基准年排放量低20%以上的成员国。

免费分配方式逐步从基于历史排放量的祖父法过渡到基于排放效率标准的基准线法,体现了由简单到复杂、由无偿到有偿,最终实现"排放者付费原则",同时企业已经逐渐树立了碳排放需要付费的观念,更加坚定了将效率作为分配标准的首要原则。

3. 纳入设施排放量的门槛增加

为了降低碳交易系统的运行管理成本,从2013年起,各成员国在采取相应措施保证其减排的前提下,可依法将小排放生产单位(过去连续3年排放均低于2.5万吨的设施)排除在外,不再强制将其纳入碳排放权交易体系,这一调整涉及4200个设施,约占EU-ETS全部排放设施的1/3,其排放量只占EU-ETS总排放量的约0.7%。由于管控设施的大幅度减少,EU-ETS得以把相对有限的管理资源集中到大型排放设施上,从而提高整个交易体系的运行效率。

4. 引入碳泄漏和碳价格机制

碳泄漏问题的存在不利于欧盟各国执行严格的减排约束。第三阶段对碳泄漏风险进行了界定,并在258个制造业部门中确定了存在碳泄漏风险的164个部门(Commission Decision2010/2/EU)。规定碳泄漏风险的部门排放设施获得的免费配额不能超过第一阶段其排放量所占的比重,按照年1.74%逐渐递减,配额逐年收紧,使减排更具有可预期性。

碳交易市场的价格同样存在失灵。第一阶段的配额价格出现暴涨暴跌,以及国际金融危机爆发以来需求降低导致第二阶段配额价格低迷,无疑削弱了对低碳技术投资的激励。因此第三阶段引入了两个机制以稳定碳交易市场:①如果配额市场存在内幕交易和市场操纵,成员国可要求欧盟委员会提出建议以对配额市场加以保护;②如果市场价格过度波动,配额价格持续6个月三倍于前两年的平均价格,而且已背离市场基本面,可允许成员国提前拍卖待拍卖的配额,或将新进入者储备中多达25%的余额拍卖。

(四)第四阶段(2021年1月至2030年12月)

此阶段要求欧盟碳排放年降幅度从第三阶段的每年下降1.74%改为每年下降2.2%。此阶段受欧盟碳排放权交易体系管制的行业范围增加了道路运输、建筑以及内部海运等。温室气体的排放权交易增加了一氧化二氮、氟碳化合物。此阶段将拍卖列为主要的配额发放方式,预计2026年后将逐步取消免费分配,从第四阶段结束时的最高30%逐步取消至零,同时开发多种低碳融资机制。随着欧盟的扩大,欧盟碳排放权交易体系在现货交易的基础上形成了碳期货、碳期权等衍生品交易,形成了全方位的碳排放权交易体系。

五、欧盟碳排放权交易体系特征

(一)覆盖范围逐渐拓宽

在覆盖范围上,欧盟遵循由少到多、由点到面的原则,让所有碳排企业渐次进入碳交易市场,既能给企业营造一个必须履约的未来预期,也能让企业做好必要的调整与准备。一是覆盖的国家越来越多,最初仅包括欧盟27个成员国,后来逐步加入挪威、冰岛、列支敦士登、克罗地亚等国，EU-ETS几乎覆盖整个欧洲。二是覆盖行业从最初仅包括电力、能源密集型工业，后续增加航空，并进一步扩大工业企业的控排范围，到各种各样工业生产过程，未来还可能将航运业纳入覆盖范围。三是覆盖气体范围，最初只是覆盖CO_2，逐渐在第二、三阶段增加N_2O、氟碳化合物（PFCs），温室效应比较明显的气体都逐步被纳入了碳交易体系内。

（二）碳配额每年逐渐缩减

欧盟配额总量上限的设定在第三阶段以1.74%线性下降，并在第四阶段年均降速加码至2.2%，甚至未来随着欧盟的气候政策趋严从2023年起降速达到4.2%；如果按照严格情境下的碳配额收紧速度，预计到2030年碳交易市场的配额总量将只有10.7亿吨，相比较2005年的23亿吨实际排放量下降高达61%。

（三）分配机制更加合理，拍卖比例逐渐增加

在欧盟碳交易市场建立之初，使用历史法进行配额免费分配，造成历史排放量越高反而获得的配额越多，违反了"污染者付费"原则。从第三阶段开始，免费配额分配采用行业基准线法，并针对高排放行业提高拍卖比例，导致配额拍卖比例大幅提升。据估算在2013—2020年间拍卖配额占总配额量的57%，远高于前两阶段的5%~10%。以电力行业为例，2013年之前，碳配额90%免费分配，从2013年开始，电力行业的碳配额100%以拍卖形式分配，企业的排放成本陡增，到2020年电力碳排放量已降至8.2亿吨。未来拍卖比例会逐步扩大，并逐渐过渡到以拍卖为主，拍卖比例会因行业不同而不同，大部分工业部门的免费配额比例也从80%逐年减少，等到2030年将下降到30%，航空业配额免费比例也由82%逐年下降。

（四）MRV制度逐步完善

欧盟碳交易市场MRV机制也在逐渐完善，经过十余年的不断完善，有着一套相对完备的MRV机制体系，主要指导文件包括监测与报告法规（Monitoring and Reporting Regulation，MRR）、认证与核证法规（Accreditation and Verification Regulation，AVR）及其他一系列辅助性指南文件，为企业提供了具体监测评估温室气体排放方法、报告数据质量管理要求，以及核证要求的全方位全程指导及规范，确立了MRV机制的政策法规管理体系。未来将在法规基础上，明确对上报数据质量的管理要求和执行方法。

（五）履约与惩罚机制逐步完善

早在市场运行初期，欧盟对超额排放一般仅采取罚款方式；从第二阶段开始，欧盟将超排罚款金额由40欧元/吨提升至100欧元/吨，同时要求企业次年补缴上一年度超额排放量。而碳交易价格区间仅在6~28欧元/吨，即使第三阶段最高价格也不过30欧元/吨，企业完全可以通过交易在市场上获取配额。补缴制度和高额罚款彻底阻断了企业超排的可能性。

第三节 美国碳排放权交易体系

一、美国碳排放权交易体系起源

美国对于环境保护的讨论起源于20世纪60年代，到70年代初期，随着公众对不断恶

化的城市空气、散落着垃圾的自然区域以及被危险杂质污染的城市供水的担忧与日俱增,尼克松总统向众议院和参议院提交了关于环境的 37 项要点,其中包括:要求建立降低机动车排放的国家空气质量标准和严格指南、清理造成空气和水污染的联邦设施等。为了有效落实 37 项要点,尼克松总统向国会提交了一份计划,提议将联邦环境责任归属美国环境署(Environmental Protection Agency,EPA)。

从监管角度看,美国碳交易市场的法律监管主要集中在区域性交易体系的层面,联邦层面的监管立法相对较少。2007 年 4 月联邦最高法院关于"马萨诸塞州诉美国环保署"的判例,使美国环境保护署取得了对二氧化碳排放进行规制的立法授权;2009 年 6 月美国国会通过的《美国清洁能源与安全法案》(以下简称《法案》),明确规定了碳排放配额同其他能源产品一样是《美国商品交易法案》规定的一种农业商品,在没有特殊情况下受该法案管辖。同时《法案》将碳衍生产品列入商品范围,受到《美国商品交易法案》严格监管,规定必须在交易所进行交易。《法案》授权美国商品期货交易委员会为碳衍生品市场监管主体,商品期货交易委员会可根据《美国商品交易法案》和《法案》制定具体的监管政策,并承担制定规则、调查取证以及最终向市场提起民事诉讼等职责。

2009 年奥巴马政府通过《美国复苏与再投资法案》进一步加大了在新能源开发领域的投资,而《法案》则设定了碳排放上限。同年,奥巴马政府出台《气候行动计划》,承诺到 2020 年美国将实现在 2005 年基础上减排 17% 的温室气体。随后 2009 年 12 月美国环境保护署明确把二氧化碳列为污染物,将温室气体纳入《清洁空气法》管制范围。2014 年《清洁电力计划》承诺 2030 年之前将发电厂的二氧化碳排放在 2005 年排放水平上至少削减 32%,然而这两项计划均在特朗普执政时期被废除。2020 年末,拜登政府迅速出台《清洁能源革命与环境正义计划》《建设现代化的可持续基础设施与公平清洁能源未来计划》以及《确保环境正义和公平经济机会计划》等,进一步促进低碳经济发展,促进能源结构转型与社会稳定,为全球气候政策注入积极而强劲动力(表 4.4)。

表 4.4 美国碳交易市场的法律监管时间脉络

政策名称	时间	政策内容
《美国复苏与再投资法案》	2009 年	加大在新能源开发领域的投资额度以及优惠政策力度,重点领域包括高效电池、电网改造、碳储存和碳捕获、可再生能源(如风能、太阳能)等
《美国清洁能源和安全法案》	2009 年	通过设定碳排放上限,对美国的发电厂、炼油厂、化学公司等能源密集型企业进行碳排放限量管理
《气候行动计划》	2009 年	减少发电厂的碳排放;发展新能源,承诺到 2020 年美国将实现在 2005 年基础上减排 17% 的温室气体,公共土地上的可再生能源发电装机容量增加 10 吉瓦;为新一代化石能源项目提供 80 亿美元贷款资金;采取新的能效标准,预计到 2030 年二氧化碳减排量达 30 亿吨
《清洁电力计划》	2014 年	2030 年之前将发电厂的二氧化碳排放在 2005 年排放水平上至少削减 32%
《清洁能源革命与环境正义计划》	2020 年	为确保美国实现 100% 的清洁能源经济,并在 2050 年之前达到净零碳排放,该计划提出了短期和中长期解决方案并将绿色能源战略分为三部分

续表

政策名称	时间	政策内容
《建设现代化的可持续基础设施与公平清洁能源未来计划》	2020年	建设现代化基础设施,定位美国汽车工业,用美国发明的技术提高21世纪市场竞争力,到2035年实现电力行业无碳污染等
《确保环境正义和公平经济机会计划》	2020年	避免气候变化和环境污染对有色人种、低收入群体的伤害,为这些人群提供公平的环境和经济条件,基本不涉及能源政策问题

与欧盟设有主管整个欧洲碳交易监管的机构不同,美国碳交易监管机构并没有一个从整体上负责的机构,美国碳交易的政府监管实际上是由各州环境保护或能源监管部门负责。以加利福尼亚州为例,该州环保署负责制定本州关于碳交易市场监管的法规,发放本州境内碳排放设施的排放许可证,分配本州境内碳排放份额,对碳交易市场进行执法检查,对交易中存在的违法行为予以纠正。由于美国宪法的限制,各州的外交权由联邦统一行使,在未经美国国会批准的情况下,各州无权与他国缔结任何形式的条约,即使是联邦内各州之间也不例外(图4.4)。

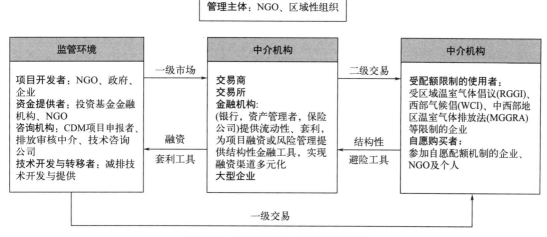

图 4.4 美国碳交易市场监管环境

二、美国碳排放权交易体系构成

美国于2001年退出了《京都议定书》,因此美国碳排放交易市场属于非京都市场。由于美国没有国家层面的强制性减排义务,目前并未形成全国性的碳排放交易市场,主要由各州市政府牵头组成了区域性的碳交易市场,其中较为重要的是芝加哥气候交易所(Chicago Climate Exchange,CCX)、西部气候倡议(Western Climate Initiative,WCI),含加州碳交易市场(California's Cap-and-Trade Program,CCTP)、区域温室气体倡议(Regional Greenhouse Gas Initiative,RGGI)。美国各个碳交易市场既有共性也存在区别,它们共同构成了美国的碳排放交易体系的一部分(表4.5)。

表 4.5 美国各年份系统及限额与交易机制下的减排措施

成立时间	系统	限额与交易机制下的减排措施
2003 年	区域温室气体倡议（RGGI）	先设立一个跨州的二氧化碳排放上限，然后在此上限基础上逐渐减少，直到低于该限额的 10%。同时，提供一个基于市场的碳排放权拍卖和贸易体系，同样允许购买某些类型的项目所产生的碳排放配额来抵消配额不足，但其购买的碳抵消额一般不超过 3.3%，而且只能局限在美国本土
2003 年	芝加哥气候交易所（CCX）	根据成员的排放基线和 CCX 减排时间表来确定其减排额的分配，加入 CCX 的会员必须作出减排承诺，该承诺出于自愿，但具有法律约束力。如果会员减排量超过本身的减排额，它可以将自己超出的量在 CCX 交易或存进账户，如果没有达到自己承诺的减排额就需要在市场上购买碳金融工具合约（Carbon Financial Instrument, CFI）
2006 年	加利福尼亚全球变暖解决方案（CGWSA）	制订了综合性的减排实施计划（Scoping Plan），包括一系列具体实施行动，如直接管制、灵活遵约机制、激励措施、自愿行动等，涉及清洁能源、清洁汽车、提高能效等领域。同时，设置了各产业的定期减排报告制度，以确保实现 2020 年减排目标，明确加州将于 2045 年实现碳中和。加州总量控制与交易体系建立基于该法案
2007 年	西部气候倡议（WCI）	确立一个明确的、强制性的温室气体排放上限，然后通过市场机制来确定最符合成本效益的方法来达到这一目标。州政府规定一个或几个行业碳排放的绝对总额，可交易的排放额或排放许可限定在该总额内，这些排放额可以通过拍卖或无偿的方式重新进行分配
2007 年	中西部地区温室气体排放法案（MGGRA）	基于市场的跨行业限额与交易机制以实现减排目标；为减排实体建立追踪、管理和安排排放权的制度；建立低碳原料标准、激励和资金机制等作为实现减排目标的补充措施

（一）芝加哥气候交易所

芝加哥气候交易所（Chicago Climate Exchange，CCX）是全球第一个具有法律约束力、基于国际规则的温室气体排放登记、减排和交易平台，是全球第二大碳汇贸易市场，也是全球唯一同时开展 CO_2、CH_4、N_2O、HFCs、PFCs、SF_6 等 6 种温室气体减排交易的市场。CCX 在 2003 年开始运营，2006 年，芝加哥气候交易所还制定了《芝加哥协定》，详细规定了建立芝加哥气候交易所的目标、覆盖范围、时间安排、包含气体、投资回收期和银行等，以及减排、注册、监测程序、交易方案等等一系列可操作性强的交易细则。

芝加哥交易所实行会员制，截至 2010 年停止交易前约有 400 家参与者，分别来自航空、汽车、电力、环境、交通等数十个不同行业，其中包括美国电力公司、杜邦、福特、摩托罗拉等公司在内的 13 家创始会员。会员分两类：一类是来自企业、城市和其他排放温室气体的各个实体单位，它们必须遵守其承诺的减排目标，并且承诺出于自愿且具有法律约束力；另一类是交易所的参与者。

CCX 会员碳减排有两个承诺期，2003—2006 年为减排的第一个承诺期，要求每年排放量比上一年降低 1%，到 2006 年比基准年（1998—2001 年平均排放量）降低 4%；2007—2010 年为第二个承诺期，减排量最终达到基准年（1998—2001 年平均排放量或 2000 年）的 6%。

CCX 根据会员的排放基线和减排时间表来确定减排额，如果减排量超过了本身的减排额，可以将超出的减排量在 CCX 交易或存进账户，如果没有达到自己承诺的减排额就需要在市场上购买碳金融工具合约（Carbon Financial Instrument，CFI），每一单位 CFI 代表

100吨二氧化碳，CCX既可以进行碳信用现货交易，也可以进行碳期货交易，主要产品包括温室气体排放配额（GEA）、经过核证的排放抵消额度（Certified Emission Offsets，CEO）和经过核证的先期行动减排信用（Certified Early Action Credits，CEAC）。CCX也接受其他减排机制的碳信用进行抵消交易，是美国唯一认可CDM机制的交易体系。CCX交易模式为限额交易和补偿交易。其中，限额交易是最常见的模式，补偿交易主要性质为政府福利性补贴，通过补偿交易的方式推进更多部门参与到温室气体减排中。CCX是美国唯一认可CDM项目的交易体系。由于CFI的价格远远低于欧洲碳交易市场上CDM项目的减排额的价格，实际上很难发生交易。

在监管方面，CCX内设独立董事，同时引入第三方监管机构，独立对会员单位排放量进行监测和审计，以防止市场操纵行为的发生。由于CCX不受美国商品期货交易委员会（CFTC）的监管，因此选择了美国金融业监管局作为第三方监管机构，以协助交易所做好会员注册、市场监管及履约程序方面的工作，以及提供便利化的抵消额度核查和核证程序。

芝加哥气候交易所开发了电子交易平台，供其会员进行碳排放权交易使用，实时记录交易过程及其数据，并根据每月的交易量与交易价格，公布月度碳交易市场报告。另外CCX旗下有芝加哥气候期货交易所（Chicago Climate Futures Exchange，CCFE）、欧洲气候交易所（ECX）、蒙特利尔气候交易所（Montreal Climate Exchange，MCeX）和天津排放权交易所（Tianjin Climate Exchange，TCX）等子公司，其中芝加哥气候期货交易所是一家商品期货交易委员会指定合约市场，也提供标准化的碳排放额和其他环境产品。

由于缺少具有强制力的会员自愿承诺减排机制，CCX于2010年陷入困境，并于年底停止交易。

（二）《西部气候倡议》

《西部气候倡议》（Western Climate Initiative，WCI）是美国七个州和加拿大四个省制定的一份长期承诺，目标是到2020年该地区的温室气体水平比2005年的水平降低15%。WCI的成员包括亚利桑那州、不列颠哥伦比亚省、加利福尼亚州、马尼托巴省、蒙大拿州、新墨西哥州、安大略省、俄勒冈州、魁北克省、犹他州和华盛顿哥伦比亚特区。2018年5月，新斯科舍省加入了WCI。2018年7月，安大略撤销了限额交易规则，禁止所有排放配额交易。WCI只剩下三个成员——加利福尼亚州、新斯科舍省和魁北克省，但是WCI目前仍然是美国最大的碳交易市场，加州碳交易市场是西部气候倡议的主角，2019年WCI交易额达207.4亿欧元，占世界总额的10.7%。

WCI旨在通过州、省之间的联合来推动气候变化政策的制定和实施，制定和实施以市场为基础的碳排放权限制和交易体系。该计划将涵盖该地区多个部门近90%的排放量，覆盖范围包括发电、工业和商业化石燃料燃烧、工业过程排放、运输天然气和柴油消耗以及住宅燃料使用所排放的CO_2、CH_4、N_2O、$HFCs$、$PFCs$、SF_6和NF_3。各成员州、省委派代表组成委员会和秘书处管理其日常工作，西部州长协会则全面负责各项目管理。配额设置与排放额分配委员会负责运用方法学为区域设置排放上限并在各成员间分配排放额。

采用区域总量限制与交易制度（Cap and Trade），确立一个明确的、强制性的温室气体排放上限，州或省政府规定一个或几个行业碳排放的绝对总额，可以通过拍卖或免费的方式进行二次分配。同时WCI特别强调，就配额的法律属性而言，配额是没有产权的，只是政府颁发给企业的排放许可，但配额可以在二级市场上交易。

WCI 逐步扩大排放交易体系行业覆盖范围,包括电力行业在内的主要排放源被纳入加州碳交易市场,并且初期配额发放以免费为主。随着碳交易市场发展,更高比例的配额将通过拍卖来分配。配额拍卖按季度进行,拍卖的价格为碳交易市场的价格设定提供参考,拍卖收益用来弥补用户电价增长和投资低碳项目及清洁能源发展。加州碳交易市场允许配额的存储和预借,存储的配额不会过期,但会受到当年配额总量的限制,配额存储机制以应对配额不足和价格波动,预留4%的配额在必要时使用,且多年履约期的设计也可以弥补单独一年由于产量变化造成碳排放波动;预借的配额只能以当年履约为目的来使用。

此外,WCI 为电力行业设计了比较特殊机制。发电企业不能获得免费配额,需要从一、二级市场购买,而输电企业可以将获得的免费配额全部出售。这样做可以平抑电价,也促进了电力行业的清洁转型和清洁能源的发展。除此之外,为了促进与美国、加拿大联邦政府及其他碳减排的区域性组织等的交流合作,WCI 还指定了一名美国代表和一名加拿大代表作为联络员。

(三) 加州总量控制与交易计划

加州最早加入了美国《西部气候倡议》(WCI),在 2012 年使用 WCI 开发的框架独立建立了自己的总量控制与交易体系(现仍属于 WCI 重要组成部分),并于 2013 年开始实施。尽管美国在气候变化议题上态度反复,但环保意识较强的加州是美国环保政策的先行者。

加州总量控制与交易计划 (California's Cap-and-Trade Program,CCTP) 建立是基于 2006 年加州州长签署通过的《全球气候变暖解决方案法案》,提出 2020 年的温室气体排放要恢复到 1990 年水平,2050 年排放比 1990 年减少 80%。2016 年提出要确保 2030 年温室气体排放量在 1990 年水平上降低 40%,2050 年排放量在 1990 年基础上减少 80% 以上。2017 年通过法案提出将加州总量控制与交易体系延长至 2030 年。2018 年州长以行政命令明确加州将于 2045 年实现碳中和,减排目标逐渐趋严。

2013 年 1 月加州碳交易市场正式启动,几乎覆盖了《京都议定书》下的温室气体类型,其交易主体是年排放量超过 25 万吨二氧化碳当量的企业,覆盖了电力、石油炼化、炼油、钢铁、造纸、水泥等行业。排放配额通过免费和拍卖的方式进行分配,只有履约企业才能参与购买出售的储备配额。在碳交易体系"碳抵消"机制下批准的四类项目类型为林业、城市林业、家畜粪肥和消耗臭氧层物质。控排企业碳信用额使用比例不能超过其全部履约义务的 8%(表 4.6)。

表 4.6 加州总量控制与交易计划发展阶段

项目	第一阶段	第二阶段	第三阶段	第四阶段
时间	2013—2014 年	2015—2017 年	2018—2020 年	2021—2023 年
初期配额总量/$MtCO_2e$	162.8	394.5	358.3	321.1
配额递减速率	19%	3.1%	3.3%	4%
配额分配方法	免费分配+标杆法(工业、配电企业等),拍卖(电力生产、交通等),2020 年约有 58% 配额进行了拍卖			
行业范围	电力、工业、电力进口、化石燃料燃烧固定装置、其他排放源(超过一定阈值)	增加天然气、汽油、柴油、液化石油气供应商(供应能源超过一定阈值),所有的电力进口商	无变化	无变化

首先,加州碳交易市场减排目标一直都通过法律及行政命令进行制定和约束,为碳交易市场的建设打下坚实基础。其次,它有着灵活的配额分配、价格管控机制,对碳交易市场的稳定运行起到了重要作用。配额分配上,加州为原本已遭受贸易冲击的工业进行免费配额发放,缓解企业减排压力,同时给配电企业(非控排企业)进行免费配额的发放,平抑电价上涨,减弱碳减排对经济发展的负面影响。价格管控上,其包括拍卖最低价限制、政府配额预留策略、政府公开操作策略、价格遏制策略等,对碳价稳定起到重要作用。最后,加州在总量控制与交易体系的基础上叠加了绿色产业激励政策,包括可再生能源(太阳能、风能)、低碳能源系统的激励政策。

从 2021 年起,加州碳交易市场迎来以下变化:对碳价设立了价格上限;抵消机制中对核证碳信用配额的使用有进一步限制,如使用非加州项目的碳减排量进行抵消的比例受到限制,不得超过抵消总额的 50%,同时使用抵消配额最高比例上限在 2021—2025 年内从原 8% 下降为 4%;配额递减速率进一步增加。

加州总量控制与交易计划成功兼顾了碳减排与经济发展两个看似矛盾的发展目标,这得益于完备的碳交易机制体系以及配套的绿色产业激励政策。有报告显示自加州 2013 年实行总量控制与交易计划以来,加州 GDP 平均每年增长 6.5%,而美国全国 GDP 每年增长 4.5%,同时投资于气候友好项目给经济社会带来的人口健康、气候减排的效益是其成本的五倍。

(四)区域温室气体倡议

区域温室气体倡议(Regional Greenhouse Gas Initiative,RGGI)是美国第一个以市场为基础的强制性减排体系。截至目前,已有康涅狄格州、特拉华州、缅因州、马里兰州、马萨诸塞州、新罕布什尔州、新泽西州、纽约州、罗得岛州和佛蒙特州共 10 个州参与该计划,这 10 个州一致认为在应对气候变化方面的行动已经被延迟,投资的困难和成本正变得越来越高,必须尽快采取行动。RGGI 是以州为基础成立的区域性应对气候变化的合作组织,将电厂作为覆盖对象,CO_2 为覆盖温室气体,控排企业范围是成员州内 2005 年后所有装机容量大于或等于 25 兆瓦且化石燃料占 50% 以上的发电企业,并详细规定了配额分配、履约核查、配额交易、监测报告、减排量交易等都制度,同时建立了碳排放配额监测体系,记录和监测各州碳减排项目的执行情况。

1. 配额总量与分配

RGGI 通过发放数量有限的可交易二氧化碳排放限额,对发电厂可排放的二氧化碳污染量设定区域上限。每份限额都表示受管制发电厂有权排放一吨当量的二氧化碳。每个 RGGI 州的单独 CO_2 预算交易计划共同为 CO_2 限额创建区域市场。至 2018 年,RGGI 成员州控排范围内 CO_2 排放总量将由 2009 年的 18.8 亿短吨削减 10%,即至 2018 年的 17.0 亿短吨。初始配额总量由各州的配额总量加总确定,各成员州根据过去 8 年(2000 年至 2008 年)历史碳排放情况设定各自初始配额总量。与历史碳排放总量相比,除了特拉华州和罗得岛州两州外,其余成员州均设定了较为宽松的配额总量。

RGGI 是世界上首个主要通过拍卖形式分配配额的碳交易体系,通过季度拍卖分配超过 90% 的排放限额。拍卖产生收益,参与国能够投资于战略能源和消费者福利计划,通过 RGGI 资助的项目包括能源效率、清洁和可再生能源、温室气体减排和直接账单援助。配额拍卖一律采取统一价格、单轮密封投标和公开拍卖的形式,结算价格拒绝最高价格,季度拍卖配额总量由各成员州提交各自持有的配额组成。在参拍主体上，RGGI 配额拍卖市场向所有具备相关资格的主体开放，包括但不限于公司、个人、非营利性机构、环保组织、经纪人和其他市场参与者，对外国公司参与配额竞拍并也无特殊限制。为保证拍卖市场的公平，RGGI 规定任何单个主体在一次拍卖会上拍得的配额数量不能超过该次拍卖总量的 25%。各成员州制定了参与配额拍卖的合规审查程序，投标人除了需要在 RGGI 自己开发的配额跟踪系统（RGGI COATS）中注册账户，提交资质申请、投标申请书及金融安全保证书外，申请投标主体的资格申请经所有成员州批准后方可参与竞拍。

2. 配套调节机制

RGGI 采取分阶段的控制方式，即履约期。每三年是一个履约期，每个履约期相对独立。RGGI 的第一个履约控制期为 2009 年 1 月 1 日至 2011 年 12 月 30 日，RGGI 首个履约控制期配额总量为每年 1.88 亿短吨的 CO_2 排放当量。前两个履约控制期为稳定期，这一时期各成员州的配额总量保持不变，从 2015 年开始，碳配额总量每年下降 2.5%，至 2018 年累计下降 10%。在首个履约期间，由于碳配额严重供过于求，碳价持续低迷和碳交易市场活跃度不高。

RGGI 对初始配额总量设置进行了动态调整，对 2014 年始的配额总量进行了大幅削减，由原来的 1.6 亿短吨削减至 0.91 亿短吨，相比 2013 年下降了约 45%，还规定，2015 至 2020 年，配额总量预算每年削减 2.5%。还出台了若干配套调节机制，包括清除储备配额（Banked Allowances），是在削减后的配额总量基础上，按照一定方法，将之前盈余的储备配额进行扣减；建立成本控制储备（Cost Containment Reserve，CCR）机制，在配额拍卖中，当配额拍卖价格高到一定程度触发 CCR 触发价格❶时增加拍卖配额的供给，进而抑制拍卖结算价格；以及设置过渡履约控制期（Interim Controlperiod），每个履约控制期的前两年，控排企业需持有该履约控制期 50% 的配额总量，并在履约控制期最后一年的 3 月 1 日前上缴这 50% 的配额，在该履约控制期结束时，控排企业上缴全部应缴配额。RGGI 一级市场碳配额拍卖价格和竞拍主体数量开始稳步双双回升，二级市场活跃度也明显提高，越来越多的投资者进入碳交易市场，碳交易市场流动性增强，控排企业对碳交易市场的重视程度日益提升。

3. RGGI 的 MRV 机制

RGGI 有着完善的 MRV 机制，控排企业需安装污染物排放连续监测系统（CEMS）用于监测、记录和计量包括温室气体在内的排放数据。监测要求主要包括：①制订监测计划。监测计划主要内容包括燃料类型、监测设备技术参数、被监测参数类型、监测方法等。②选择监测方法。控排企业可以选择两种方法监测和计量 CO_2 排放。第一种方法是燃料热值法，第二种方法是 CEMS 法，该方法主要基于 CEMS 测试的 CO_2 和氧的排放浓度及流量来计量 CO_2 排放量。第二种方法计算精度较高，RGGI 成员州中除缅因州、马里兰州和特拉华州 3 个州使用第一种方法外，其余成员州均执行第二种方法。

RGGI 控排企业须按规定时间向相关部门提交相关电子版和纸质版数据报告❷。电子版

---

❶ CCR 触发价格是触发 CCR 进入拍卖市场的配额价格，CCR 触发价格呈现一定幅度的增长，至 2020 年增长至 10.75 美元。

❷ 报告主要内容包括：监测设备信息、每小时和累积排污数据、装置每小时运行信息（如负载、热输入率、运行时间等）、监测计划、要求进行的认证、再认证以及质量保证测试的结果等。

季度报告由控排企业在季度结束后 30 天之内,通过美国环保局(EPA)开发的排放收集和监测计划系统(ECMPS)客户端工具提交给 EPA 清洁空气市场部(CAMD)。各成员州环保部门对辖区内控排企业提交的电子季度报告进行评估,比较 CO_2 排放量与持有配额数量。

RGGI 对控排企业 CO_2 排放数据的核查分为电子审查和实地审查两种方式。在电子审查方面,ECMPS 客户端工具能够根据预先设定的程序对控排企业提交的数据进行彻底的检查,并可将审查出现的问题及时向控排企业反馈,这样相关错误就能够在正式提交前被发现并纠正。在实地审查方面。EPA 开发了一套实地审核定位工具(TTFA),该工具能够识别各种 CEMS 操作和维护问题,比如可能存在的校准误差测试或线性检验失败次数过多的监测设备,监控器长期停机的被监测源,跨度和期限值设置不当的监测系统等。

4. RGGI 的抵消机制

RGGI 允许购买某些类型的减排项目所产生的碳信用来抵消配额不足,但其购买的碳抵消额一般不超过 3.3%,而且只限在美国本土。在 RGGI 体系下,各州强制减排措施均是建立在 RGGI 体系碳减排目标基础上。各州采取限制电力企业的碳排放量从而产生碳排放额,然后将碳排放额通过 RGGI 体系进行拍卖,覆盖范围内的发电企业都可以购买来自 10 个参与州的碳排放额,这样 10 个州的减排项目链接成一个协调、统一的区域性碳排放交易市场。

RGGI 碳交易市场的监管由 RGGI 公司、各成员州环保部门和第三方机构共同组成,经过多次改革,日渐成熟,减排效果显著。2008 年以来,RGGI 各州已将电力部门的 CO_2 排放量减少了 53% 以上。

三、美国碳排放权交易体系启示

(一) 多样化的区域性减排法律

美国碳交易市场呈现出显著的区域性优势,即地方政府(州及市等)在碳交易政策的制定及行动方面发挥了积极作用,并正在形成"自下而上"的局面。目前有超过 35 个州已经单独或者结成地区联盟通过或正在通过温室气体排放法案,美国碳交易市场证明,碳定价机制下的碳减排与经济增长是不矛盾的,主要原因在于加州碳交易市场法律与机制的完备与相关配套政策的建立。

(二) 尊重区域差异有利于统一碳交易市场的建立

虽然各地区限排法律不同,但运行机制都是基于总量限额与交易倡议(Cap and Trade Initiatives)。尽管 RGGI 是美国 9 个州共同组成的一个区域性碳交易市场,但其较好地协调了各成员州之间的全局性和区域性。RGGI 有统一的交易规则(碳交易市场建立了统一的核心机制设计)、统一的配额管理平台、统一的配额拍卖平台,但具体到碳交易市场的监督与管理、奖励与惩罚等内容,又归于各成员州保留。

(三) 严格和多层次的监管是保证碳交易市场有序运行的前提

由于碳交易涉及多元主体,交易环节、方式和程序都相对复杂,美国碳交易市场的监管体系由区域、各州相关机构及第三方独立机构组成,这种多层次的监管体系调动了政府和社会的资源,使得整个监管过程严格有序,保证了碳交易市场运作的公平性。碳交易市场在范围上具有跨区域的特点,在市场性质上具有金融产品市场、能源产品市场和排放权交易市场的特点,由此决定了市场的高度复杂性及多层次性。

第四节　国际其他碳排放权交易体系[1]

一、新西兰碳排放权交易体系

(一) 新西兰碳排放权交易体系概述

新西兰 2008 年通过《气候变化应对法案（修正案）》，确定建立新西兰温室气体排放交易市场，并规定了相应的配额分配方式，新西兰的所有行业和《京都议定书》列举的六种温室气体都在法案覆盖范围之内。基于《2002 年应对气候变化法》（2001 年通过，并于 2008 年、2011 年、2012 年、2020 年进行过修订）法律框架下的新西兰碳交易体系自 2008 年开始运营，是目前为止覆盖行业范围最广的碳交易市场，覆盖了电力、工业、国内航空、交通、建筑、废弃物、林业、农业等行业，且纳入控排的门槛较低，控排气体总量占温室气体总排的 51% 左右。

新西兰承诺在 2030 年之前将排放量与 2005 年相比减少 30%，并在 2019 年年底将 2050 年碳中和目标纳入《零碳法案》中，具体为非农领域 2050 年实现碳中和，农业领域（生物甲烷）到 2030 年排放量在 2017 年水平上降低 10%，到 2050 年降低 24.47%（表 4.7）。

表 4.7　新西兰温室气体减排目标

阶　段	减排目标	政策措施
短期 (2008—2012 年)	2010 年的碳排放量稳定在 1990 年水平上	免费发放较大比例配额,其他部分通过固定价格购买(25 新西兰元/吨二氧化碳当量);液化化石燃料、固定能源和工业加工部门的企业,只需要履行 50% 的减排责任义务("2 折 1"制度,即每排放 2 吨二氧化碳当量上缴一个配额)
中期 (2013—2020 年)	2020 年的温室气体排放在 1990 年基础上减少 10%~20%	逐步取消固定价格机制并替换为成本控制储备;允许设置底价;建立拍卖制度;加强履约;强化信息公开,建立独立的市场管理工作方案
长期 (2021—2050 年)	2050 年温室气体排放量在 1990 年基础上减少 50%	逐步减少工业部门的免费配额;为林业部门引入新的核算方法,明确新的未履约处罚办法;推动农业领域的碳减排,从 2025 年开始以征税等形式实施以农场为控排企业的碳定价机制,作为新西兰碳交易市场的有益补充

在配额发放的方式上，不同行业和各行业内部均制定了相应的分配方式和分配额度。为了减少排放交易市场对碳密集型出口工业、渔业和林业的影响，这三个部门将获得免费配额。对于大多数工业生产部门，其配额需要从市场上购买，或者以 25 新西兰元/吨的价格从政府手中购买。林业部门在国内经济所占权重较高，并且林业是新西兰减缓气候变化战略的重要组成部分，所以林业部门在排放交易的设立初期即被纳入排放交易市场。单一行业内部可能同时存在配额的免费发放、配额购买和配额抵充的情形。

从排放来源上看，新西兰近一半的温室气体排放来源于农业，其中 35% 来源于生物甲

---

[1] 除了本节介绍的新西兰、韩国、新加坡、日本碳交易市场外，国际上还有英国、德国、哈萨克斯坦、墨西哥、瑞士等国家碳排放权交易体系，感兴趣的读者可以自行查找资料。

烷，主要原因在于新西兰是羊毛与乳制品出口大国。据统计，乳制品出口占其出口总额的20%，牛和羊的存栏量分别为1000万头和2800万只，这也是新西兰的减排目标将甲烷减排进行单独规定的原因。

（二）新西兰碳排放权交易体系改革

尽管较早开始运营碳交易市场，但新西兰的减排效果并不明显。从总量上看，新西兰不属于碳排放大国，但人均排放量较大，同时温室气体排放一直处于上升趋势，2019年排放量相比1990年增加了46%。新西兰碳交易市场在2019年开始进行变革，以改善其机制设计和市场运营，并更好支撑新西兰的减排目标。

1. 新西兰碳市场配额总量

在碳配额总量上，新西兰碳交易市场最初对国内碳配额总量并未进行限制，2020年通过的《应对气候变化修正法案》首次提出碳配额总量控制（2021—2025年）。

2. 新西兰碳市场配额分配

在配额分配方式上，新西兰碳交易市场以往通过免费分配或固定价格卖出的方式分配初始配额，但在2021年3月引入拍卖机制，并制定了逐渐降低免费分配比例的时间表，将减少对工业部门免费分配的比例，具体为在2021—2030年期间以每年1%的速度逐步降低，在2031—2040年间降低速率增加到2%，在2041—2050年间增加到3%。

3. 新西兰碳市场农业减排

在农业减排上，之前农业仅需报告碳排放数据并未实际履行减排责任，但新法规表明计划于2025年将农业排放纳入碳定价机制。

4. 新西兰碳市场抵消机制

在抵消机制上，起初新西兰碳交易市场对接《京都议定书》下的碳交易市场且抵消比例并未设置上限，但于2015年6月后禁止国际碳信用额度的抵消，未来新西兰政府将考虑在一定程度上开启抵消机制并重新规划抵消机制下的规则。

二、韩国碳排放权交易体系

（一）韩国碳排放权交易体系概述

2005年韩国自愿减排项目计划正式启动，主要目的在于鼓励韩国公司积极参与开发碳信用额度，并提高应对气候变化的能力。2008年8月，韩国总统李明博提出低碳绿色增长战略。2010年3月，韩国两个排放权交易制度启动，分别是以工厂和大型建筑物为对象的温室气体管理系统（General Energy Management System，GEMS）和以广域地方政府为对象的地区性温室气体排放交易系统（MEETS）。

韩国碳交易体系（Korean Emission Trading System，KETS）在2015年1月开始运行，可用的主要限额类型为韩国配额单位（Korean Allowance Unit，KAU）。KAU由政府通过排放和拍卖进行分配，每个KAU相当于1吨二氧化碳当量，覆盖钢铁、水泥、石油化工、炼油、能源、建筑、废弃物处理和航空等行业，要求行业内连续3年温室气体排放量大于或等于125000吨二氧化碳当量的所有公司，或连续3年温室气体排放量大于或等于25000吨二氧化碳当量的商业场所的所有公司必须参与。其他类型的碳信用可通过大韩民国（韩国）的碳抵消计划获得。

KETS有着完备的碳交易市场法律体系、多样化的市场稳定机制，但存在碳交易市场机制设置相对宽松、市场流动性不高等问题。韩国的碳交易市场法律体系由《低碳绿色增长基本法》(2010年)、《温室气体排放配额分配与交易法》(2012年)、《温室气体排放配额分配与交易法实施法令(2012年)、《碳汇管理和改进法》及其实施条令(2013年)、碳排放配额国家分配计划(2014年)等构成,目前正处于第三阶段(表4.8)。

表 4.8 韩国碳排放权交易体系发展阶段

项目	第一阶段(2015—2017年)	第二阶段(2018—2020年)	第三阶段(2021—2025年)
配额分配	100%免费分配	97%免费,3%拍卖	90%免费,10%拍卖
抵消机制	仅允许使用国内抵消信用,且比例不超过排放总量的10%	允许使用国内和国际抵消信用,且比例不超过排放总量的10%(其中国际抵消信用比例不超过5%)	允许使用国内和国际抵消信用,但抵消比例降低为排放总量的5%(其中国际抵消信用比例没有单独限制)
市场稳定储备	拍卖预留配额(不高于总量的25%);设定配额最低(70%)和最高持有量(150%);限制配额跨期存储量;限制核证减排量抵消比例;设定配额价格上涨上限或下跌下限		

2020年,韩国推出"绿色新政",计划到2025年投入114.1万亿韩元(约合946亿美元)的政府资金,以摆脱对化石燃料的严重依赖,并推动以数字技术为动力的环境友好产业的发展,包括电动和氢动力汽车、智能电网和远程医疗等。

2020年12月30日,韩国已向联合国气候变化框架公约秘书处提交了政府近期在国务会议上表决通过的"2030国家自主贡献"(INDC)目标,即争取到2030年将温室气体排放量较2017年减少24.4%,以及"2050长期温室气体低排放发展战略"(Long-term Low Greenhouse Gas Emission Development Strategy,LEDS),即至2050年实现碳中和,将以化石燃料发电为主的电力供应体制转换为以可再生能源和绿色氢能为主的能源系统。相比韩国之前在哥本哈根气候大会上宣布的减排目标(比2005年的排放水平减少4%,比不采取措施的预计排放量减少30%),减排目标有所加强。

从排放来源上看,韩国碳排放主要来源于化石燃料燃烧,占比87%左右,其碳交易体系覆盖了74%左右的韩国碳排放,覆盖行业包括电力、工业、国内航空业、建筑业、废弃物行业、国内交通业、公共部门等。但从减排效果上来看,韩国碳减排效果并不明显,2019年韩国碳排放量相比2005年增加了28%,相比2017年减少了1%。

(二)韩国碳排放权交易体系稳定机制

韩国碳交易市场的价格一直处于较高区间内波动,采取了多种市场稳定机制稳定碳价,具体如下。

1. 拍卖最低价限制

拍卖最低价=(前三个月的平均价格+上个月的平均价格+本月的平均价格)/3

2. 设置分配委员会

在特定情况下,分配委员会会进行公开市场操作调整价格,例如增加配额发放(最高25%)、设置碳配额储备(最高150%)/最低比例、增加或减少未来碳配额提前使用的比例、调整最高抵消比例、临时设置价格上限或下限等。

3. 允许配额跨期储存和预借

本阶段内剩余配额储备在一定条件下可留到未来阶段使用,仅允许阶段内不同时期碳配额的提前使用,但对数量有限制。

三、新加坡碳交易体系

（一）新加坡碳交易体系概述

2019 年新加坡政府通过了碳定价法案，对温室气体排放征收 5 美元/吨的碳税，政府将利用征收碳税获得的资金投资有价值的绿色项目，帮助企业减少温室气体排放。2021 年 11 月星展银行（DBS）、新加坡交易所（SGX）、渣打银行（Standard Chartered）和淡马锡（Temasek）共同建立高质量碳信用额度的全球交易所（Climate Impact X，CIX），CIX 将利用卫星监测、机器学习和区块链技术来提高碳信用额度的透明度、完整性和质量，从而对环境产生切实和持久的影响。

新加坡利用领先的国际金融和法律中心的地位，推出其碳权交易的新模式——GRAVAS。从"自愿性"的交易到"回报性"的交易，目标是成为一个世界级的集碳信用额的全球交易及绿色项目融资的二级市场，打造出一个可信赖的合作伙伴生态系统，以发展全球自愿性碳交易市场（Voluntary Carbon Market），为各企业或组织提供高质量的碳信用，以解决难以消减的排放问题。

CIX 将重点促进自然气候解决方案（Natural Climate Solutions，NCS）项目市场，其中涉及森林、湿地和红树林等自然生态系统的保护和恢复。NCS 项目具有成本效益，通过支持生物多样性和为当地社区创收，提供了可观的收益。CIX 将在其平台上展示来自全球各种高质量 NCS 项目的碳信用额。它还将与全球评级机构合作，为这些项目提供独立评级。CIX 的总部将设在新加坡，并利用新加坡国际公认的金融和法律基础设施培育可扩展全球自愿市场所需的可信赖的合作伙伴生态系统，同时加强碳信用的信任度和可验证性。

（二）新加坡碳交易业务

CIX 将提供不同的平台和产品，以满足不同的买家和卖家的需求，并主要面向跨国公司和机构投资者，通过标准化合同促进大规模高质量碳信用额度的销售。CIX 的交易平台主要拥有三项业务，分别是碳交易所（Carbon Exchange）、项目市场（Project Marketplace）和拍卖业务。

1. 新加坡碳交易所

碳交易所主要面向跨国企业和机构投资者，通过标准化合同（Standardized Contracts），把大规模和高质量的碳信用销售给跨国公司和机构投资者等市场参与者。碳交易所将成为全方位的数字平台，支持买卖双方开展大规模、高质量的碳信用交易，并主要为跨国企业、机构投资者等大型买家提供服务，确保市场价格公开透明。

2. 新加坡项目市场

项目市场则致力于精心筛选并呈现满足企业可持续发展目标的自然气候解决方案（NCS）项目，更多地面向中小企业，使其能够直接从特定的项目中购买高质量的碳信用，从而让广泛的企业参与自愿性碳交易，并为提供风险和定价数据的各个项目提供定制化采购的理想平台。

3. 新加坡碳拍卖业务

拍卖平台托管独特的项目或定制的策划项目组合。通过互动和透明的投标过程，拍卖平台允许竞争性价格发现。它是拥有稀有、大规模或新上市碳信用的供应商的理想选择，也适合希望了解和获取此类项目的公司、机构投资者和金融机构。

四、日本碳排放交易体系

长期以来，日本在减缓气候变暖方面主要依靠系列的政策法令和技术体系，运用市场机制有限。1997年日本经济团体联合会制定自愿环境行动计划，到日本自愿减排体系试行，再到2010年4月日本出现地方级的强制总量限制体系，共走过了三个阶段。

第一阶段，1997年日本经济团体联合会推出环境自愿行动计划（Keidanren Voluntary Action Plans）。该计划与日本京都目标实现计划（Kyoto Protocol Target Achievement Plan，KTAP）相连，主要要求工业和能源转换部门实施碳减排，由企业作出长期自愿减排承诺，目标是将燃料燃烧和工业生产排放的二氧化碳排放量到2010年稳定在1990年的水平，但没有与政府就保证减排目标实现达成任何协议。1998年10月日本颁布了《地球温暖化对策促进法》，作为世界上第一部应对气候变化的法律，明确规定了温室气体减排是国家、地方、企业、普通民众的职责与义务。

第二阶段，2005年和2008年日本分别推出了资源排放交易计划（Japan Voluntary Emissions Trading Scheme，JVETS）和核证减排计划（Japan Verified Emission Reduction Scheme，JVER）。JVETS是排放权交易系统，采用减排补贴手段，对于符合要求的项目，由环境省给予项目施工费用1/3的补贴，激励企业参与到该体系中来。JVETS是日本气候政策的一个重要转向，试图建立一个国内碳抵消体系和面向小排放者的日本自愿排放交易体系。潜在参与者自愿提出申请，并提交其减排目标（绝对排放目标或强度排放目标），以备审查。JVER是碳信用交易系统，是将碳汇和减排等方式产生的碳信用，用于抵消人类活动中无法避免的碳排放。

该市场可交易对象由四部分碳信用额度组成：①来自《京都议定书》机制的碳信用额度；②来自日本国内清洁机制的碳信用额度，这是日本经济团体联合会环境自愿行动计划中，不在计划内的中小企业的项目所产生的减排额度；③第三方核证的，比公司自愿承诺的减排目标更多的减排信用额度，其以自愿行动计划为基础，如果公司的碳排放量比在自愿环境行动中分配的配额少，那么未使用的配额可以作为信用额度出售；④由环境省执行的日本自愿排放交易体系产生的碳信用额度。

第三阶段，2010年4月，东京都限额交易体系正式启动，是亚洲第一个强制性限额交易体系，是全球首个为商业行业设定减排目标的限额交易体系。该体系先设定总排放额，再以一定的配额分配到辖内企业，企业获得配额后可根据需求进行交易。交易体系设立了严格的惩处机制，对未能履约的企业处以缴纳高额罚金，覆盖1400个场所（包括1100个商业设施和300个工厂），占东京总排放的20%。

东京都确立温室气体减排目标是到2020年比2000年排放水平下降25%。第一承诺期（2010—2014年），上限已经设定在比基准排放下降6%。第二承诺期（2015—2019年）将被设定在比基础排放下降17%左右。如果所涵盖设施在第一阶段没有完成目标，那么在第二阶段将必须以短缺部分的1.3倍减排。所涵盖排放源企业除了自身减排之外，还可以使用东京都区域内的中小企业碳信用额、东京都以外的信用额和可再生能源配额（Renewable Energy Credits，RECs，也称绿证）来实现履约。

2011年4月埼玉县（Saitama）建设碳交易系统，启动一个总量交易计划，成为继东京之后，第二个引进强制碳交易系统的地方行政部门。据估计未来日本也许会出现两个并行的碳交易市场体系，一是覆盖主要能源密集部门的国家级强制碳交易市场，二是城市和地方政府管辖的，主要覆盖大型设施，比如写字楼、工厂和公共建筑的地区级碳交易市场。

面对 IET 机制和 CDM 机制存在的弊端，日本创设了双边碳抵消机制（Bilateral Carbon Offsetting Mechanism，BOCM）。该机制是通过日本与发展中国家签署双边协议，由日本向发展中国家提供低碳环保技术、产品、服务以及基础设施建设等方面的国际援助，通过在东道国投资建设 BOCM 项目，换取相应数量的温室气体减排量（或者移除量）用于日本实现温室气体排放减排目标。BOCM 机制近似于 CDM 机制，但是 BOCM 机制下项目的覆盖范围更宽泛、项目的审定程序更简化、项目减排量的计算更简单，尤其在日本核泄漏事故发生、日本国内核电站全部停止运营的背景下，BOCM 机制为缓解日本温室气体减排压力、奠定日本在以碳权为核心的国际金融体系中占据主导地位发挥了重要作用。

◆ 本章小结 ◆

主要介绍了国际碳交易市场的发展历程、市场现状、发展特征，并对国际碳交易市场发展趋势进行探讨，然后详细阐述了欧盟、美国碳排放权交易体系的产生、运行机制、构成及发展阶段，简略分析了国际上其他国家如新西兰、韩国、新加坡、日本等碳交易市场的业务及机制。

◆ 思考题 ◆

1. 简述国际碳交易市场发展特征。
2. 国际碳交易市场发展趋势是什么？
3. 简述欧盟碳排放权交易体系的运行机制。
4. 简述欧盟碳排放权交易体系主要特征。
5. 美国碳交易市场的成功经验是什么？

第五章
中国试点碳交易市场

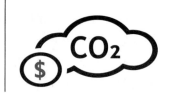

本章学习要点

本章学习中国区域碳交易顶层设计和地方实践，并重点学习中国试点碳交易市场制度设计，包括覆盖范围、总量控制、配额分配、MRV 机制、履约机制和交易管理，并了解中国试点碳交易市场运行状况和面临的挑战。

第一节　中国碳交易市场发展

一、中国碳交易市场顶层设计

中国碳交易市场建设遵循由"试点"走向"全国"的设计理念。从碳交易的发展轨迹来看，中国于 2004 年加入国际碳交易体系的清洁发展（CDM）机制，随后于 2013 年起在多个省市开展国内区域试点和核证自愿减排市场交易（CCER），并在 2021 年 7 月 16 日正式启动全国统一碳交易市场。

在试点碳交易市场的建设过程中，中国采取顶层设计与地方特色相结合的方式，通过国家政策法规的颁布进行顶层设计推动总体进程，同时允许地方根据自身经济、社会、环境特点进行针对性的部署。2011 年，国家发改委设立碳排放权交易试点区域，北京、天津、上海、重庆、广东、湖北、深圳等七个省市入选。2013 年深圳碳交易市场正式启动，成为国内首个试点碳交易市场。其后，其他碳排放权交易试点工作相继开展，相继建立深圳排放权交易所、上海环境能源交易所、北京环境交易所、广州碳排放权交易所、天津排放权交易所、湖北碳排放权交易中心和重庆碳排放权交易中心等碳交易平台。2016 年国家发改委进一步批复设立四川非试点（四川联合环境交易所）和福建试点（福建海峡股权交易中心）碳交易市场，形成试点碳交易市场的 8+1 格局。

2010 年 8 月，国家发改委下发《关于开展低碳省区和低碳城市试点工作的通知》，在全国五省八市开展低碳省区、低碳城市试点，要求试点将应对气候变化工作纳入当地"十二五"规划，明确提出控制温室气体排放的行动目标、重点任务和具体措施，研究运用市场机制推动实现减排目标。2011年12月，国务院发布《"十二五"控制温室气体排放工作方案》，明确了到2015年控排的总体要求和主要目标。

2010年9月，国务院《关于加快培育和发展战略性新兴产业的决定》提出，要建立和完善主要污染物和碳排放交易制度；同年10月，中共中央关于"十二五"规划的建议明确提出，把大幅降低能源消耗强度和碳排放强度作为约束性指标，逐步建立碳排放交易市场。2012年11月，党的十八大报告要求，积极开展碳排放权交易试点。2013年11月，十八届三中全会的决议进一步明确要求，推行碳排放权交易制度。2015年9月，习近平主席在《中美元首气候变化联合声明》中正式宣布，于2017年启动全国碳排放交易体系，覆盖钢铁、电力、化工、建材、造纸和有色金属等六个重点工业行业。重申中国碳减排目标，且宣布出资200亿元人民币设立"中国气候变化南南合作基金"，2016年，中国加入《巴黎协定》。

2017年全国统一的碳交易市场建设正式启动，强化碳交易市场法律法规建设。2019年，生态环境部印发《碳排放权交易管理暂行条例》（征求意见稿）。2020年11月，生态环境部办公厅发布《全国碳排放权交易管理暂行办法（试行）》（征求意见稿）。2020年12月25日，生态环境部部务会议审议通过《碳排放权交易管理办法（试行）》，并于2021年2月1日施行。

2020年12月，生态环境部审议通过《碳排放权交易管理办法（试行）》。2021年7月，全国统一碳交易市场正式启动。从试点碳交易市场走向全国统一市场，在保持试点碳交易市场稳定运行的基础上，在条件成熟后逐步向全国市场进行过渡，不再建设新的地方性碳交易市场。2021年4月，广州期货交易所成立运行，建设碳期货市场，规范发展碳金融服务，中国正逐步形成全国和区域、一级和二级、现货和衍生品的多层次碳交易市场体系（表5.1）。

表5.1 碳交易市场相关的全国性法规

日期	政策	政策内容
2010/10	《中华人民共和国国民经济和社会发展第十二个五年规划纲要》	探索建立碳排放交易市场，发挥市场机制在推动经济发展方式转变和经济结构调整方面的重要作用
2011/10	《关于开展碳排放权交易试点工作的通知》	批准北京、天津、上海、重庆、湖北、广东及深圳等七省市开展碳交易试点工作
2011/11	《"十二五"控制温室气体排放工作方案》	发挥市场机制作用，增强企业和社会各界控排意识与自觉性
2012/6	《温室气体自愿减排交易管理暂行办法》	对交易主体、原则、交易量、方法学的建立和使用作出规定
2013/8	《国务院关于加快发展节能环保产业的意见》	提出推行市场化机制，积极开展碳排放权交易试点等要求
2013/10	《首批10个行业企业温室气体排放核算办法与报告指南（试行）》	主要覆盖发电、电网、钢铁、化工、电解铝、镁冶炼、玻璃、水泥、陶瓷、民航共十个行业
2013/11	《关于全面深化改革若干重大问题的决定》	发展环保市场，推行碳排放权、排污权、用水权交易制度
2014/1	《关于推进林业碳汇交易工作的指导意见》	坚持清洁发展机制的林业碳汇项目交易、林业碳汇自愿交易、碳排放权交易下的林业碳汇交易统筹推进

续表

日期	政策	政策内容
2014/1	《关于组织开展重点企事业单位温室气体排放报告工作的通知》	建立重点单位温室气体排放报告制度,为实行温室气体排放总量控制、开展碳排放权交易提供数据支撑
2014/11	《国务院关于创新重点领域投融资机制鼓励社会投资的指导意见》	积极开展排污权、碳排放权交易试点,发展碳交易市场,鼓励社会投资者参与
2014/12	《碳排放权交易管理暂行办法》	对碳交易的管理和监督作出规定,包括配额管理、排放交易、检查与配额清缴、监督管理和法律责任
2014/12	《第二批4个行业企业温室气体核算办法与报告指南(试行)》	主要覆盖石油和天然气生产、石油化工、独立焦化和煤炭生产行业
2019/3	《碳排放权交易管理暂行条例(征求意见稿)》	落实党中央、国务院重大决策部署,利用市场机制控制温室气体排放,推动绿色低碳发展
2019/6	《大型活动碳中和实施指南(试行)》	大型活动组织者应通过购买碳配额、碳信用的方式抵消大型活动实际产生的温室气体排放量
2019/9	《2019年发电行业控排企业二氧化碳排放配额分配实施方案》	提出发电行业碳排放配额的分配方案,要求燃煤机组强制履行减排义务,燃气机组暂不强制要求履约
2019/12	《全国公共资源交易目录指引》	将碳排放权交易纳入公共资源交易平台
2021/3	《碳排放权交易管理暂行条例(草案修改稿)》	明确不再建设试点碳交易市场,之前已经存在的试点碳交易市场应当逐步纳入全国统一碳交易市场
2022/4	《中共中央、国务院关于加快建设全国统一大市场的意见》	培育发展全国统一的生态环境市场。依托公共资源交易平台,建设全国统一的碳排放权、用水权交易市场,实行统一规范的行业标准、交易监管机制

二、中国碳交易市场的地方实践

紧跟中央顶层设计的政策推动,各试点碳交易市场所在地政府结合自身实际情况,先后出台一系列政策规定,有力支持当地碳交易市场的有序发展和运营。

2013年6月深圳排放权交易所率先启动,635家工业企业和200家大型公共建筑被纳入碳排放权交易试点。2013年11月上海环境能源交易所上线,钢铁、化工、宾馆等191家企业参与交易。2013年11月,北京环境交易所开启,初期纳入碳排放交易的履约企业共400余家。2013年12月广州碳排放交易市场启动,控排企业涉及电力、水泥、钢铁、陶瓷、石化、纺织、有色金属、塑料和造纸九大高能耗行业的827家企业。

2013年12月天津排放权交易所启动,将钢铁、化工、电力热力、石化、油气开采五大高能耗行业的114家企业纳入初期试点范围。2014年4月湖北碳排放权交易中心启动,初期共有138家企业纳入碳排放配额管理,涉及电力、热力和钢铁等12个行业。2014年6月重庆碳排放权交易所上线,确定了254家年排放超过2万吨二氧化碳的工业企业进入试点碳交易市场。2016年6月福建省碳排放权交易启动,涵盖电力、石化、化工、建材、钢铁、有色金属、造纸、航空和陶瓷九大行业的227家企业。2016年12月,四川联合环境交易所获得国家碳交易机构备案,成为全国碳排放权交易非试点地区首家碳交易机构。

建立法律法规是碳交易市场有效运行的前提,也是市场公信力的来源。因此,为碳交易市场建立一套完善的法律法规体系,将各项要素设计以法律、法规和政府公文的形式确定下来,是碳交易市场顺利运行的重要保障(表5.2)。

表 5.2 碳交易市场相关的地方性法规

地区	时间	文件名称
深圳	2013/6	《深圳经济特区碳排放管理若干规定》《深圳市碳排放权交易管理暂行办法》《深圳碳交易市场抵消信用管理规定(暂行)》《深圳排放权交易所现货交易规则(暂行)》
上海	2013/11	《上海市碳排放管理试行办法》《上海环境能源交易所碳排放交易规则》《上海市温室气体排放核算与报告指南(试行)》《上海市碳普惠体系建设工作方案》
北京	2013/11	《北京市碳排放权交易管理办法(试行)》《北京市碳排放权抵消管理办法(试行)》《关于开展碳排放权交易试点工作的通知》《北京市碳排放配额场外交易实施细则(试行)》《北京环境交易所碳排放权交易规则(试行)》《关于北京市在严格控制碳排放总量前提下开展碳排放权交易试点工作的决定》
广东	2013/12	《广东省碳排放权交易试点工作实施方案》《广东省碳排放管理试行办法》《广东省发展改革委关于碳普惠制核证减排量管理的暂行办法》
天津	2013/12	《天津市碳排放权交易试点工作实施方案》《天津市碳排放权交易管理暂行办法》《天津排放权交易所碳排放权交易规则(试行)》
湖北	2014/4	《湖北省碳排放权交易试点工作实施方案》《湖北省碳排放权配额分配方案》《湖北省碳排放权管理和交易暂行办法》《湖北省工业企业温室气体排放监测、量化和报告指南(试行)》《湖北省温室气体排放核查指南(试行)》
重庆	2014/6	《重庆市碳排放权交易管理暂行办法》《重庆市碳排放配额管理细则(试行)》《重庆市工业企业碳排放核算和报告指南(试行)》《重庆联合产权交易所碳排放交易细则(试行)》
福建	2016/6	《福建省碳排放权交易管理暂行办法》《福建省碳排放权交易市场建设实施方案》《福建省碳排放配额管理实施细则(试行)》《福建省碳排放权交易规则(试行)》《福建省林业碳汇交易试点方案》
四川	2016/12	《四川省碳排放权交易管理暂行办法》

从各试点实践看,采取人大立法结合管理办法形式的有深圳、北京,采用单一管理办法的有广东、上海、湖北、天津和福建。同时北京人大通过的是"决定",有别于深圳人大通过的"若干规定"。由于重庆和天津的立法层级较低,对市场参与者的约束力度较小,因而其市场运行情况明显较差,特别是重庆履约期进展较慢。在管理办法方面,上海、湖北、广东、福建、深圳公布的是政府令,北京、天津、重庆则是市政府文件(表5.3)。

表 5.3 国内碳排放权交易试点政策法规性质

试点碳交易市场	主管部门	政策法规	政策性质
深圳	深圳市生态环境局	市人大规定(2012/10) 碳交易管理办法(2014/3)	地方性法规 政府规章
上海	上海市生态环境局	碳交易管理办法(2013/11)	政府规章
北京	北京市生态环境局	碳交易管理办法(2013/12) 碳交易管理办法(2014/5)	地方性法规 政府规章
广东	广东省生态环境厅	碳交易管理办法(2014/1)	政府规章
天津	天津市发展和改革委员会	碳交易管理办法(2013/12)	部门文件
湖北	湖北省生态环境厅	碳交易管理办法(2014/4)	政府规章
重庆	重庆市生态环境局	市人大决定草案(2014/4) 碳交易管理办法(2014/5)	地方性法规 政府规章
福建	福建省发展和改革委员会	碳交易管理办法(2016/6)	政府规章

在政策法律的基础上，八个试点省市构建了各自的管理架构。各试点的管理架构基本相同，机构转隶后，各省市生态环境厅（局）为各自辖区内的碳排放权交易主管部门。

第二节　中国试点碳交易市场制度设计

试点工作启动以来，八个地方政府高度重视碳交易体系建设，根据自身的产业结构、排放特征、减排目标等情况，进行碳交易市场顶层设计。在此基础上，确定总量控制目标和覆盖范围，建立温室气体排放测量、报告和核查（MRV）制度，制定配额分配方案，建立和开发交易系统和注册登记系统，建立市场监管体系。总体来看，八个试点碳交易市场差异较大，运行效果也不尽相同，不同碳交易市场的配额分配机制、MRV监管机制以及违约处罚等存在较大的差异。

一、中国试点碳交易市场覆盖范围

覆盖范围决定了碳交易市场可以管控的温室气体排放总量，从而影响在履行应对气候变化国际承诺和完成国内减排目标中可发挥的作用。为进一步增强碳交易市场的影响力，多数试点碳交易市场都通过行业数量和企业数量两个维度来扩大排放覆盖率。上海和北京碳交易市场采取了扩大行业和阈值调整相结合的方式，广东碳交易市场选择增加控排行业，湖北碳交易市场则主要是降低现有控排企业的纳入阈值。

（一）温室气体种类

大部分试点初期只考虑 CO_2 一种温室气体，重庆是唯一一个纳入六种温室气体的市场。深圳在核算指南中尽管也把其他温室气体纳入核算范围，但在实际操作中，在试点第一阶段只核算 CO_2。

因为部分试点地区经济结构以服务业为主，直接排放量较小，如果不考虑间接排放的话，碳交易市场规模较小，影响市场运行效果，而且如果纳入行业占试点整体排放的比重过小，也会降低政策实施的必要性，八个试点碳交易市场均同时纳入直接排放和间接排放❶（表5.4）。

（二）覆盖行业

在控排行业方面，国内八个试点碳交易市场均将能源密集型行业纳入管控，如电力、热力、钢铁、有色金属、石化、化工、建材、造纸等。建筑业和交通运输业作为仅次于热电和制造业之后的第三和第四大碳排放来源，也是地方主管部门碳排放管控中的重点行业。八个试点碳交易市场在选择覆盖行业时，主要考虑排放量和排放强度、减排潜力、核算难易程度等因素，因此，电力、钢铁、石化等排放密集型的工业行业成为优先考虑的对象。

但由于经济结构的不同，各试点碳交易市场的覆盖行业也各有侧重。北京和上海的服务业占经济总量的比重较大且排放量占比较高，因此将服务业纳入碳排放权交易体系。深圳、广东、天津、湖北、重庆和福建也根据自身工业发展情况，覆盖了不同的细分行业。各试点

---

❶ 间接排放，是指在能源消费端根据企业消耗的电力或热力计算出的排放量，即对排放下游同时进行管控。

碳交易市场覆盖范围年度变化不大：深圳 2014 年新增建筑业；北京 2016 年将其他工业行业变更为其他行业，新增交通运输业；上海 2016 年后纳入了港口、水运企业及部分建筑；湖北 2015 年将电力热力拆分成电力、热力及热电联产两个行业，新增陶瓷制造、通用设备制造业，2018 年新增水生产和供应行业；广东于 2016 年新增造纸和民航两个行业；福建于 2017 年将能源消费总量达 5000 吨标准煤以上（含）的工业企业，以及建筑、交通等行业企业纳入碳交易市场交易。

表 5.4　国内碳排放权交易试点覆盖范围比较

试点碳交易市场	温室气体种类	直接排放	间接排放
深圳	CO_2	燃烧化石燃料或者生产过程中产生的碳排放	因使用外购电力、热、冷或者蒸汽产生的碳排放
上海		化石燃料燃烧排放、过程排放、废弃物焚烧排放、基于物料平衡法计算的部分工序排放等	外购电力排放和外购热力排放
北京		固定设施和公共电汽车客运、城市轨道交通、企业移动设施化石燃料燃烧导致的和/或工业生产过程和/或废弃物处理的碳排放	耗电设施消耗隐含的电力生产时化石燃料燃烧的二氧化碳间接排放
广东		法人厂界区域和运营控制范围内产生的碳排放	外购电力、热力的生产而造成的碳排放
天津		化石燃料燃烧排放和工业生产过程中的排放	因生产或经营活动引起的，由其他企业持有或控制的排放源产生的碳排放
湖北		企业拥有或控制的排放源的温室气体排放	企业消耗的外购电力的生产造成的排放
福建		燃烧化石燃料或者生产过程中产生的二氧化碳	建筑、交通等行业企业
重庆	CO_2、CH_4、N_2O、HFCs、PFCs、SF_6	企业持有或控制的碳排放源产生的二氧化碳	企业活动导致的，出现在其他企业持有或控制的碳排放源产生的二氧化碳

（三）纳入门槛

在确定覆盖行业的基础上，各试点为有效控制碳排放，尽可能覆盖主要排放单位，根据自身经济发展情况与碳排放情况，对各自的纳入门槛进行了不同的设计。深圳和北京碳交易市场仅要求 3000 吨和 5000 吨年二氧化碳排放即可纳入，相应的北京和深圳碳交易市场 2020 年度的控排企业数量分别达到 859 家和 690 家，远超其他市场。其余碳交易市场的控排纳入门槛普遍在 10000 吨标准煤消耗或 20000 吨二氧化碳排放左右。广东、天津和重庆的纳入门槛均为 20000 吨二氧化碳当量。作为工业大省的湖北，在试点初期其纳入门槛较高，为综合能源消费量 60000 吨标准煤及以上的企业，2017 年起将所有行业企业的纳入门槛降低为综合能耗 10000 吨标准煤。深圳主要以加工工业为主，所以其纳入门槛较低，仅为 3000 吨二氧化碳当量。北京在前期运行良好的基础上，2016 年将纳入门槛调低至 5000 吨二氧化碳当量，将更多的企业纳入碳交易体系。各试点碳交易市场行业范围见表 5.5。

表 5.5 各试点碳交易市场行业范围

区域市场	行业范围	排放覆盖率/%	纳入标准
北京	电力、热力、水泥、石化、其他工业、服务业、交通运输业	45	二氧化碳排放≥5000 吨
天津	电力、热力、钢铁、化工、石化、建材、油气开采、造纸、航空	54	二氧化碳排放≥20000 吨
上海	电力、热力、钢铁、有色金属、石化、化工、电子、纺织、造纸、建材、交通运输、餐饮、零售、航空、港口、陆地交通、建筑业、水运	57	标准煤消耗≥10000 吨
深圳	电力、天然气、供水、制造业、交通运输、建筑业	40	二氧化碳排放≥3000 吨
广东	电力、水泥、钢铁、石化、造纸、民航	70	二氧化碳排放≥20000 吨
重庆	电力、电解铝、铁合金、电石、烧碱、水泥、钢铁	57	二氧化碳排放≥20000 吨
湖北	电力、热力、钢铁、有色金属、石化、化工、水泥、汽车、机械、玻璃、陶瓷、供水、化纤、纺织、造纸、医药、食品饮料	42	标准煤消耗≥10000 吨
福建	电力、石化、化工、建材、钢铁、有色金属、造纸、航空、水泥、陶瓷等行业	60	标准煤消耗≥10000 吨

总体来看，北京试点纳入企业最多，上海试点纳入行业最多，包括工业行业，即钢铁、石化、化工、有色金属、电力、建材、纺织、造纸、橡胶、化纤，以及非工业行业，即航空、港口、机场、铁路、商业、宾馆、金融等；重庆试点纳入气体最多，覆盖六种温室气体。

二、中国试点碳交易市场总量控制

总量设置需要控制在合理适度的范围内，对碳价形成支撑的同时也不能给控排企业造成过大的经济负担。从实际运行情况来看，试点碳交易市场根据自身经济社会的发展情况和碳排放总量水平设定了各自的配额总量，但普遍存在碳配额总量过于宽松导致整体交易过低的现象。

广东、湖北和福建碳交易市场 2020 年的配额总量位列地方市场前三，分别为 4.65 亿吨、2.7 亿吨和 2.2 亿吨，反映出这三个工业大省本身的能耗排放水平较高，同时控排体系的覆盖力度较大，其中广东和福建的覆盖率分别达到 70% 和 60%。在市场流动性方面，最近一个履约年度内天津、深圳和广东的换手率较高，分别达到 35.81%、17.09% 和 8.23%，其余试点碳交易市场的换手率均不超过 4%。这反映出目前市场交易活跃度仍然较低，或与配额较为宽松和市场参与者的多样化程度较低有关。从市场运行以来的企业履约情况来看，整体履约率接近 99%，而且各市场的履约率均逐年提升。其中上海、北京、天津、湖北和福建市场保持了自启动以来 100% 的履约率，深圳、广东碳交易市场的履约率也始终保持在 99% 以上，重庆碳交易市场的履约率为 96%（表 5.6）。

表 5.6 试点碳交易市场配额总量确定试点对比

区域市场	配额总量/万吨	控排企业数量	运行以来的履约情况（截至 2020 年底）
北京	5000	859	连续六年 100%
天津	1600	104	连续六年 100%

续表

区域市场	配额总量/万吨	控排企业数量	运行以来的履约情况(截至2020年底)
上海	10500	314	过去七年100%
深圳	3125	690	过去七年均在99%以上,2020年100%
广东	46500	244	过去八年在99%以上,其中五个履约期100%
重庆	9700	113	由最初的63%提升至94%
湖北	27000	373	连续六年100%
福建	22000	269	连续四年100%

三、中国试点碳交易市场配额分配

目前中国绝大多数试点碳交易市场配额分配都是免费的,其中湖北、重庆和福建的所有配额均采取免费方式。深圳、北京和天津则在免费分配核定配额之外,将部分用于调节市场价格的储备配额向市场出售,以满足部分超排企业的履约需求。广东和上海碳交易市场根据所属行业的不同,控排企业只能通过免费形式获得93%~99%的配额,其余配额需要通过竞价拍卖的形式获得。有偿发放通常采用的形式是不定期竞价拍卖,此外天津和深圳也允许通过固定价格出售储备配额。

截至2020年8月,深圳、上海、湖北、广东和天津对配额进行了有偿分配,且都采用拍卖形式。北京虽然出台了有偿分配的相关规定,但并未进行有偿分配。湖北碳交易市场有偿分配方面,配额总量的2.4%(8%政府预留调整配额中的30%)可用于拍卖,启动交易之初进行拍卖,面向控排企业和机构投资者。广东碳交易市场的配额分配方案呈"稳中偏紧"的特性,且根据行业的特性和需求采取了不同的分配方法,配额分配方法的科学性和公平性逐步提升。除此之外,广东碳交易市场借鉴欧盟的经验,最先引入配额拍卖机制,通过部分有偿的方式发放配额,提高控排企业对碳交易市场履约的重视程度,从而更加积极地参与减排。拍卖会影响市场供求关系,及时补充市场供应,有助于缺额控排企业以相对合理的成本补足短缺配额,从而实现履约。2020年8月,上海首次进行非履约拍卖,允许机构投资者参与拍卖。湖北和广东在拍卖时间和参与者资格上没有明确的保障履约倾向,其目的是提高市场流动性,保障市场的正常运行(表5.7)。

表5.7 国内碳排放权交易试点有偿分配比较

项目	深圳	上海	湖北	广东	北京	天津
参与资格	实际碳排放量超过年度实际确认配额的管控单位	纳入配额管理的单位和上海环境能源交易所碳排放权交易机构投资者	控排企业、机构投资者	控排企业,2014年起允许机构投资者参与	重点排放单位、机构投资者	控排企业
拍卖底价	有					
拍卖时间			日常		不确定	

在具体分配过程中,主管部门往往不会一次性将所有配额分配出去,而是会逐步发放,并且会预留一部分配额作为新进入者储备和价格平抑储备(表5.8)。尽管各市场对配额分类的具体命名存在差异,但总体上配额的构成不外乎以下四类。

（一）预分配配额

在上年度的清缴履约结束后，主管部门根据上年度的碳排放核查结果向控排企业发放本年度的部分免费配额，根据市场的不同，发放比例在50%～70%。

（二）调整配额

待本年度的碳排放核查结果出炉后，主管部门结合企业本年度经济统计指标，确定企业实际配额，并与预分配配额进行比较，多退少补。

（三）新建项目配额

对于新建项目达到纳入门槛的，主管部门根据其核定碳排放水平和系统减排目标发放配额，也有部分地方市场选择不纳入这部分新建项目。

（四）价格平抑储备配额

包括主管部门预留的配额、新进入者储备配额和主管部门回购的配额，只能由控排企业以固定价格购买用于履约，不能用于市场交易。当市场碳价出现大幅波动，或履约期前出现严重供需失衡导致碳价异常时，主管部门通过拍卖竞价或固定价格出售的方式向市场投放储备配额，以平抑市场波动。

表5.8 试点碳交易市场配额分配方式对比

市场	分配方式	计算方法	配额构成
北京	免费分配为主，储备配额以拍卖形式向市场发放	行业基准线法、历史强度法、历史排放法	预发放配额、新增设施配额核发、调整配额、储备配额
天津	配额分配以免费发放为主，拍卖或固定价格出售仅在交易市场价格出现较大波动时稳定市场价格使用	历史强度法、历史排放法	预分配配额、补充配额、新建项目、市场调节配额
上海	各行业的免费发放比例在93%～99%，无偿分配包括预分配配额和调整分配的配额。有偿分配的储备配额采用不定期有偿竞价方式分配	行业基准线法、历史强度法、历史排放法	预分配配额、调整分配的配额、储备配额
深圳	无偿分配的配额包括预分配配额、新进入者储备配额和调整分配的配额。有偿分配的配额可以采用拍卖或者固定价格的方式出售	行业基准线法、历史强度法、历史排放法	预分配配额、调整分配的配额、新进入者储备配额、拍卖、价格平抑储备配额
广东	有偿与无偿发放结合，电力免费比例为95%，钢铁、石化、水泥、造纸免费比例为97%，航空100%	行业基准线法、历史强度法、历史排放法	预分配配额、调整的配额、新建项目企业配额、市场调节配额
重庆	免费分配	历史强度法、历史排放法	预分配配额、调整分配的配额
湖北	免费分配	行业基准线法、历史强度法、历史排放法	年度初始配额、政府预留配额、新增预留配额
福建	免费分配，适时引入有偿分配制度，并逐步提高有偿分配的比例	行业基准线法、历史强度法	既有项目配额、新增项目配额、市场调节配额

四、中国试点碳交易市场 MRV 机制

中国从建立试点碳交易市场开始就运行MRV机制，整体架构参考CDM体系。碳排放权作为一种无形的商品，每一年的排放数据都由各控排企业自觉提供，为了保证数据的真实性和准确性，需要引进独立的第三方机构核证。政府或者得到政府授权的机构作为监管者和

规则的制定者,主要的职责是制定行业温室气体控排企业的气体排放量算法,并要求企业按照该算法的要求进行监测和报告,并对第三方的机构核查结果进行核实。

控排企业按照生态环境部发布的《企业温室气体排放报告核查指南(试行)》和《企业温室气体排放核算方法与报告指南发电设施》进行温室气体排放情况的监测、数据收集,并形成固定的模板要求形成排放报告。得到授权的第三方机构,对监测报告进行核查,同时对排放的完整证据链进行补充。而后第三方机构会生成固定模板的核查报告,核查报告本质就是第三方机构用信誉为企业提交的碳排放量/减排量背书。

首先,完善 MRV 机制需要合法化、专业化的核证主体和专业人员,并在国家法律法规的要求下制定合理的排放监控标准、减排量核算方法等配套机制。同时要加强对专业人员的资质认证,进一步规范核证主体的合法性和专业化。

其次,落实 MRV 机制的必要性和强制性。目前国外做法是将每一年碳配额转让和MRV 机制相结合,并确定核证时间期限,如果在期限之前没有进行相关核证,排放主体将不能进行下一步碳配额交易。今后可以考虑将每一年碳排放权的初始免费配额和 MRV 机制相关联,同样设定时间期限和评价标准,如果在期限之前没有进行核证或者没通过核证要求,排放主体将不能获得碳排放权的免费分配。

北京、上海、广东、深圳、天津采取报告与核查双轨制,湖北与重庆采取单轨制。报告义务的主体范围与履行核查义务的主体范围一致为单轨,反之亦然(表 5.9)。

表 5.9 区域碳排放交易试点工作

试点	MRV 相关政策	时间
深圳	《深圳市组织温室气体量化和报告指南》《深圳市组织温室气体排放的核查规范及指南》	2012 年 11 月
	《建筑物温室气体排放的量化和报告规范指南》	2013 年 4 月
北京	《企业(单位)二氧化碳排放核算与报告指南》《北京市碳排放权交易核查管理办法(试行)》《北京市温室气体排放报告报送流程》	2013 年 11 月
	《北京市碳排放监测指南》《北京市企业(单位)二氧化碳排放核算和报告指南》(2014 版)	2014 年 11 月
上海	《上海市温室气体排放核算与报告指南(试行)》	2012 年 12 月
	《上海市碳排放核查第三方机构管理暂行办法》	2014 年 1 月
	《上海市碳排放核查工作规则(试行)》	2014 年 3 月
广东	《广东省企业碳排放核查规范》《广东省企业(单位)二氧化碳排放信息报告通则(试行)》《广东省火力发电企业二氧化碳排放信息报告指南(试行)》《广东省水泥企业二氧化碳排放信息报告指南(试行)》《广东省钢铁企业二氧化碳排放信息报告指南(试行)》《广东省石化企业二氧化碳排放信息报告指南(试行)》《广东省企业碳排放信息报告与核查实施细则(试行)》	2014 年 3 月
天津	《天津市企业碳排放报告编制指南(试行)》《天津市电力热力行业碳排放核算指南(试行)》《天津市钢铁行业碳排放核算指南(试行)》《天津市炼油和乙烯行业碳排放核算指南(试行)》《天津市化工行业碳排放核算指南(试行)》《天津市其他行业碳排放核算指南(试行)》	2013 年 12 月
湖北	《湖北省工业企业温室气体排放检测、量化和报告指南(试行)》《湖北省温室气体排放核查指南(试行)》	2014 年 7 月
重庆	《重庆市工业企业碳排放核算和报告指南(试行)》《重庆市企业碳排放核算、报告和核查细则》《重庆市企业碳排放核查工作规范》	2014 年 5 月

不同试点碳交易市场履约关键时点有所差异,以深圳碳排放市场为例,上年度履约结束后主管部门根据上年度的排放核查结果进行配额预发放,控排企业应当于 3 月 31 日前提交

年度碳排放报告,并于 5 月 10 日前将经过市统计部门核定后的统计指标数据提交给主管部门。提交碳排放报告后,控排企业需要委托第三方机构对报告进行核查,并于 4 月 30 日前向主管部门提交核查报告。收到核查报告结果后,主管部门对企业本年度的实际配额与预发放配额之差进行调节,多退少补。控排企业应于 6 月 30 日前向主管部门提交与上年度实际碳排放量相等的配额或核证自愿减排量,完成履约清缴。主管部门于 7 月 31 日前在门户网站公布控排企业履约情况,并对未完成履约的企业作出处罚。

五、中国试点碳交易市场履约机制

(一) 试点碳交易市场履约制度

由于各个试点碳交易市场每年最后履约期在 6 月份前后,排控企业缺乏碳交易方面的知识和意识,多数企业在履约期到来之前集中进行碳配额的购买工作,导致交易量集中,大部分交易量发生在每年的五六月份,结果在一定程度上限制了碳交易市场的活跃程度,影响了市场流动性和效率。

上海试点碳交易市场的履约日是一个时间区间,即 6 月的任意一天均可,其他试点碳交易市场将履约日固定在 6 月的某一天。将履约时间划定在一个期间而不是某特定时间点使企业更容易履约,能让其有计划地参与碳交易而不是集中在某个时间点参与交易,从而增强市场流动性。

(二) 中国试点碳交易市场抵消机制

根据 2014 年发布的《碳排放权交易管理暂行办法》,控排企业可使用 CCER 抵消其部分经确认的碳排放量从而满足配额要求。大部分试点碳交易市场有关抵消机制的规定都体现在作为纲领性文件的管理办法中,只有北京颁布了单独的抵消机制管理办法,上海和湖北则对抵消机制的使用出台了相关通知(表 5.10)。

表 5.10 国内碳排放权交易试点抵消机制相关政策文件

区域性试点	政策文件
深圳	《深圳市碳排放权交易管理暂行办法》《深圳碳排放权交易市场抵消信用管理规定(暂行)》
上海	《上海市 2013—2015 年碳排放配额分配和管理方案》《关于本市碳排放交易试点期间有关抵消机制使用规定的通知》《关于本市碳排放交易试点期间进一步规范使用有关抵消机制使用规定的通知》
北京	《北京市碳排放权抵消管理办法(试行)》
广东	《广东省碳排放管理试行办法》《广东省发展改革委关于碳排放配额管理的实施细则》
天津	《天津市碳排放权交易管理暂行办法》《天津市发展改革委关于天津市碳排放权交易试点利用抵消机制有关事项的通知》
湖北	《湖北省发展改革委关于 2017 年湖北省碳排放权抵消机制有关事项的通知》《湖北省生态环境厅关于 2018 年湖北省碳排放权抵消机制有关事项的通知》
重庆	《重庆市碳排放配额管理细则(试行)》
福建	《福建省碳排放权抵消管理办法(试行)》

1. 引入中国核证自愿减排量 (CCER)

各试点均引入中国核证自愿减排量(CCER),允许控排企业在履行配额清缴义务中,使用一定数量的 CCER 抵扣其部分排放量。抵消的信用类型大都是 CCER,部分地区还可以用节能项目碳减排量、林业碳汇项目碳减排量（如福建的 FFCER、北京的 BCER）或经试点地区审定签发的企业单位和个人减排量（如广东的 PHCER）；北京除了 CCER 外设计了节能项目碳减排量和碳汇项目碳减排量两个本地碳信用。

2. 抵消使用比例限制

各试点碳交易市场均对抵消使用比例进行了限制，不得超出当年核发配额量的一定百分比，其中上海和北京最低，仅 5%，其次是重庆的 8%，深圳、广东、天津、湖北和福建最高，为 10%；另外使用的基数各地也不同，可以是排放量和配额量，而配额量分为初始配额和核发总配额。

3. 地域限制

各试点碳交易市场大多对地域进行了限制，大多为本试点地区内或与各试点合作或由试点指定的某些行业项目的省份；北京、湖北、广东、天津和福建有本地化要求。湖北本地化要求最高，最初要求 100%，后增添了长江中游城市群（湖北）区域的国家扶贫开发工作重点地区。广东的本地化要求为 70% 以上，北京的本地化要求为 50%，其中与北京市开展跨区域合作的河北省承德市的项目当作北京本地项目认定，不仅 CCER 项目优先，而且可出售碳汇项目和节能项目。

4. 项目类型限制

各试点碳交易市场均对项目类型进行了限制。比如水电项目由于高昂的开发成本和对生态环境的干扰被大部分市场排除在外；北京、广东、重庆、湖北、天津和福建均不允许使用水电项目，其中湖北只限制小型水电项目。北京禁止工业气体（氢氟碳化物、氟碳化合物、二氧化氮、六氟化硫）项目；广东要求只能使用二氧化碳、甲烷占项目减排量 50% 以上的项目，广东还限制除煤层气外的化石能源的发电、供热和余能利用项目。

5. 时效性限制

各试点碳交易市场大多对 CCER 设置了时效性限制（基于相关减排量产生的时间）。北京和上海对减排量时间有要求，必须是 2013 年 1 月 1 日后产生的。上海明确规定跨期项目不能使用，即所有核证减排量均应产生于 2013 年 1 月 1 日后。重庆对项目时间有限制，项目必须是 2011 年后投运的。广东尽管没有明确时间限制，但由于禁止 pre-CDM 项目❶的使用，实际上杜绝了绝大部分早期项目。

各试点碳交易市场要求核证自愿减排量的持有、变更、注销的注册登记均在相应地区的注册登记簿/注册登记平台进行，地区核证自愿减排量交易也只能在相应的地区碳交易市场进行。CCER 的持有、变更、注销的注册登记系统为国家自愿减排交易注册登记系统，CCER 的交易系在各地区碳交易市场进行，因此其交易场所为各地区碳排放权交易所（表 5.11）。

（三）处罚制度

在未履约的处罚上，试点碳交易市场也不尽相同。当企业违约时，北京碳交易市场是处市场均价 3~5 倍的罚款，天津碳交易市场处罚是限期改正且三年不享受优惠政策，上海碳交易市场是处罚款 5 万~10 万元，重庆碳交易市场是清缴期届满前一个月配额平均价的 3 倍，湖北碳交易市场是处 15 万元内市场价格 1~3 倍罚款并下年双倍扣除，广东碳交易市场

---

❶ pre-CDM 项目是申请签发 CDM 项目注册之前减排量的 CCER 项目。

是下年双倍扣除且罚款 5 万元，深圳碳交易市场是下年扣除且处市场均价 3 倍罚款。此外，只有上海碳交易市场将企业履约情况纳入企业信用记录，并及时通报公布且取消企业获取专项资金的资格。

表 5.11 各试点的项目类型、地域、时间等各种形式的限制

市场	信用类型	比例限制/%	类型限制	地域限制	时效限制
深圳	CCER	10	1. 可再生能源和新能源项目类型中的风力发电、太阳能发电、垃圾焚烧发电、农村户用沼气和生物质发电项目 2. 清洁交通减排项目 3. 海洋固碳减排项目 4. 林业碳汇项目 5. 农业减排项目	1. 风电、光伏、垃圾焚烧来自广东（部分地区）、新疆、西藏、青海、宁夏、内蒙古、甘肃、陕西、安徽、江西、湖南、四川、贵州、广西、云南、福建、海南等省（区） 2. 全国范围内的林业碳汇、农业减排项目 3. 其余项目类型需要来自深圳市和与深圳市签署碳交易区域战略合作协议的省份地区	暂无
上海	CCER	5	所属自愿减排项目应为非水电类项目	长三角以外地区产生的 CCER 抵消比例不超过 2%	2013 年 1 月 1 日后的减排量
北京	CCER、BCER	5	1. 可使用 CCERs、节能项目碳减排量和林业碳汇项目碳减排量 2. 氢氟碳化物（HFCs）、氟碳化合物（PFCs）、氧化亚氮（N_2O）、氟化硫（SF_6）项目及水电项目减排量排除在外	50% 以上来自北京，津、冀等与北京签署应对气候变化生态建设、大气污染防治等相关合作协议地区获得了优先权	2013 年 1 月 1 日后的减排量
广东	CCER、PHCER	10	1. CO_2 或 CH_4 气体的减排量占项目减排量 50% 的项目 2. 不能是水电项目，化石能源的发电、供热和余能利用项目	70% 以上来自广东	非 CDM 注册前产生的减排量
天津	CCER	10	仅来自减排 CO_2 气体的项目；非水电项目	50% 以上来自京津冀地区，津、京、冀地区获得优先权	2013 年 1 月 1 日后的减排量
湖北	CCER	10	农村沼气、林业类项目	来自长江中游城市群和湖北区域的贫困县（包括国定和省定）	2015 年 1 月 1 日后的减排量
重庆	CCER	8	1. 节约能源和提高能效 2. 清洁能源和非水可再生能源 3. 林业碳汇 4. 能源活动、工业生产过程、农业、废弃物处理等领域减排 5. 明确排除水电减排项目	全部来自重庆本地	2010 年 12 月 31 日后的减排量
福建	CCER、FFCER	10	1. 非水电项目产生的减排量 2. 仅来自二氧化碳（CO_2）、甲烷（CH_4）气体的项目减排量	来自福建省内	2005 年 2 月 16 日后开工建设

从处罚权限来看,深圳市和北京市以人大立法的形式通过了规范碳排放和碳交易的法律,其他试点碳交易市场均以地方政府规章的形式颁布了相关行政法规。从法律责任来看,各个试点地区规定的法律责任主要是限期改正和罚款两项。从内容来看,各个试点地区主要针对以下行为法律责任作出规定:一是控排企业虚报、瞒报或者拒绝履行排放报告义务;二是控排企业或核查机构不按规定提交核查报告;三是控排企业未按规定履行配额清缴义务;四是核查机构、交易机构、政府主管部门等不同主体有违法违规行为。各试点直接处罚及其他约束机制见表5.12。

表5.12 各试点直接处罚及其他约束机制

试点	报告日期	核查日期	履约日期	直接处罚	其他约束机制
深圳	3.31	4.30	6.30	强制扣除,不足部分从下一年度扣除,并处当月之前连续六个月配额平均价格3倍的罚款	1. 纳入信用记录 2. 五年内取消财政资助,暂停重大固定资产投资项目的核准备案 3. 通报国资监管机构,相关国资监管机构将碳排放控制责任纳入国有企业绩效考核评价体系
上海	3.31	4.30	6.30	责令履行配额清缴义务,并可处5万元以上10万元以下罚款	1. 记入信用信息记录,并向社会公布 2. 取消两年节能减排专项资金支持资格,以及3年内参与市节能减排先进集体和个人评比的资格 3. 不予受理下一年度新建固定资产投资项目节能评估报告表或者节能评估报告书
北京	4.15	5.15	7.31	按照市场均价的3～5倍予以处罚	暂无
广东	3.15	3.30	6.30	在下一年度配额中扣除未足额清缴部分2倍配额,并处5万元罚款	暂无
天津	4.15	5.15	6.30	暂未公布	3年内不得享受纳入企业的融资支持和财政支持优惠政策
湖北		6.30	7.30	对差额部分按照当年度碳排放配额市场均价予以一倍以上3倍以下的处罚,并在下一年度分配的配额中予以双倍扣除	1. 建立碳排放权履约黑名单制度,将未履约企业纳入相关信用信息记录 2. 通报国资监管机构 3. 不得受理未履约企业的国家和省节能减排项目的申报,不得通过该企业新建项目的节能审查
重庆	4.30	5.9	6.20		1. 三年内不得享受节能环保及应对气候变化等方面的财政补助资金,三年内不得参与各级政府及有关部门组织的节能环保及应对气候变化等方面的评先评优活动 2. 配额管理单位属本市国有企业的,将其违规行为纳入国有企业领导班子绩效考核评价体系
福建	3.30	5.30	6.30	下一年度配额中扣除未足额清缴部分2倍配额,并处以清缴截至日前一年配额市场均价1～3倍的罚款,但罚款金额不超过3万元	暂无

六、中国试点碳交易市场交易管理

(一) 交易准入

在市场参与者和准入条件方面,碳交易所一般实行会员制,市场参与者需要先申请成为会员方可在交易所内进行相关交易。交易所会员类型分为两种:一是直接参与到交易当中的会员,如综合会员、自营会员、经纪会员、试点企业会员;二是服务提供商会员,诸如服务会员、战略合作会员、合同能源管理会员等。

各交易所根据不同的市场参与者类型制定了不同的申请准入条件,一般来说控排企业直接成为自营会员,符合条件的机构投资者可以成为交易所会员。各交易所根据拟申请的会员类型或交易需求明确适用标准和要求。北京环境交易所的非履约机构参与者和上海环境交易所的自营会员、综合会员都必须为在中国境内经工商行政管理部门登记注册的法人;天津排放权交易所则规定其会员申请资格包括依法成立的中资控股企业;但是广州和重庆的交易所则只要求其会员为依法设立的企业法人、其他组织或个人;湖北碳排放权交易中心则明确规定会员可以为国内外机构、企业组织和个人(表 5.13)。

表 5.13 试点碳交易市场的投资者准入

区域性试点	准入条件
深圳	允许机构和个人参与。机构会员需要有 2 名以上具备本所签发的交易员资格证书或者具备碳资产管理能力的人员;自然人会员仅需要具有完全民事行为能力和固定居所
上海	允许机构和个人参与。机构注册资本不低于 100 万元且符合投资者适当性制度要求,若申请成为综合类会员还需 5 名以上碳排放专业人员且净资产不低于 1 亿元
北京	允许机构和个人参与。非履约机构交易参与人:注册资本大于 300 万元,设立满两年,从事金融、节能、环保、建筑和投资等经营活动。自然人交易参与人:个人金融资产大于 100 万元,具有较强投资经验和风险承受能力的北京户籍人员或北京常住人员
广东	允许个人和机构投资者参与交易,会员分为综合会员、经纪会员、自营会员、服务会员和战略合作会员。综合会员:金融类投资机构净资产不低于 3000 万元,其他类机构需拥有碳交易业务自营、所需技术系统和三年以上相关业务运作经验;4 名以上碳排放权交易责任人具有碳排放权交易业务知识或经广碳所从业能力培训。其他会员无注册资本或净资产的要求,仅要求具有业务资源和运作经验
天津	允许个人和机构参与。机构要求是中资企业,若为综合会员则需要注册资本大于 5000 万元,经纪会员需要大于 500 万元,个人仅要求金融资产不低于 30 万元且具备一定投资经验
湖北	个人和机构均可以参与。机构方面,成为湖北碳排放权交易中心经纪会员需要具备以下条件:300 万元注册资本,5 人以上具备 2 年以上碳资产管理经验或金融从业经验
重庆	允许投资机构和个人开户。机构要求:企业法人注册资本大于 100 万元,合伙企业及其他组织净资产大于 50 万元;拥有具备从事碳排放管理或交易相关知识的人员,具备一定的投资经验和较高风险识别与承担能力。个人要求:具备一定的投资经验和较高风险识别与承担能力且金融资产在 10 万元以上
福建	允许企业法人参与。实行会员制,会员分为交易类会员(综合会员、自营会员和公益会员)和非交易类会员(经纪会员、服务会员、战略合作会员)。具体会员管理办法按照海交中心碳排放权交易业务会员管理办法等相关制度执行。控排企业和新纳入项目业主(单位)直接成为自营会员;其他交易参与方参与碳排放权交易,应当取得海交中心碳排放权交易类会员资格或通过具有海交中心开户代理资格的综合会员或经纪会员开立交易账户

(二) 交易方式

从交易品种来说,主要包括地方市场的碳配额和核证自愿减排量(CCER),部分市场还将区域减排量和远期产品也纳入交易范围，如广东的普惠自愿减排量（PHCER）和上海的远期产品（SHEAF）。从成交的撮合机制来看，目前整体上碳排放权交易所主要采取连续竞价、大宗交易和拍卖等。其中连续竞价和大宗交易是主要交易方式，除天津以外所有的试点碳交易市场均有这两种交易方式。以深圳市场为例，挂牌点选是指交易参与人按其限定的价格进行委托申报，其他交易参与人按照时间优先和价格优先的原则对该委托进行点选成交的交易方式。单笔委托申报不能一次全部成交时，未成交部分继续参与当日交易，且交易参与人可以撤回未成交部分。大宗交易指的是单笔交易数量达到 1 万吨的交易，包括意向申报和成交申报。意向申报中的意向价格和意向数量只能作为意向参考，实际交易价格和数量需要等双方协商一致后以成交申报为准。

不同的交易方式在交易费用、涨跌幅限制和单笔申报门槛上存在诸多差异。连续竞价方式的单笔委托量较小，交易费率较高，同时涨跌幅限制较为严格。除上海的 3‰ 和湖北的 1‰ 以外，试点碳交易市场的连续竞价交易费率普遍在 6‰ 左右。除北京碳交易市场 20% 的涨跌幅限制以外，其余所有试点碳交易市场连续竞价的涨跌幅限制均为 10%。关于大宗交易的门槛，深圳、北京、湖北和重庆为 1 万吨，上海和广东为 10 万吨，天津为 20 万吨，福建未明确要求。除了天津的 10% 和北京无限制以外，其余试点碳交易市场均对大宗交易设置了 30% 的涨跌幅限制。此外，区域碳交易所都执行 T+1，且报价单位为 1 吨，最小变动价格为 0.01 元/吨（表 5.14）。

表 5.14 试点碳交易市场的交易方式

试点	交易品种	连续竞价		大宗交易			拍卖	
		名称	涨跌幅/%	门槛	名称	涨跌幅/%	名称	涨跌幅
深圳	SZA、CCER	挂牌点选	10	1 万吨	大宗交易	30	电子竞价	无
上海	SHEA、CCER、SHEAF	挂牌交易	10	10 万吨	协议转让	30		
北京	BEA、CCER、VER	公开竞价	20	1 万吨	协议转让			
广东	GDEA、CCER、PHCER	挂牌点选	10	10 万吨	协议转让	30	竞价转让	无
天津	TJEA、CCER、VER			20 万吨	协议交易	10	拍卖交易	起拍价 10%
湖北	HBEA、CCER、HBEAF	协商议价转让	10	1 万吨	定价转让	30		
重庆	CQEA、CCER	定价交易	10	1 万吨	协议转让	30		
福建	FJEA、CCER、FFCER	挂牌点选	10	无	协议转让	30	单向竞价、定价转让	无

（三）交易调控制度

为了保障碳排放权交易的平稳顺利进行，抑制市场操控和过度投机，防范化解碳交易中存在的潜在风险，试点碳交易市场制定了价格调控机制（表 5.15）。

表 5.15　试点碳交易市场的价格调控制度

试点碳交易市场	市场调控机制	来源
上海	市发展改革部门会同有关部门采取相应调控措施,维护碳排放交易市场的稳定;年度配额总量包括直接发放配额和储备配额	《上海市碳排放管理试行办法》《上海市2020年碳排放配额分配方案》
北京	每年不超过年度配额总量的5%作为调整量,用于控排企业配额调整及市场调节;当配额交易价格出现异常波动时,通过拍卖或回购等方式稳定交易价格,维护市场秩序	《北京市碳排放权交易管理办法(试行)》《北京市发展和改革委员会关于开展碳排放权交易试点工作的通知》
广东	配额总量由控排企业配额和储备配额构成,储备配额包括新建项目企业配额和调节配额	《广东省碳排放权配额首次分配及工作方案》
深圳	主管部门预留年度配额总量的2%作为储备配额,主管部门回购配额不得高于当年度有效流通配额数量的10%	《深圳市碳排放权交易管理暂行办法》
湖北	政府预留配额不超过碳排放配额总量的10%,主要用于市场调控和价格发现。其中,用于价格发现的不超过政府预留配额的30%	《湖北省碳排放权管理和交易暂行办法》
天津	在交易市场价格出现较大波动时以配额拍卖或固定价格出售方式稳定市场价格	《天津市碳排放权交易管理暂行办法》
重庆	配额管理单位获得的年度配额可以进行交易,但卖出的配额数量不得超过其所获年度配额的50%,通过交易获得的配额和储存的配额不受此限	《重庆市碳排放权交易管理暂行办法》

各试点碳交易市场参照股票交易市场和期货交易市场规则制定了诸如风险警示制度、配额最大持有量限制、大户报告制度、风险准备金制度等。同时大部分试点碳交易市场允许控排企业将本年度履约结束后剩余的碳排放配额留存至以后使用,其中深圳、上海、广东、重庆和福建对使用期限无限制,北京和天津则要求只能用于下一年度的履约,湖北碳交易市场要求对剩余配额予以注销(表5.16)。

表 5.16　试点碳交易市场的其他交易制度

试点碳交易市场	其他交易制度	配额存储与预借
深圳	大额交易监管、风险警示制度、涨跌幅限制	后续年度使用,不能预借
上海	涨跌幅限制、配额最大持有量限制、大户报告制度、风险警示制度和风险准备金制度	后续年度使用,不能预借
北京	最大持仓量限制制度、大户报告制度、风险警示制度	下年度使用,不能预借
广东	配额持有量限制制度	后续年度使用,不能预借
天津	全额交易资金制度、风险警示制度、风险准备金制度和稽查制度	下年度使用,不能预借
湖北	保证金制度、限仓制度、大户报告制度、强行转让制度、风险警示制度	予以注销,不能预借
重庆	卖出配额总量不得超过其所分配到的50%,通过交易获得或往年留存的配额不受此限制	后续年度使用,不能预借
福建	交易信息披露制度和风险管理制度	后续年度使用,不能预借

第三节　中国试点碳交易市场运行状况

一、中国试点碳交易市场运行特点

(一) 覆盖范围不断扩大

各试点碳交易市场根据区位条件和相关政策，针对行业特征设置覆盖排放源。除重庆外，其他碳交易市场仅将二氧化碳作为排放源，重庆碳交易市场将6种温室气体全部纳入。由此可见，重庆碳交易市场的覆盖排放源更广泛，减排要求更为严格，但广泛的覆盖排放源增加了对重庆碳交易的监管难度。

各地碳交易市场准入的行业，以工业和制造业为主，尤其将耗能企业，如电力、钢铁行业等的重点企业纳入碳排放权管控范围。2020年，中国碳交易市场纳入的企业共5328家，具有较大的市场规模和较高的流动性。其中湖北碳交易市场纳入的企业数量增速迅猛，而天津碳交易市场数量一直保持较为稳定的低速增长。不断扩大市场的覆盖范围，逐步纳入更多的小型排放企业。碳排放覆盖量与实际碳排放总量的比值为40%～50%，略低于国外碳交易市场的覆盖水平，而且覆盖范围正不断扩大。

从配额总量看，2020年广东碳交易市场设置的配额总量最为宽松，高达4.2亿吨。北京和深圳碳交易市场的配额总量设置较为紧张，其他碳交易市场的配额总量较为宽松，以鼓励企业参与碳交易为主要目的。天津碳交易市场与其他市场相比，行业碳排放总量较高，约占区域碳排放总量的60%。北京、上海和深圳碳交易市场则将服务业纳入，且占一定比重。深圳碳交易市场纳入行业还覆盖交通行业。纳入行业种类的丰富性对增强碳交易市场的流动性，激发市场的活力能够发挥重要作用。

(二) 交易规模呈上升趋势

从碳交易市场整体看，碳交易市场累计成交量呈上升趋势。从增长率看，在市场成立初期，成交增长率快速提升，随着成交量不断增加，增长率有所降低。从2013年6月首个碳交易市场启动至2021年6月，市场累计成交量达4.8亿吨二氧化碳当量，成交额高达114亿元。2021年7月16日，全国统一碳交易市场启动交易，实现成交量410.4万吨。

从单个碳交易市场看，广东、深圳、湖北和重庆碳交易市场的交易量总体呈现逐步增长的趋势，北京、上海和天津碳交易市场呈现显著的交易周期性。从成交总量看，湖北碳交易市场的成交量及成交额最高，其交易总量占全国的28.35%，成交均价与全国均价水平最接近；其次是广东和深圳碳交易市场，2020年的交易量分别达到2836.2万吨和1260.91万吨，占全国的比重分别为25.27%和22.31%。在建设全国统一碳交易市场过程中，各地碳交易市场的成交量呈现一定幅度的变化。福建碳交易市场成立相对较晚，但发展速度较快。目前，中国碳交易市场成交量逐步增加，碳减排的成果初步显现。

(三) CCER成交量上升带动碳减排项目发展迅速

2017年，中国暂停对核证自愿减排量（CCER）的核准，但近3年存量CCER的成交量依然较为活跃。以广东碳交易市场为例，在核准CCER项目的基础上，广东推出碳排放权配额（GDEA）项目，同时开发减排产品碳普惠核证自愿减排量（PHCER）。CCER项目为中国碳交易市场开发的产品提供补充,能够与碳交易产生协同作用,实现中国减排目标。福建碳交易市场虽然发展较晚,但 CCER 成交量与其他碳交易市场相比毫不逊色,2020 年实现 CCER 成交量 151.72 万吨,交易总额达 2547.52 万元,其中福建林业碳汇(FFCER)是其优势项目,成交量高达 141.19 万吨,累计实现 2074.44 万元。因此在碳交易市场的带动下,中国的 CCER 项目发展迅速,产生较好的减排效果,为中国碳减排目标作出巨大贡献。

(四)碳交易市场波动性较大

碳交易市场的波动性主要表现为碳价的不稳定性,从而对交易量产生影响。在碳交易市场成立的早期阶段,鉴于市场尚未成熟,相关交易机制尚不完善,市场的交易价格非常不稳定,碳排放权的价格和交易量波动较大,同时各碳交易市场价格差别较大。例如,2014 年,深圳碳交易市场的碳价最高,达 65.24 元/吨,天津碳交易市场的碳价最低,仅为 20.28 元/吨。随着碳交易市场的不断完善,市场间的碳价差距呈现逐渐缩小的趋势。

中国试点碳交易市场碳价与国际市场相比普遍较低,不同试点成交量差异大。从横向碳价对比来看,中国试点碳价普遍偏低,中国试点碳价历史最高点为 122.97 元/吨(深圳),最低点为 1 元/吨(重庆);而欧盟 EUA 碳排放配额现货碳价历史最高点为 47.91 欧元/吨(折合人民币约 380 元/吨),最低点为 2.68 欧元/吨(折合人民币约 22 元/吨)。从纵向碳价对比来看,2013—2021 年全国碳价呈现出先下降后回升的趋势,2021 年各试点碳价有趋同趋势;各试点中湖北、天津碳价相对稳定,北京、深圳、广东波动幅度较大,重庆、天津碳价常年较低。从碳成交量和成交额来看,广东、湖北、深圳交易量处于碳交易市场前列。截至 2020 年底,总交易量分别为 151 万吨二氧化碳、72 万吨二氧化碳、45 万吨二氧化碳;北京、上海处于中等规模;而重庆与天津的成交量与成交额的规模都相对较小,与前面碳价低迷相对应。

二、中国试点碳交易市场面临的挑战

(一)市场准入机制以履约为驱动

中国试点碳交易市场履约率均较高,反映出中国碳交易市场的运行主要是以履约为目的,市场化运行通道尚未畅通。

1. 碳交易市场履约率

碳交易市场发展的市场化程度不高,交易缺乏流动性,市场参与主体存在明显的以履约为驱动的特征。从履约率来看,中国试点碳交易市场履约成效良好,上海、北京、广东、天津、湖北等碳交易市场多个年度均实现 100% 履约,福建碳交易市场 2017 年度履约率达 100%,深圳碳交易市场履约率均在 99% 以上。从履约期来看,试点碳交易市场履约日集中在 6 月份,因此交易多集中在履约期附近,出现碳交易潮汐现象。以 2018 年数据为例,碳交易试点在 5～7 月(即履约期附近月)的碳交易市场交易量均占全年交易量的 40% 以上。其中除湖北和广东外,其他省市 5～7 月的交易量占比均超过 60%。以履约为驱动的特征表现出中国碳交易市场活跃度不足的现状,控排企业参与碳交易市场主要以完成履约为目的,导致试点碳交易市场普遍存在履约推迟的现象。随着试点碳交易市场的不断发展,交易集中度有所降低,显示出控排企业加强碳排放管理的自主性逐渐提高。

2. 市场准入机制覆盖行业

碳交易市场的活跃度不足的主要原因在于市场准入机制存在问题,覆盖行业和参与的市场主体较为单一。从覆盖行业来看,试点碳交易市场主要以工业为主,全国统一碳交易市场初期仅纳入电力行业，尚有占全国碳排放60%的其他行业、企业暂未纳入全国统一碳交易市场统一管理。在此情况下，为了活跃碳交易市场，不得不降低入场门槛。对于部分企业来说，减排的边际成本过高导致其没有主动参与碳交易市场的意愿，因此参与碳交易市场的主要目的是完成履约。从参与主体来看，试点碳交易市场中机构投资者和个人投资者被允许参与碳交易，但全国统一碳交易市场的主要参与者为控排履约企业，碳交易尚未对碳交易公司、金融机构和个人投资者等市场主体开放，当前中国碳金融市场参与度还远远不够，专业化投资群体不发达，碳金融发展缺乏专业或长期资金支持。

（二）价格发现机制缺乏引导

当前碳交易市场碳价仅反映企业在短期内对配额的需求，并未反映碳交易市场的长期供需关系，碳价信号尚不能真正发挥对节能减排和低碳投资的引导作用。

1. 由供需决定的碳价无法反映出真正的减排成本

当前中国的碳交易市场还是以强制性参与为主，市场交易以政府为主导，控排企业以履约为主要目的，会出现碳成交量潮汐现象，无法形成真正的市场价格，市场调节作用较弱，控排企业也就无法了解碳配额的真正价值，导致交易意愿不强，市场流动性不足，由此形成恶性循环。

2. 配额总量设定未能体现配额的稀缺性，导致碳价偏低

如果碳排放配额总量的设定较为宽松，并且履约主体通过初始分配取得的碳排放配额数量超过了其实际的温室气体排放需求，则会造成配额过度分配，进而导致配额价格低迷甚至零交易。中国的碳配额总量设置较为宽松，企业不需要通过"配额交易"等二级市场行为来完成履约，因此也无法激励企业积极参与节能减排。

3. 碳价的差异性使得跨区域交易存在困难

从国内市场来看，试点碳交易市场的碳价存在一定差异，如北京碳交易市场碳价最高，而其他试点碳交易市场碳价过低，均未能真实地反映控排企业减排的成本与收益；相比国际市场碳价，中国碳价运行处于低位。从国际碳交易市场发展经验来看，国家和地区间碳交易市场的链接，可以在更广范围及经济领域内有效发现统一碳价，提高减排效率，降低减排成本。碳交易市场融合不仅要统一全国碳交易市场，更需要融入国际碳交易市场。

（三）碳金融产品体系创新不足

中国的碳金融市场还处于初级发展阶段，碳金融产品存在种类和创新度不足、产品标准化程度不高、创新产品的复制性不强和区域发展不平衡等问题。

1. 碳金融产品的创新不足制约碳交易市场的规模化发展

目前中国碳交易方式主要为现货交易，尚未构建期权或者期货交易，这在一定程度上制约了中国碳交易的活跃程度；从市场产品来看，主要产品为碳现货，相关碳金融产品的创新尚显不足。

2. 碳金融产品的交易不足制约碳交易市场的规模化发展

各试点市场积极开展碳金融衍生产品和涉碳融资工具的探索性尝试，涌现出碳债券、碳基金、配额回购融资、碳排放权抵质押贷款、碳结构性存款、碳汇保险等碳金融产品，但产品发行数量少，属于零星试点状态，尚未成为常态，规模化交易尚不多见。碳金融产品种类少导致金融机构难以有效介入开展规模化交易，严重影响了试点碳交易市场的活跃度，市场流动性明显不足。

(四）监管约束机制不完善

当前中国碳交易市场在标准建立、核查体系、信息披露及惩罚力度等方面都存在进步的空间。

1. 碳排放监测技术相对过时

在排放量核查、计量等方面没有相应的行业标准，与国际接轨程度不够。中国目前的碳排放核算方法仍以1996年《IPCC国家温室气体清单指南》为主，监管部门虽然发布了核算指南等技术文件，但并未提出统一明确和具有可操作性的执行规范要求，企业只能依托现行传统的数据收集体系开展工作，缺乏技术指南和标准的有效支撑。

2. 碳交易市场核查机构体系尚未完善，交易中介和服务机构法律授权不明

中国目前MRV体系在法律上、核算方法上、核查方式上相比国外都有所欠缺。中国碳交易市场法律法规相对滞后，在全国人大层面设立相关的法律法规依然是空白。核查方式上，目前主要依据相应的核查指南采用第三方机构进行现场核查的方式开展工作。另外各行业指南还未达成一致，导致很多企业不清楚具体核查情况。通过政府购买服务方式可能导致政府委托的第三方机构的独立性受损及产生寻租行为。

3. 当前中国碳排放信息披露处于初级发展阶段，信息披露制度不完善

中国碳交易市场的成交情况能够在中国碳排放权交易网和当地的政府网站上获取，虽然在一定程度上对碳交易市场交易信息进行了披露，但是像配额总量和具体分配情况等并未完全公开。信息的披露不足，致使碳交易市场的建设不能公开、透明，使监管机构、投资者和公众都无法获得准确的信息，市场参与者也因得不到有效的信息而放弃交易，从而在很大程度上影响了碳交易市场的发展前景。

4. 监管部门对于未履行控排义务的企业惩罚力度偏低，企业主体责任难以落实

惩罚力度较低导致大多数企业尚未建立内部排放控制及监管体系，数据质量依赖外部核查，导致企业对自身碳排放情况认识不够，严重影响其设定和实现减排目标。

本章小结

本章介绍了中国碳交易市场顶层设计及地方实践，其遵循由"试点"走向"全国"的设计理念。在此基础上，各试点碳交易市场组织相关部门开展基础工作，包括设立专门管理机构，制定地方法律法规，确定总量控制目标和覆盖范围，建立温室气体排放测量、报告和核查（MRV）制度，制定配额分配方案，建立和开发交易系统和注册登记系统，建立市场监管体系，以及进行人员培训和能力建设等。总体来看，我国八个试点碳交易市场差异较大，运行效果也不尽相同，不同碳交易市场的配额分配机制、MRV监管机制及违约处罚等存在较大的差异。最后根据中国试点碳交易市场运行状况，总结了中国试点碳交易市场运行特点及在市场准入机制、价格发现机制、碳金融产品体系及监管约束机制上所面临的挑战。

思考题

1. 简述配额构成的四个类别。
2. 分析各试点碳交易市场碳信用抵消的适用条件差异。
3. 各试点碳交易市场管理办法规定承担法律责任行为有哪些？
4. 简述中国试点碳交易市场运行特点。
5. 简述中国试点碳交易市场面临的挑战。

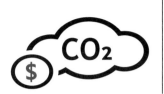

第六章
全国统一碳交易市场

 本章学习要点

本章学习全国统一碳交易市场（或称全国碳市场）建设过程及全国统一碳交易市场政策体系、参与主体、支撑体系和运行机制；重点学习全国统一碳交易市场基本要素，包括覆盖范围、配额管理、MRV机制、交易管理和监管机制，并分析全国统一碳交易市场运行状况、存在问题和完善策略。

第一节 全国统一碳交易市场建设过程

一、全国统一碳交易市场准备阶段（2013—2017年）

2013年11月，《中共中央关于全面深化改革若干重大问题的决定》将碳排放权市场建设纳入全面深化改革的重点任务之一。2014年12月，国家发改委发布《碳排放权交易管理暂行办法》，明确全国统一碳交易市场发展方向，规范碳交易市场的建设和运行。另外，国家发改委办公厅分别于2013年10月、2014年12月、2015年7月分三批就24个行业发布行业企业温室气体排放核算方法与报告指南，具体包括《关于印发首批10个行业企业温室气体排放核算方法与报告指南（试行）的通知》《关于印发第二批4个行业企业温室气体排放核算方法和报告指南（试行）的通知》和《关于印发第三批10个行业企业温室气体排放核算方法和报告指南（试行）的通知》，作为行业企业温室气体排放核算的基础性依据。

2017年12月18日，国家发改委印发《全国统一碳交易市场建设方案（发电行业）》，明确了全国统一碳交易市场建设的指导思想和主要原则，明确了将碳交易市场作为控制温室气体排放政策工具的工作定位，明确了以发电行业为突破口率先启动全国碳排放权交易体系，分阶段、有步骤地推进碳交易市场建设。同年12月19日，国家发改委组织召开全国碳排放权交易体系启动工作电视电话会议，会议就落实《全国统一碳交易市场建设方案（发电行业）》要求、推动全国统一碳交易市场建设作了动员部署，全国碳排放权交易体系建设正式启动。

二、全国统一碳交易市场建设阶段（2018—2020 年）

全国统一碳交易市场的建设包括制度体系建设、系统建设和能力建设。制度体系建设方面，与区域性碳交易市场制度体系类似，全国统一碳交易市场的制度体系建设涵盖顶层设计、碳排放监测、报告与核查（MRV）、碳配额管理和市场交易相关制度。系统建设方面，一是数据报送系统，全国统一、分级管理，用于控排企业碳排放数据的报送；二是注册登记系统，用于记录碳排放配额的持有、变更、清缴、注销等信息，并提供结算服务；三是交易系统，用于开展全国碳排放权集中统一交易，提供交易服务和综合信息服务。

三、全国统一碳交易市场正式启动阶段（2021 年）

2021 年 7 月 16 日，全国统一碳交易市场正式启动，发电行业成为首个纳入全国统一碳交易市场的行业，纳入发电行业控排企业 2162 家，覆盖近 45 亿吨二氧化碳排放量。全国统一碳交易市场成为全球覆盖温室气体排放量规模最大的市场，以及全球配额规模最大的碳交易市场。在保证全国统一碳交易市场初期稳定运行的前提下，在全国统一碳交易市场不断成熟的情况下，以电力行业为起点，未来逐步向石化、化工、建材、钢铁、有色金属、造纸和国内民用航空等行业拓展，实现更全面的碳管控机制。

2022 年 1 月，全国统一碳交易市场第一个履约周期顺利结束。截至 2021 年 12 月 31 日，全国统一碳交易市场已累计运行 114 个交易日，碳排放配额累计成交量 1.79 亿吨，累计成交额 76.61 亿元。

第二节　全国统一碳交易市场体系建设

全国统一碳交易市场是通过市场机制控制碳排放的政策工具，是控排企业对国家分配的碳排放配额进行交易的市场。应当明确碳交易市场政策体系、参与主体、支撑体系及运行机制等，初步奠定中国碳排放权交易的制度体系，为全国统一碳排放权交易的开展奠定制度基础。

一、全国统一碳交易市场政策体系

2014 年 5 月，国务院印发了《2014—2015 年节能减排低碳发展行动方案》，确保全面完成"十二五"规划提出的节能减排降碳目标，不仅对各地区节能减排降碳确立了具体的指标，也推出了"推进碳排放权交易试点，研究建立全国统一碳交易市场"的市场化节能减排机制，以扶持节能减排低碳发展的行动。

2015 年 9 月，中共中央、国务院印发《生态文明体制改革总体方案》。针对健全环境治理和生态保护市场体系的建设，该方案提出深化碳排放权交易试点，逐步建立全国统一碳交易市场，研究制定全国碳排放权交易总量设定与配额分配方案，完善碳交易注册登记系统，建立碳交易市场监管体系。

2016 年 1 月，发改委发布《关于切实做好全国统一碳交易市场启动重点工作的通知》，为各省、自治区、直辖市及计划单列市等区域、有关行业协会、有关中央管理企业启动全国统一碳交易市场前的重点准备工作制定了工作目标与工作任务，并提出了组织、资金、技术等多方面的保障措施。

2016年3月，全国人民代表大会审议通过《中华人民共和国国民经济和社会发展第十三个五年规划纲要》，提出了"建立健全用能权、用水权、碳排放权初始分配制度并创新有偿使用、预算管理、投融资机制，培育和发展碳交易市场"的资源高效利用机制。

2017年12月，发改委发布了《全国统一碳交易市场建设方案（发电行业）》，该建设方案的颁布也意味着中国正式迈出了建设碳交易市场的第一步。在方案中，也首次确立了"先易后难、循序渐进""协调协同、广泛参与""统一标准、公平公开"的基本原则，要求分阶段、有步骤地推进碳交易市场建设并在发电行业率先启动全国碳排放权交易体系。

2020年12月，生态环境部发布《2019—2020年全国碳排放权交易配额总量设定与分配实施方案（发电行业）》《纳入2019—2020年全国碳排放权交易配额管理的控排企业名单》以及《碳排放权交易管理办法（试行）》，并于2021年2月正式生效并施行，旨在规范全国的碳排放权交易及相关活动，包括碳排放配额分配和清缴，碳排放权登记、交易、结算，温室气体排放报告与核查等活动以及对前述活动的监督管理。同时，生态环境部按照相关规定，组织建立全国碳排放权注册登记机构和全国碳排放权交易机构并且组织建设全国碳排放权注册登记系统和全国碳排放权交易系统。自2021年1月1日起，全国统一碳交易市场发电行业的第一个履约周期正式启动，待发电行业碳交易市场稳定运行后，将逐步纳入电力、化工、建材、钢铁、有色金属、造纸、航空等多个行业。

2021年1月，生态环境部在《关于统筹和加强应对气候变化与生态环境保护相关工作的指导意见》中提出要全力推进碳达峰行动，要加快全国统一碳交易市场制度建设、系统建设和基础能力建设，以发电行业为突破口率先在全国上线交易，逐步扩大市场覆盖范围，推动区域碳排放权交易试点向全国统一碳交易市场过渡。

2021年2月，国务院发布《关于加快建立健全绿色低碳循环发展经济体系的指导意见》，并指出要进一步健全排污权、用能权、用水权、碳排放权等交易机制；加快建立初始分配、有偿使用、市场交易、纠纷解决、配套服务等制度，做好绿色权属交易与相关目标指标的对接协调。

2021年2月至5月间，生态环境部连续颁布了《碳排放交易管理办法（试行）》《碳排放权结算管理规则（试行）》《碳排放权交易管理规则（试行）》及《碳排放权登记管理规则（试行）》，明确应建设全国碳排放注册登记和交易系统，组织开展全国碳排放权集中统一交易，进一步推进了全国统一碳交易市场的发展。企业年度温室气体排放量达到2.6万吨二氧化碳当量，折合能源消费量约1万吨标煤，即纳入温室气体控排企业，应当控制温室气体排放、清缴碳排放配额、公开交易等信息并接受监管。并规范全国碳排放权登记、交易、结算活动，自此中国的碳排放权交易进入全国统一规范、统一交易的发展期。

2021年6月22日，上海环境能源交易所股份有限公司作为全国碳排放交易机构负责全国碳排放权的统一交易，发布了《关于全国碳排放权交易相关事项的公告》。在该公告中，碳排放配额（CEA）交易的场所、方式、时段等事项被正式确立。至此，全国统一碳交易市场正式进入市场化运作阶段。

目前，《碳排放权交易管理暂行条例》还未正式出台。顶层法规的颁布能够强化碳排放权交易体系相关方的权利与责任、处罚机制、碳交易市场交易规则等，将形成一套以国务院《碳排放权交易管理暂行条例》为根本，以生态环境部相关管理制度为重点，以交易所规则为支撑的政策制度体系，保障碳交易市场交易的平稳、长期运行（图6.1）。

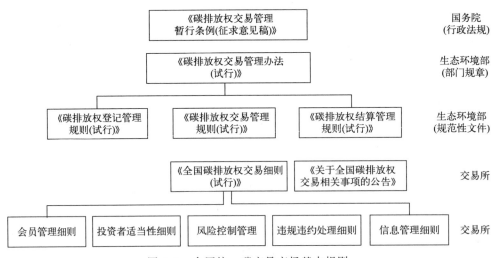

图 6.1　全国统一碳交易市场基本规则

为构建稳定、高效的全国碳交易体系，还需建立一套完整且健全的监管制度。常见的监管制度有规则规范监管制度、市场准入制度、交易行为监管制度和信息披露监管制度等，相应的监管制度结合相应的市场调控措施，能够有效完成对碳交易市场交易行为的管控。

二、全国统一碳交易市场参与主体

参与主体主要包括主管部门和纳管的控排企业，以及第三方机构、符合交易条件的其他机构和个人。其中，主管部门负责清缴履约的监管、交易的监管等监督管理，控排企业主要是参与交易，第三方机构在核查方面起到重要作用（图6.2）。

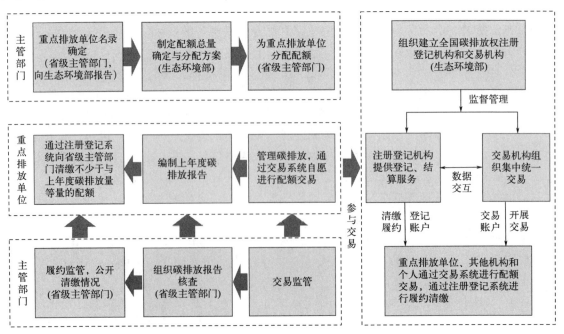

图 6.2　全国统一碳交易市场参与主体及基本流程

从试点经验来看，参与主体的多元化提高了区域性碳交易市场的活跃度和流动性。投资机构的引入和数量增加体现了市场开放程度的扩大，参与主体的多元化有利于提供足够的交易对手，从而有效提高碳交易市场的交易活跃度，对市场价格的形成起到一定的促进作用。同时，机构投资者能够为企业提供专业化的碳资产管理，有助于分散市场价格波动风险，进一步提升资产利用率和定价效率。

三、全国统一碳交易市场支撑体系

为保障全国统一碳交易市场有效运行，组织建立的碳交易支撑系统主要有三个，分别是碳排放数据报送系统、碳排放权交易系统、碳排放权注册登记系统。碳排放数据报送系统记录控排企业碳排放相关数据，是控排企业上报排放数据、管理部门对排放数据进行分析管理的系统，实行全国统一、分级管理，当前已上线使用。交易系统保障全国统一碳交易市场配额集中统一交易，注册登记系统记录全国统一碳交易市场碳排放配额的持有、变更、清缴、注销等信息，并提供结算服务（图6.3）。

全国统一碳交易市场已形成"双城模式"体系，碳排放权交易平台/中心设于上海，由上海环境能源交易所承担全国碳排放权交易系统账户开立、系统运行维护和信息管理；碳配额登记系统设于湖北武汉，由湖北碳排放权交易中心承担全国碳排放权注册登记系统账户持有、变更、清缴、注销的登记等工作。北京绿色交易所作为全国温室气体自愿减排交易中心，以及全球绿色金融和可持续金融中心的基础设施，将对全国统一碳交易市场的"双城体系"形成重要补充，有利于完善全国碳交易平台体系，促进全国统一碳交易市场能力建设和碳交易产品、交易机制的创新。

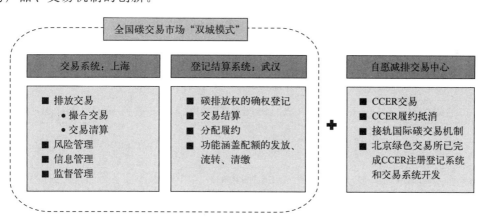

图6.3 全国统一碳交易市场"双城模式"

（一）碳排放数据报送系统

碳排放数据报送系统由综合管理、数据报告与监测、核算方法与规则管理、数据质量控制与审核、数据分析与发布五大子系统构成，是集控排企业温室气体排放数据报告与审核，国家、省（市）级生态环境主管部门温室气体排放报告管理，温室气体排放方法学管理，排放数据综合分析与发布等需求为一体的综合性温室气体管控工具，系统配套制度有系统元数据标准、数据交换技术规范等规范性文件，可供其他系统开展数据交换服务。

（二）碳排放权交易系统

碳排放权交易系统是为了支撑整个碳排放权交易的具有网上开户、客户管理、交易管理、挂单申报、撮合成交、行情发布、风险控制、市场监管等综合功能的电子系统。该系统组织碳排放产品的挂单、撮合与成交；实时发布每日碳排放权交易的行情信息和市场历史信息，负责对交易行为进行监控并发出预警。交易系统是全国唯一的集中交易平台，汇集所有交易指令，统一配对成交。注册登记系统对接交易系统和结算银行，根据交易系统成交结果开展清算交收。

（三）碳排放权注册登记系统

碳排放权注册登记系统是指为各类市场主体提供碳排放配额法定确权登记、结算和注销服务，实现配额分配、清缴及履约等业务管理的电子系统。总体来说，注册登记系统是统一存放全国统一碳交易市场中碳资产和资金的"仓库"。通过制定注册登记相关制度及其配套业务管理细则，对注册登记系统及其管理机构实施监管。注册登记系统使用用户包括各级主管部门、登记结算管理机构以及控排企业等市场参与主体。

注册登记系统记录是判断碳排放配额归属的最终依据。控排企业及符合规定的机构和个人，是全国碳排放权登记主体。登记主体可以通过注册登记系统查询碳排放配额持有数量和持有状态等信息。全国碳排放权注册登记机构负责全国碳排放权交易的统一结算，管理交易结算资金，防范结算风险。结算规则明确，全国碳排放权注册登记机构应当选择符合条件的商业银行作为结算银行，并在结算银行开立交易结算资金专用账户，用于存放各交易主体的交易资金和相关款项（图6.4）。

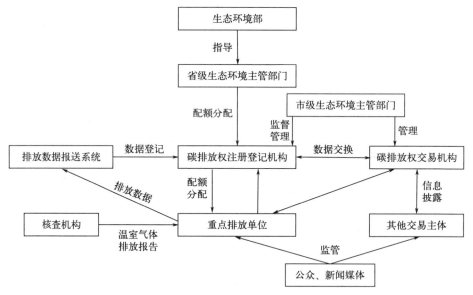

图 6.4　全国统一碳交易市场支撑体系及其运作

四、全国统一碳交易市场运行机制

全国统一碳交易市场运行主要包括碳排放数据核算、报告与核查，配额分配与清缴，市场交易监管等环节。纳入市场的控排企业需每年核算并报告上一年度碳排放相关数据，并接受政府组织开展的数据核查，核查结果作为控排企业配额分配和清缴的依据。国家在综合考虑控排企业生产排放需求、技术水平和国家减排需要的基础上，给予控排企业一定的碳排放配额，作为其获得的规定时期内排放额度，该额度可能大于也可能小于控排企业的实际排放需求。控排企业在获得配额后,可结合自身实际,通过碳交易市场对配额进行买卖,但需在履约截止日期前,提交不少于自身排放量的配额用于履约。

《碳排放权交易管理办法(试行)》规定,由生态环境部制定全国碳排放权交易及相关活动的管理规则,加强对地方碳排放配额分配、温室气体排放报告与核查的监督管理,并会同有关部门对全国碳排放权交易及相关活动进行监督管理和指导。省级生态环境部门负责在本行政区域内组织开展碳排放配额分配和清缴、温室气体排放报告的核查等相关活动并进行监督管理。设区的市级生态环境主管部门负责配合省级生态环境主管部门落实相关具体工作,并根据有关规定实施监督管理。控排企业报告碳排放数据,清缴碳排放配额,公开交易及相关活动信息,并接受生态环境主管部门的监督管理。全国碳排放权注册登记机构和全国碳排放权交易机构应当遵守国家交易监管等相关规定,建立风险管理机制和信息披露制度,制定风险管理预案,及时公布碳排放权登记、交易、结算等信息,碳交易市场通过市场机制形成价格信号,引导碳减排资源的优化配置,从而降低全社会减排成本,推动绿色低碳产业投资,引导资金流动(图6.5)。

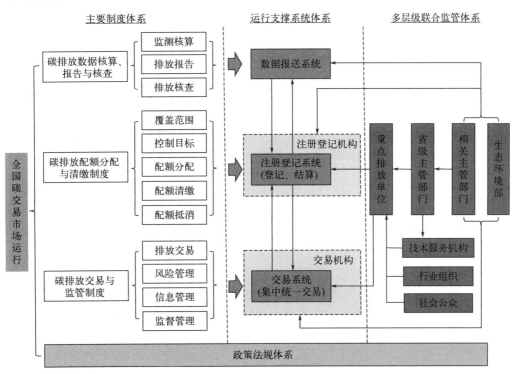

图 6.5　全国统一碳交易市场运行机制

第三节　全国统一碳交易市场基本要素

全国统一碳交易市场建立在法律法规的基础之上,其基本要素可以分为覆盖范围、配额管理、MRV 机制、交易管理和监管机制五个方面。其中覆盖范围又包含对碳排放总量的控制和对覆盖行业的要求;配额管理包含分配方案和清缴履约两方面,围绕主管机构和纳管企业开展；MRV 机制包含核算与报告、第三方核查，涉及纳管企业的管理和第三方机构的管理；交易管理包括交易规则和风险管理，需依托支撑系统运行；监管机制包含监督管理和法律责任两部分（图 6.6）。

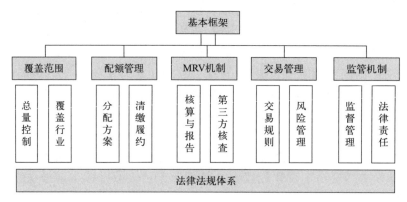

图 6.6　全国统一碳交易市场制度框架体系

一、全国统一碳交易市场覆盖范围

建立全国统一碳交易市场的第一要素是明确全国碳交易体系的覆盖范围，这对总量设定、配额分配、配额交易，以及监测、报告与核查等有直接影响。同时，全国统一碳交易市场的覆盖范围也确定了其规模，度量了中国碳排放权交易体系为碳达峰碳中和所作的贡献。碳交易市场的覆盖范围包括两方面：气体范围和行业范围。气体范围决定了碳交易市场覆盖的温室气体种类，而行业范围决定了纳入交易体系管控的行业。

（一）气体范围

根据 2021 年生态环境部颁布的《企业温室气体排放核算方法与报告指南　发电设施》中所定义的温室气体，目前仅纳入 CO_2，暂未纳入其他温室气体。在全国统一碳交易市场建设初期，仅纳入 CO_2 有两个好处：一是与其他温室气体对比，CO_2 占中国温室气体总排放量的 80% 左右，通过市场化方法控制 CO_2 排放，有利于实现国家减排目标；二是 CO_2 更容易进行高质量监督、报告和监测，方便国家进行监管。根据排放源类别不同可分为直接排放和间接排放两种，即直接燃烧化石燃料产生的碳排放和间接使用电力与热力产生的碳排放。国家将直接排放和间接排放两类排放源列入覆盖范围，有助于促进电力消费部门进行减排。

（二）行业范围

2016 年，国家发改委办公厅发布《关于切实做好全国统一碳交易市场启动重点工作的通知》，确定全国统一碳交易市场第一阶段纳入的重点排放行业为石化、化工、建材、钢铁、有色金属、造纸、电力、航空八大行业，参与主体为 2013 年至 2015 年中任意一年综合能源消费总量达到 1 万吨标准煤以上（含）的企业法人单位或独立核算企业单位。

2017 年，国家发改委办公厅发布《关于做好 2016、2017 年度碳排放报告与核查及排放监测计划制定工作的通知》，明确纳入碳排放权交易的重点排放行业具体子类（表 6.1），纳入的企业范围为 2013 年至 2017 年任一年温室气体排放量达 2.6 万吨二氧化碳当量（综合能源消费约 1 万吨标准煤）及以上的企业或者其他经济组织。自备电厂（不限行业）视同发电行业企业纳入工作范围。2020年12月25日生态环境部发布的《碳排放权交易管理办法（试行）》第八条规定，属于全国统一碳交易市场覆盖行业且年度温室气体排放量达到2.6万吨二氧化碳当量的温室气体排放单位，应当列入控排企业名录（表6.1）。

表6.1 全国碳排放权交易覆盖行业及代码

行业	行业代码	行业子类
石化	2511、2614	原油加工(2501)、乙烯(2602010201)
化工	2619、2621	电石(2601220101)、合成氨(260401)、甲醇(2602090101)
建材	3011	水泥熟料(310101)
	3041	平板玻璃(311101)
钢铁	3120	粗钢(3206)
有色金属	3216	电解铝(3316039900)
	3211	铜冶炼(3311)
造纸	2211、2212、2221	纸浆制造(2201)、机制纸和纸板(2202)
电力	4411	纯发电热电联产
	4420	电网
航空	5611、5612、5631	航空旅客运输、航空货物运输、机场

满足以下条件的温室气体排放单位，才可被列入国家温室气体控排企业名录，由国家分配碳排放配额，并参与交易：①属于全国统一碳交易市场覆盖行业。②年度温室气体排放量达到2.6万吨二氧化碳当量。计划覆盖行业包括电力、钢铁、石化、化工、建材、有色金属、造纸和航空，目前能够参与全国统一碳交易市场的被纳入企业仅限于发电行业企业，剩余七大重点能耗行业（即石化、化工、建材、钢铁、有色、造纸和民航）正在开展碳排放数据相关报告核查工作，有望将来被逐步纳入，后续将按照稳步推进的原则，成熟一个行业，纳入一个行业，其余各大能源密集型行业将在未来逐步纳入全国统一碳交易市场覆盖范围，未来八大行业控排企业有8000~10000家。

国家发改委发布《全国统一碳交易市场建设方案（发电行业）》，要求将发电行业作为首批纳入行业，率先启动碳排放权交易。2020年底，生态环境部印发《2019—2020年全国碳排放权交易配额总量设定与分配实施方案（发电行业）》，明确规定："根据发电行业（含其他行业自备电厂）2013—2019年任一年排放达到2.6万吨二氧化碳当量（综合能源消费量约1万吨标准煤）及以上的企业或者其他经济组织的碳排放核查结果，筛选确定纳入2019—2020年全国统一碳交易市场配额管理的控排企业名单，并实行名录管理。"全国统一碳交易市场第一个履约周期纳入发电行业控排企业2162家，年均CO_2排放量近45亿吨。

作为首个被纳入全国统一碳交易市场的行业，国家考虑到发电行业相比其他排放行业拥有两个方面的优势。一是直接碳排放量大。发电行业依赖煤炭燃烧发电，而煤炭燃烧产生的二氧化碳排放总量达45亿吨，占中国碳排放总量的比例较高。将发电行业纳入全国统一碳交易市场，是推动中国碳排放尽早达峰的重要措施。二是管理制度健全。发电行业相较其他行业产品类型单一，排放数据更精确且管理更规范。这使全国统一碳交易市场的配额分配更加便利，能够为未来其他行业的纳入打下坚实的基础。

（三）总量控制

生态环境部发布的《2019—2020年全国碳排放权交易配额总量设定与分配实施方案

（发电行业）》第三条规定，省级生态环境主管部门需要根据本行政区域内控排企业当年的实际产出量、配额分配方法及碳排放基准值核定各控排企业的配额数量，然后将核定后的本行政区域内各控排企业配额数量进行加总，形成省级行政区域配额总量。将各省级行政区域配额总量进行加总，最终确定全国配额总量。在省级生态环境主管部门确定碳配额后，控排企业会得到书面通知，如对配额有异议可以向省级生态环境主管部门提交复核申请（表6.2）。

表 6.2　各层级配额总量确定方法

配额总量	确定方法
控排企业层面	省级生态环境主管部门确定碳排放配额后，应当书面通知控排企业。控排企业对分配的碳排放配额有异议的，可以自接到通知之日起7个工作日内，向分配配额的省级生态环境主管部门申请复核；省级生态环境主管部门应当自接到复核申请之日起10个工作日内，作出复核决定
省级层面	省级生态环境主管部门根据本行政区域内控排企业2019—2020年的实际产出量以及《2019—2020年全国碳排放权交易配额总量设定与分配实施方案（发电行业）》确定的配额分配方法及碳排放基准值，核定各控排企业的配额数量；将核定后的本行政区域内各控排企业配额数量进行加总，形成省级行政区域配额总量
国家层面	将各省级行政区域配额总量加总，最终确定全国配额总量

全国统一碳交易市场是按照"自下而上"的方法进行配额总量设定的，是将企业的历史排放量与其减排潜力相结合，最终得出分配给企业的配额总量。总量设定是从控排企业、省级生态环境主管部门、各省市级行政区域三个层面明确配额的总量并进行加总。在明确全国统一碳交易市场的覆盖范围的基础上，需要进行全国统一碳交易市场总量的设定。碳交易市场总量即设定的某区域内温室气体总排放量上限，总量设定直接影响后续的配额分配。

如果碳交易市场总量设定过于宽松，碳配额分配过多，就会导致控排企业丧失减排的积极性；同时，这些控排企业多数会选择将富余的碳配额出售，从而导致碳价过低，反之则相反。作为一个发展中国家，中国经济发展速度较快且企业的产能也在逐年增加，单纯按照企业历史排放量进行配额发放，可能会出现总量设定过于宽松、企业减排的积极性下降及市场活跃度不足等问题，全国统一碳交易市场的碳配额设定方案在参考企业历史排放量的基础上，也引入了碳排放基准值，以避免总量设定过大、配额过剩等问题。

二、全国统一碳交易市场配额管理

（一）配额分配

2020年12月发布的《2019—2020年全国碳排放权交易配额总量设定与分配实施方案（发电行业）》和《纳入2019—2020年全国碳排放权交易配额管理的控排企业名单》规定，对2019—2020年配额实行全部免费分配，并采用基准线法核算控排企业拥有的机组数和配额量。明确省级生态环境主管部门根据配额计算方法及预分配流程，按机组2018年度供电（热）量的70%，通过全国碳排放权注册登记结算系统向本行政区域内的控排企业预分配2019—2020年的配额，并规定各类机组判定标准、配额计算方法、2019—2020年各类别机组碳排放基准值等。2019—2020年全国统一碳交易市场配额实行全部免费分配，并采用基准线法核算控排企业所拥有机组的配额量；对于首批纳入的发电行业控排企业，其配额量为其所拥有各类机组配额量的总和，按机组2019年和2020年实际供电（热）量对配额进行最终核定。核定的最终配额量与预分配的配额量不一致的，以最终核定的配额量为准，通过注册登记系统实行多退少补。

控排企业应当根据生态环境部制定的温室气体排放核算与报告技术规范，编制该单位上一年度的温室气体排放报告，并于每年3月31日前报生产经营场所所在地的省级生态环境主管部门。

《碳排放权交易管理办法（试行）》提出，全国统一碳交易市场的排放配额分配初期应以免费分配为主，适时引入有偿分配，并逐步提高有偿分配的比例。全国统一碳交易市场初期配额实行全部免费分配，并采用基准线法核算控排企业的配额量。全国统一碳交易市场尚处于起步阶段，在此阶段，推行碳配额免费分配主要有两个优势。首先，免费分配有利于控排企业从现有的碳密集型基础设施和工艺中获得补偿，这在碳价尚不明确的情况下起到了过渡作用。其次，相比拍卖和其他混合分配方法，免费分配能将减排所需付出的宏观经济成本降到最低，对GDP的负面影响最小。随着碳交易制度变得更加成熟，逐步引入拍卖机制有利于碳价发现、提升市场活跃性并优化碳减排资源配置，有益于碳交易市场的长期稳定发展。

碳配额分配决定了企业碳配额初始供给，在排放基准逐渐严格的情况下，企业配额供给将随之减少，当配额供给量与企业实际配额需求量之间存在差异时，则会引起碳价的波动。中国发电行业的基础数据相对其他行业更加精确，由于产品较少也易于管理，基准线法相比历史排放法等方法能够更好地计算出合理的配额。未来中国计划纳入更多重点排放行业进入全国统一碳交易市场，如何给基础数据不健全或产品同质化不高的行业制定合适的行业基准，是否需要根据不同行业采用不同的配额分配方法等问题也值得关注。

（二）配额清缴

《碳排放权交易管理暂行条例（草案修改稿）》中明确指出，关于配额清缴，控排企业应当根据其温室气体实际排放量，向分配配额的省级生态环境主管部门及时清缴上一年度的碳排放配额。控排企业的碳排放配额清缴量，应当大于或等于省级生态环境主管部门核查确认的该单位上一年度温室气体实际排放量。控排企业足额清缴碳排放配额后，配额仍有剩余的，可以结转使用；不能足额清缴的，可以通过在全国统一碳交易市场购买配额等方式完成清缴。控排企业可以出售其依法取得的碳排放配额。

在2019年和2020年，控排企业需要清缴的配额履约缺口上限为经核查排放量的20%，即当其缺口超过上限时，配额清缴义务为获得的免费配额加20%的经核查排放量，降低了配额缺口较大的控排企业面临的履约负担。另外，为鼓励燃气机组发展，在2019年和2020年，燃气机组配额清缴义务为经核查排放量与免费配额量两者中的较小值，燃气机组如果有高于年度配额量的排放，则无须为超出的排放承担成本。

比如省级生态环境主管部门给某燃煤发电企业核定的2021年碳配额为15万吨。情形1：若经核查该企业2019年的实际碳排放总量为14万吨，则清缴义务为14万吨，剩余指标则可通过市场交易出售，获取经济价值。情形2：若经核查该企业2019年的实际碳排放量为17万吨，缺口量（2万吨）占经核查排放量的比重为11.8%，小于20%，则清缴义务为17万吨，其中15万吨为免费配额，2万吨需要通过市场购买。情形3：若经核查该企业2019年的实际碳排放量为22万吨，缺口量（7万吨）占经核查排放量的比重为31.8%，大于20%，则清缴义务为19.4万吨（15万吨免费配额＋经核查排放量的20%），其中15万吨为免费配额，4.4万吨需要通过市场购买。配额清缴计算表见表6.3。

表 6.3　配额清缴计算表

情形	实际清缴计算
情形 1：排放量≤免费配额量	清缴义务为排放量
情形 2：缺口量占排放量的比重≤20%	清缴义务为排放量，其中超出免费配额部分需要市场购买
情形 3：缺口量占排放量的比重>20%	清缴义务为(已获得的全部配额量＋20%×实际排放量)，其中(20%×实际排放量)需要市场购买

(三) 全国统一碳交易市场抵消机制

从 2017 年起，暂缓 CCER 项目受理备案申请。从当前市场运行情况来看，市场对于自愿减排量的需求很大，未来很有可能会重新开启减排量的审核与签发。同时，《碳排放权交易管理暂行条例（草案修改稿）》也指出，可再生能源、林业碳汇、甲烷利用等项目的实施单位可以申请国务院生态环境主管部门组织对其项目产生的温室气体削减排放量进行核证；控排企业可以购买经过核证并登记的温室气体削减排放量，用于抵消其一定比例的碳排放配额清缴。一方面，随着全国统一碳交易市场的完善，CCER 相关方法学、项目等将可能重新开启申请审核；另一方面，随着未来碳交易市场的发展，有望放宽实施可再生能源、林业碳汇、甲烷利用等项目来实施碳减排，通过增大抵消比例扩大减排量市场。

目前，抵消机制已经在国内碳交易市场中得以初步实践。为支持温室气体自愿减排交易活动的开展，政府主管部门组织建设了国家自愿减排交易注册登记系统。《国家自愿减排交易注册登记系统开户流程（暂行）》对账户开立、信息变更、账户关闭等进行了详细说明。自愿减排交易的相关参与方，即企业、机构、团体和个人，须在国家自愿减排交易注册登记系统中开设账户，以进行 CCER 的持有、转移、清缴和注销。

(四) 未履约处罚

《全国统一碳交易市场建设方案（发电行业）》中提到，如果控排企业未履约，对逾期或不足额清缴的控排企业依法依规予以处罚，并将相关信息纳入全国信用信息共享平台实施联合惩戒。《京都议定书》履约机制规定，对于不履约的发达国家和经济转轨国家，《京都议定书》监督执行委员会可暂停其参加碳排放权交易活动的资格；如缔约方排放量超过排放指标，还将在该缔约方下一承诺期的排放指标中扣减超量排放 1.3 倍的排放指标。中国对逾期或不足额清缴的控排企业应依法依规予以处罚。

三、全国统一碳交易市场 MRV 机制

在全国碳排放权交易体系中，碳排放的监测、报告与核查（MRV）作为碳交易体系的核心机制，直接决定了碳交易的可追踪、透明和可实现性。监测指对温室气体进行规范的数据监测，包含对活动水平数据和排放因子的监测；报告指根据 MRV 管理机制的报告规则，要求达到门槛的企业或者机构进行报告；核查指第三方机构对监测的气体进行周期性核查，确保其温室气体排放量的准确性。因此政府主管部门、重点排放企业和第三方机构形成了全国统一碳交易市场 MRV 体系的基本框架。

《企业温室气体排放报告核查指南（试行）》进一步系统性地规范了全国统一碳交易市场企业温室气体排放报告核查活动，详细规定了核查原则和依据、核查的程序和要点、核查复核等内容。2020 年，生态环境部办公厅发布《企业温室气体排放核算方法与报告指南　发电设施》（征求意见稿），对全国统一碳交易市场发电行业（含自备电厂）设施层面二氧化碳

排放的核算和报告工作进行规范，明确了工作程序和内容、核算边界和排放源确定、化石燃料燃烧排放核算要求、购入电力排放核算要求、排放量汇总计算、生产数据核算要求、监测计划技术要求、数据质量管理要求、排放定期报告要求等（图 6.7）。控排企业需要制定监测计划并交给第三方审核机构审核，然后再由地方主管部门批准。

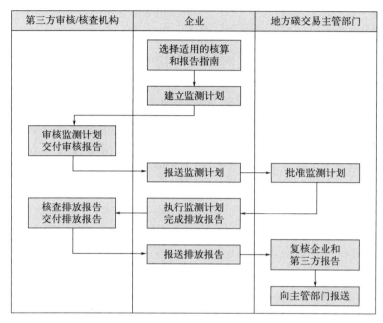

图 6.7　全国统一碳交易市场 MRV 体系工作流程

中国大部分控排企业采用基于核算的监测方法，通过各种物质的组分及特性来综合评估排放量的数据质量，其主要优点在于实施经验丰富且系统误差在测量设备相对独立的时候相对较小。鉴于 CEMS 仅适用于部分行业（如发电行业）且成本较高，未来中国可以考虑依据不同纳管行业的需求，推行不同的监测方法，或是在原有的监测方法上进行创新，从而提高整个监测体系的运转效率。

在监测方面，首先制定监测计划，主要包括五个重点部分：监测计划的版本与修改、报告主体描述、核算边界和主要排放设施描述、活动水平数据和排放因子的确认方式，以及数据内部质量控制和质量保证相关规定。其中，活动水平数据和排放因子能够量化碳排放活动量数据及每单位活动水平的温室气体排放量，均为中国碳排放量核算方法中的重点要素。以中国发电行业的二氧化碳排放量核算方法为例，发电设施二氧化碳排放量等于化石燃料燃烧排放量和购入使用电力产生的排放量之和，而购入使用电力产生的二氧化碳排放量等于购入使用电量乘以电网排放因子。

执行监测计划后，控排企业需要完成排放报告，排放报告包括四个基本填报项目：排放主体基本信息、温室气体排放量、活动水平和排放因子及其来源。按照《企业温室气体排放核算方法与报告指南　发电设施》的规定，中国发电行业的控排企业需要在每个月结束后的 40 个自然日内，按生态环境部要求报告该月的温室气体排放及相关信息，并于每年 3 月 31 日前提交上一年度的排放报告。

提交报告后，由政府主管部门负责委托第三方机构对纳管企业进行减排量核查，第三方机构核查程序包括核查安排、建立核查技术工作组、文件评审、建立现场核查组、实施现场核查、出具核查结论、告知核查结果、保存核查记录八个步骤。《企业温室气体排放报告核查指南（试行）》对于第三方技术服务机构的风险防范机制、内部质量管理体系及公正性保证措施暂时还没有给出具体的指导意见，其法律效力同样较低。

四、全国统一碳交易市场交易管理

交易管理涉及交易规则和风险管理两个部分，是全国统一碳交易市场启动及推进过程中不可或缺的部分，是能够规范全国碳排放权交易行为及维护碳交易市场秩序的重要准则。

（一）交易规则

1. 交易方式

全国统一碳交易市场的碳排放权交易应当通过全国碳排放权交易系统进行，可以采取协议转让、单向竞价或者其他符合规定的方式。其中协议转让是指交易双方协商达成一致意见并确认成交的交易方式，包括挂牌协议交易及大宗协议交易；单向竞价是指交易主体向交易机构提出卖出或买入申请，交易机构发布竞价公告，多个意向受让方或者出让方按照规定报价，在约定时间内通过交易系统成交的交易方式（表6.4）。

在第一个履约周期中，在上海环境能源交易所进行的全国碳排放权配额交易采用协议转让作为交易方式，具体包括挂牌协议交易和大宗协议交易两种。两种方式形成的交易价格不同，挂牌协议交易价格由公开市场决定，更符合市场化的定价机制，而大宗协议交易由点对点的双向协商机制形成价格，价格涨跌幅区间大，适合大宗交易。为防止碳价剧烈波动，各试点通常设置日涨跌幅进行直接调控，日涨跌幅一般为10%～30%。碳排放权交易应当通过全国碳排放权交易系统进行，可以采取协议转让、单向竞价或者其他符合规定的方式。

表6.4 全国统一碳交易市场交易规则

交易方式	协议转让		单项竞价
	挂牌协议交易	大宗协议交易	
申报数量	最大申报数量应当小于10万吨二氧化碳当量	最小申报数量应当不小于10万吨二氧化碳当量	交易主体发起申报
交易价格	上一个交易日收盘价的±10%之间确定	上一个交易日收盘价的±30%之间确定	交易机构竞价决定
交易规则	交易主体查看实时挂单行情，以价格优先的原则，在对手方实时最优五个价位内以对手方价格为成交价依次选择，提交申报完成交易。同一价位有多个挂牌申报的，交易主体可以选择任意对手方完成交易。成交数量为意向方申报数量	交易主体可发起买卖申报，或与已发起申报的交易对手方进行对话议价或直接与对手方成交。交易双方就交易价格与交易数量等要素协商一致后确认成交	交易主体向交易机构提出卖出申请，交易机构发布竞价公告，符合条件的意向受让方按照规定报价，在约定时间内通过交易系统成交。交易机构根据主管部门要求，组织开展配额有偿发放，适用单向竞价相关业务规定
交易时段	每周一至周五9：30—11：30，13：00—15：00	每周一至周五13：00—15：00	交易机构另行公告

2. 交易产品

全国统一碳交易市场的交易产品为碳排放配额，生态环境部可以根据国家有关规定适时增加其他交易产品。

3. 交易主体

全国统一碳交易市场的交易主体为控排企业及符合国家有关交易规则的机构和个人。目前交易主体通过全国统一碳交易市场的交易系统客户端进行全国统一碳交易市场的配额现货交易。2020年10月，生态环境部等五部门联合发布的《关于促进应对气候变化投融资的指导意见》指出，要逐步扩大碳排放权交易主体范围，适时增加符合交易规则的投资机构和个人参与碳排放权交易。

4. 其他交易规则

除此之外，《碳排放权交易管理规则（试行）》中还明确了更加细致的交易规则。第一，交易机构可以对不同交易方式设置不同交易时段，具体交易时段的设置和调整由交易机构公布后报生态环境部备案。第二，交易主体参与全国碳排放权交易，应当在交易机构开立实名交易账户，取得交易编码，并在注册登记机构和结算银行分别开立登记账户和资金账户。每个交易主体只能开设一个交易账户。第三，碳排放配额交易以"每吨二氧化碳当量价格"为计价单位，买卖申报量的最小变动计量为1吨二氧化碳当量，申报价格的最小变动计量为0.01元人民币。第四，交易机构应当对不同交易方式的单笔买卖最小申报数量及最大申报数量进行设定，并根据市场风险状况调整。单笔买卖申报数量的设定和调整，由交易机构公布后报生态环境部备案。第五，交易主体申报卖出交易产品的数量，不得超出其交易账户内可交易数量。交易主体申报买入产品的相应资金，不得超出其交易账户内的可用资金。第六，碳排放配额买卖的申报被交易系统接受后即刻生效，并在当日交易时间内有效，交易主体交易账户内相应的资金和交易产品即被锁定。未成交的买卖申报可以撤销。如未撤销，未成交申报在该日交易结束后自动失效。第七，买卖申报在交易系统成立后，交易即告成立。符合规则达成的交易于成立时即告交易生效，买卖双方应当承认交易结果，履行清算交收义务。依照规则达成的交易，其成交结果以交易系统记录的成交数据为准。第八，已买入的交易产品当日内不得再次卖出。卖出交易产品的资金可以用于该交易日内的交易。第九，交易主体可以通过交易机构获取交易凭证及其他相关记录。第十，碳排放配额的清算交收业务，由注册登记机构根据交易机构提供的成交结果按规定办理，交易机构应当妥善保存交易相关的原始凭证及有关文件和资料，保存期限不得少于20年。

（二）风险管理

全国碳排放权注册登记机构和全国碳排放权交易机构应当遵守国家交易监管等相关规定，建立风险管理机制和信息披露制度，制定风险管理预案，及时公布碳排放权登记、交易、结算等信息。国务院生态环境主管部门应当会同国务院有关部门加强碳排放权交易风险管理，指导和监督全国碳排放权交易机构建立涨跌幅限制、最大持有量限制、大户报告、风险警示、异常交易监控、风险准备金和重大交易临时限制措施等制度。

1. 市场调节保护机制

生态环境部可以根据全国统一碳交易市场健康发展的需要，建立市场调节保护机制。当交易价格出现异常波动触发调节保护机制时，生态环境部可以采取公开市场操作、调节国家核证自愿减排量使用方式等措施，进行必要的市场调节。

2. 最大持仓量限制制度

会员和客户的配额持有量不得超过交易所规定的最大持有量限额。通过分配取得配额的会员和客户按照其初始配额数量适用不同的限额标准，年度初始配额量不超过10万吨的，同一年最大持有量不得超过100万吨；年度初始配额量在10万吨以上且不超过100万吨的，同一年最大持有量不得超过 300 万吨；年度初始配额量超过 100 万吨的，同一年最大持有量不得超过 500 万吨。如因生产经营活动需要增加持有量，可按照相关规定向交易所另行申请额度。交易主体交易产品持仓量不得超过交易机构规定的限额。交易机构可以根据市场风险状况，对最大持仓量限额进行调整。

3. 大户报告制度

交易主体的持仓量达到交易机构规定的大户报告标准的，交易主体应当向交易机构报告。会员或客户的配额持有量达到交易所规定的最大持有量限额的 80% 或者交易所要求报告的，应于下一交易日收市前向交易所报告。

4. 交易机构实行风险警示制度

交易机构可以采取要求交易主体报告情况、发布书面警示和风险警示公告、限制交易等措施，警示和化解风险。

5. 异常交易监控制度

交易主体违反该规则或者交易机构业务规则，对市场正在产生或者将产生重大影响的，交易机构可以对该交易主体采取以下临时措施：限制资金或者交易产品的划转和交易；限制相关账户使用。上述措施涉及注册登记机构的，应当及时通知注册登记机构。

6. 风险准备金制度

风险准备金是指由交易机构设立，为维护碳交易市场正常运转提供财务担保和弥补不可预见风险带来的亏损的资金。风险准备金应当单独核算，专户储存。

7. 信息披露与管理

交易信息是指有关碳排放权交易的信息与数据，包括配额的交易行情，交易数据统计资料，交易所发布的与碳排放权交易有关的公告、通知及重大政策信息等。交易所实行交易信息披露制度，每日发布即时行情，内容包括配额代码、前收盘价格、最新成交价格、当日最高成交价格、当日最低成交价格、当日累计成交数量、当日累计成交金额、涨跌幅、实时最高三个买入申报价格和数量、实时最低三个卖出申报价格和数量。此外，交易所及时编制反映市场成交情况的周报表、月报表、年报表，发布一定周期内的最高成交价格、最低成交价格、累计成交数量、累计成交金额以及其他可能影响市场波动的信息。

五、全国统一碳交易市场监管机制

碳交易市场健康运作的关键保障来自监管部门。由于碳交易涉及多部门多政策，易形成多头管理，在运行过程中政策、管理、金融等多重风险或并行或交叉，如果解决不好"谁来管、怎么管"的问题，风险或将相互激发放大，导致碳交易市场机制失灵、政策工具失效。

（一）监管规则

全国统一碳交易市场的监管规则主要体现在《碳排放权交易管理暂行条例》中。规定了全国统一碳交易市场的职责分工、登记机构与参与机构、控排企业、配额总量与分配方法、排放核查、配额清缴、交易产品与主体、交易方式与规则、信息披露、碳排放基金等。生态环境部 2020 年 12 月发布的《碳排放权交易管理办法（试行）》，规定了总则、控排企业、分配与登记、排放交易、排放核查与配额清缴、监督管理以及罚则等内容。生态环境部于 2021 年 5 月发布的《碳排放权登记管理规则（试行）》《碳排放权交易管理规则（试行）》《碳排放权结算管理规则（试行）》，作为碳交易市场交易的指导细则，为市场参与者直接提供了操作指引。

（二）监督机制
1. 监督主体

全国统一碳交易市场采取的是中央和地方两级管理体系，中央政府和地方政府被赋予了各自的管理职权，尽管分工不同，但两级政府互相支撑、互相制约。具体而言，生态环境部作为国务院碳交易主管部门，负责全国统一碳交易市场建设，并对其运行进行管理、监督和指导；各省、自治区、直辖市生态环境厅（局）是省级碳交易的主管部门，负责对本行政区域内的碳交易相关活动进行管理、监督和指导。上级生态环境主管部门应当加强对下级生态环境主管部门控排企业名录确定、全国碳排放权交易及相关活动情况的监督、检查和指导。执法和监管是推动碳交易市场高质量发展的重要制度保证。

2. 监督内容

设区的市级以上地方生态环境主管部门根据对控排企业温室气体排放报告的核查结果，确定监督检查重点和频次。设区的市级以上地方生态环境主管部门应当采取"双随机、一公开"的方式，监督检查控排企业温室气体排放和碳排放配额清缴情况，相关情况按程序报生态环境部。生态环境部应当与市场监督管理、证券监督管理、银行业监督管理等部门和机构建立监管信息共享与执法协作配合机制。县级以上生态环境主管部门可以采取下列措施，对控排企业等交易主体和核查技术服务机构进行监督管理：①现场检查；②查阅、复制有关文件资料，查询、检查有关信息系统；③要求就有关问题作出解释说明。

3. 监督措施

生态环境部和省级生态环境主管部门应当按照职责分工，定期公开控排企业年度碳排放配额清缴情况等信息。法律责任主要针对主管部门、两机构（全国碳排放权注册登记机构和全国碳排放权交易机构）人员和控排企业的行为。生态环境部、省级生态环境主管部门、设区的市级生态环境主管部门的有关工作人员，在全国碳排放权交易及相关活动的监督管理中滥用职权、玩忽职守、徇私舞弊的，由其上级行政机关或者监察机关责令改正，并依法给予处分。两机构人员如有利用职务便利谋取不当利益的，有其他滥用职权、玩忽职守、徇私舞弊行为的，由生态环境部依法给予处分，并向社会公开处理结果；有泄露有关商业秘密或者有构成其他违反国家交易监管规定行为的，依照其他有关规定处理。

（三）法律责任

《碳排放权交易管理暂行条例（草案修改稿）》中规定了不同情况下的追责方法。交易主体违反关于碳排放权注册登记、结算或者交易相关规定的，全国碳排放权注册登记机构和全国碳排放权交易机构可以按照国家有关规定，对其采取限制交易措施。控排企业和其他交易主体应当按照生态环境部的有关规定，及时公开有关全国碳排放权交易及相关活动信息，自觉接受公众监督。

1. 控排企业追责

控排企业违反本条例规定，有下列行为之一的，由其生产经营场所所在地设区的县级以上地方生态环境主管部门责令改正，处五万元以上二十万元以下罚款；逾期未改正的，由控排企业生产经营场所所在地省级生态环境主管部门组织测算其温室气体实际排放量，作为该单位碳排放配额的清缴依据：①未按要求及时报送温室气体排放报告，或者拒绝履行温室气体排放报告义务的；②温室气体排放报告所涉数据的原始记录和管理台账内容不真实、不完整的；③篡改、伪造排放数据或者台账记录等温室气体排放报告重要内容的。

2. 违规追责

控排企业不清缴或者未足额清缴碳排放配额的,由其生产经营场所所在地设区的市级以上地方生态环境主管部门责令改正,处十万元以上五十万元以下罚款;逾期未改正的,由分配排放配额的省级生态环境主管部门在分配下一年度碳排放配额时,等量核减未足额清缴部分;接受省级生态环境主管部门委托的核查技术服务机构弄虚作假的,由省级生态环境主管部门解除委托关系,将相关信息计入其信用记录,同时纳入全国信用信息共享平台向社会公布,情节严重的,三年内禁止从事温室气体排放核查技术服务;通过欺诈、恶意串通、散布虚假信息等方式操纵碳交易市场的,由国务院生态环境主管部门责令改正,没收违法所得,并处一百万元以上一千万元以下罚款。单位操纵碳交易市场的,还应当对其直接负责的主管人员和其他直接责任人员处五十万元以上五百万元以下罚款。

3. 机构交易追责

全国碳排放权注册登记机构、全国碳排放权交易机构、核查技术服务机构及其工作人员,违反本条例规定从事碳排放权交易的,由国务院生态环境主管部门注销其持有的碳排放配额,没收违法所得,并对单位处一百万元以上一千万元以下罚款,对个人处五十万元以上五百万元以下罚款。

4. 拒监督检查追责

全国碳排放权交易主体、全国碳排放权注册登记机构、全国碳排放权交易机构、核查技术服务机构违反本条例规定,拒绝、阻挠监督检查,或者在接受监督检查时弄虚作假的,由设区的市级以上生态环境主管部门或者其他负有监督管理职责的部门责令改正,处两万元以上二十万元以下罚款。

第四节 全国统一碳交易市场运行状况

一、全国统一碳交易市场运行成效

全国统一碳交易市场自启动线上交易以来,市场运行有序,交易价格平稳,促进了企业温室气体减排和绿色低碳转型。截至 2021 年 12 月 31 日,试点碳交易市场碳排放配额累计成交量 4.83 亿吨,成交额 86.22 亿元。试点碳交易市场将与全国统一碳交易市场持续并行,逐步向全国统一碳交易市场平稳过渡。

(一)碳交易价格平稳,履约率高,促进碳排放总量下降

全国统一碳交易市场以 48.00 元/吨的价格开盘,每日收盘价(挂牌协议交易加权均价)在 41.46~58.70 元/吨。在全国统一碳交易市场开市初期,市场主体交易情绪高涨,成交量与成交额较大,碳价维持高位。2021 年 8—11 月,市场主体交易意愿在经历下滑后维持稳定,碳价也在回落后维持在稳定水平。进入 12 月后,随着清缴履约时间节点迫近,企业交易需求提升,市场交易量价齐升,最终在 2021 年 12 月 31 日以 54.22 元/吨收盘,较启动首日开盘价上涨 12.96%。

经过试点省市碳排放交易的十年探索,全国及试点省市碳排放权交易政策减排成效显著,控排企业履约率高,有效促进了温室气体减排。2021 年 12 月 31 日,全国统一碳交易市场第一个履约周期结束,总体配额履约率为 99.5%,共有 1833 家重点排放单位按时足额

完成配额清缴，178家控排企业部分完成配额清缴，第一个履约周期在发电行业控排企业间开展碳排放配额现货交易，共有847家控排企业存在配额缺口，缺口总量约为1.88亿吨。总体上看，市场交易量与控排企业配额缺口较为接近，成交量基本能够满足控排企业履约需求，交易价格未出现大幅波动，符合全国统一碳交易市场作为控制温室气体排放政策工具的定位和建设初期的阶段性特征，实现了区域碳排放总量下降。

（二）推动产业结构调整，免费配额客观上抑制了"碳泄漏"行为

碳交易市场促进企业温室气体减排和加快绿色低碳转型的作用初步显现，发挥了碳定价的功能，实现了预期建设目标。防范碳泄漏的关键在于降低碳排放权交易制度给排放主体带来的碳减排成本，包括自主减排成本及从碳交易市场购买排放配额或信用的成本。由于全国统一碳交易市场的发展仍处于平稳起步阶段，借鉴欧盟碳交易体系的先进经验，期初的免费配额能够降低企业碳排放成本，实现碳交易的平稳过渡，客观上起到抑制区域间和国家间"碳泄漏"行为的作用。因此，企业的期初免费配额方案仍将持续一段时间，但随着碳交易市场的逐渐成熟，未来将降低免费配额比例直至停止免费配额发放。

（三）助推欠发达地区发展，CCER项目抵消机制带来碳汇收益

全国统一碳交易市场第一个履约周期累计使用国家核证自愿减排量（CCER）约3273万吨用于配额清缴抵销。碳源大多位于经济发达地区，而碳汇多位于生态良好的欠发达地区。经济发达地区的企业通过水电、光伏和森林碳汇等方式从欠发达地区获得中国核证自愿减排量（CCER），鼓励农民多种树，多使用光伏、沼气发电，同时也带来了一定的收益，助推欠发达地区发展和乡村振兴。自全国及试点省市碳交易市场实施以来，CCER机制在碳源（买碳）和碳汇（卖碳）之间架起"桥梁"，具有生态补偿功能和助力欠发达地区发展的功能。通过碳普惠核证减排量可抵消碳排放额度，这样的激励机制，利于城市资本进入农村进行生态建设，促进了乡村生态宜居、乡风文明等维度的发展。

（四）加速煤电机组运营绩效分化，推动社会低碳化发展

引入碳交易市场后，碳排放的外部成本显化，转化为排放主体的内部成本。高能效机组通过出售剩余碳排放配额以降低综合供电成本，低能效机组需额外增加碳排放履约成本。如南方区域燃煤高能效机组每年可通过出售配额赢利2750万元以上，折合度电成本降低0.006元；而低能效机组则需额外支出750多万元购买碳排放配额，折合度电成本增加0.008元，因此碳排放权交易加速了不同能效燃煤机组运营绩效的分化。在碳达峰、碳中和目标驱动下，高载能行业的碳排放成本显著增加，其依赖低端产业规模扩张的粗放增长模式难以为继，这从另一方面助推经济产业结构向低碳化转型发展。

二、全国统一碳交易市场存在的问题

（一）配额总量设定较为宽松，未能体现配额的稀缺性

当前全国统一碳交易市场配额总量设定较为宽松，履约主体通过初始分配取得的碳排放配额数量超过其实际的温室气体排放需求，造成配额过度分配，导致配额价格低迷。同时碳配额总量设置较为宽松，企业不需要通过"配额交易"等二级市场行为来完成履约，无法激励企业积极参与节能减排。当前中国的碳交易市场还是以强制性参与为主，市场交易以政府为主导，由于控排企业以履约为主要目的参与碳交易市场，因此会出现已履约期碳成交量起伏较大，非履约期碳成交量均偏小的潮汐现象。市场调节作用较弱，无法形成真正的市场价

格，控排企业也就无法了解碳配额的真正价值，导致交易意愿不强，市场流动性不足，由此形成恶性循环。

（二）配额分配以免费分配为主，不利于节能减排和技术进步

《碳排放权交易管理办法（试行）》明确提出，全国统一碳交易市场关于配额分配方式的总体思路是初期免费分配，适时引入有偿分配。2016年国务院批复同意的《全国碳排放权配额总量设定与分配方案》进一步指出，全国统一碳交易市场在启动初期采用基准线法和历史强度法免费分配配额，适时引入有偿分配，待市场机制完善后提升有偿分配的比例。现阶段基于历史法确定未来排放量的免费分配方式，并且总量设置偏高，导致即使高排放企业减排成效和效率较高，也仍面临较高的减排任务，比如山东省生态环境部门表示该省配额总体有盈余，吉林省生态环境部门也透露该省总体上配额盈余553.85万吨，"鞭打快牛"的方式不利于企业节能减排和技术进步。

（三）成交量和价格政策性特征显著，控排企业碳交易意愿不强

全国统一碳交易市场启动初期以单一的发电行业为主，大型央企和地方国企居多，这些企业更趋向集团化管理，很多交易局限于内部调配。另外，配额分配初期全部免费发放，企业缺乏交易动力，可能对碳交易持惜售心态或观望态度。这些因素直接影响全国统一碳交易市场的交易活跃度，进而影响市场价格的发现功能。

2021年10月生态环境部发布控排企业清缴碳排放配额的通知后，碳排放权市场交易活跃度明显提振，交易量和价格明显回升。电力企业是中国碳排放市场的参与主体，这些企业约束相同，操作方式相近，交易集中，易引发"羊群效应"。中国的碳交易市场以强制性参与为主，市场交易以政府为主导，控排企业以履约为主要目的参与碳市场交易，因此会出现履约期碳成交量起伏较大，非履约期碳成交量均偏少的"潮汐现象"。由于市场调节作用不足，控排企业交易意愿不强，市场流动性不足，由此形成恶性循环。

（四）核查体系和信息披露制度尚未完善，影响碳交易市场数据质量

目前中国碳交易市场核查服务主要采取由省级生态环境主管部门委托第三方机构进行核查的方式，交易中介和服务机构法律授权不明，可能会导致独立性受损和寻租行为的产生，难以保证核查数据和结果的真实性和有效性。政府对核查工作的过多干预会造成碳交易市场调节机制失灵，降低碳交易市场运行效率。

当前全国统一碳交易市场仍处于建设初期，对未履行控排义务的企业惩罚力度偏低，导致很多企业尚未建立内部质量控制和碳排放监管体系，甚至出现篡改、虚报碳排放报告等违法行为。

在政府指定核查机构的情况下，监管合一，很难保证政府对核查机构进行严格的监督，不免导致第三方机构缺乏监督，难以保证核查数据和结果的真实性、有效性。同时碳交易市场本质上是市场运作，政府不应当对核查进行过多的行政干预，应通过市场的规律来支配核查的进行才能有效提升市场的效率。

（五）碳交易产品的创新与推广力度不足，制约碳交易市场的规模化发展

目前中国碳交易方式主要为现货交易，尚未构建期权或者期货交易，相关碳金融产品的创新尚显不足，这在一定程度上制约了中国碳交易的活跃程度。部分区域试点碳交易市场开展了碳金融衍生产品和涉碳融资工具的尝试，但属示范性质和零星试点状态，规模化交易尚不多见。从全国统一碳交易市场来看，碳金融产品尚未开发，做市商制度尚未引入。碳金融

市场还处于发展的初级阶段,碳金融产品种类少,区域发展不平衡,金融机构难以有效介入碳交易市场开展规模化交易,市场交易的活跃度较低,市场流动性明显不足。

三、完善全国统一碳交易市场建设措施

未来全国统一碳交易市场应进一步完善市场机制,通过释放合理的价格信号,引导社会资金的流动,降低全社会的减排成本,进而实现碳减排资源的最优配置,推动生产和生活的绿色低碳转型。

(一)建设碳交易市场顶层架构,完善基础设施

建议把碳排放权许可纳入《环境保护法》相关规定,明确碳排放权的法律属性,为全国统一碳交易市场体系建设提供上位法支撑;尽快出台《碳排放权交易管理暂行条例》,明确碳排放权金融属性,将碳排放权现货交易、碳金融产品以及碳金融衍生品纳入金融监管;加强各部委间政策协调,完善金融监管、财政税收等政策并及时向社会公布;进一步制定全国统一碳交易市场配套制度和细则,并根据市场发展情况不断完善。

未来全国统一碳交易市场覆盖的行业将从当前单一的发电行业逐渐延伸到8个高耗能行业的其他细分方向,因此政府应当加快推动碳监测、碳核算、碳咨询等行业的发展,以帮助企业进行精准的碳排放数据预测与核算,加快建设高耗能行业的碳排放数据体系,助力碳交易市场行业覆盖面的提升。

在现有全国统一碳交易市场基础设施的基础上,充分运用大数据、人工智能、云计算等数字技术,全面提高报送系统数据采集及交易系统与注册登记系统之间的信息流转、科技监管、风险监控等能力,实现全流程智能化;充分借鉴国际国内成熟金融市场的经验,推动全国碳排放权交易系统标准化、产品化、国际化,以支撑多层次碳交易市场体系建设,推动全国碳排放权数据报送系统和注册登记系统区块链化,完整记录每个节点的数据,实现碳排放源和交易的可追溯性;推动全国统一碳交易市场与金融要素市场的基础设施建立互联互通机制,实现信息交互,逐渐形成一条完整的绿色产融链,同时为未来更好地实现期现联动打下基础。

(二)碳排放权市场总量设置适度从紧,提高资金利用效率

随着全国统一碳交易市场机制和运行日趋完善,以及碳达峰、碳中和政策目标下碳减排力度的进一步增强,中国碳配额总量设置应坚持适度从紧原则,从目前基于强度减排的配额总量设定方式,向基于总量减排的配额总量设定方式过渡,将碳排放内化为企业生产成本,提高企业碳减排活动的积极性。通过外部环境成本显性化和内部化,以"市场—金融—技术"三引擎驱动能源绿色低碳转型,实现碳减排效益最大化。从碳定价机制中筹集到的资金按照一定比例划拨到环保专项基金中,对高排放地区、高排放企业开展针对性扶持,提高资金利用效率。

尽快出台全国范围的碳交易市场稳定调节机制。从国际经验来看,市场稳定调节机制对于防止碳价失灵、确保减排效果、维护碳交易市场平稳运行发挥了积极作用。一方面,应当参照国际与地方试点碳交易市场的经验,为全国统一碳交易市场设置价格限制、持仓限制、成本控制储备等市场调节机制和工具;另一方面,可参照欧盟、RGGI市场的改革经验,建立碳交易市场自身制度的定期审查和修正机制,为碳交易市场植入制度动态优化的基因。

(三)延长发电行业碳排放配额全额免费实施周期,保持生产环节征收碳税

当前电力市场化改革已让发电企业面临较大竞争压力,煤电企业等难以内部消化碳排放

成本，而要将碳排放成本疏导至终端用户难度较大。因此建议适当延长发电行业碳排放配额全额免费实施周期，建立畅通的成本疏导或价格传导机制，保障能源电力供应安全和行业可持续发展。电力是生产生活的必需品，单纯提高电价会导致全社会用能成本增加，易引发广泛关注和不满，不利于提高人民群众的幸福感，因此建议在生产环节征收碳税，尽管终端用户使用成本可能会更高，但更易于群众接受。对电力、水泥和钢铁产业，碳税可以在价值链的较早环节征收，而不必面向所有家庭、企业或机构。对于牲畜产生的甲烷排放，可以在屠宰场的环节征税。随着未来全国统一碳交易市场主体增加，免费配额逐步缩减，碳价将逐步走高，也将推高燃煤等化石能源综合发电成本。

（四）构建区域协同碳排放权交易中心，探索碳交易市场国际合作

从 EU-ETS 的发展历程看，碳金融产品关系到全国统一碳交易市场的流动性和交易规模，因此，构建完备的碳金融体系，大力发展碳配额期货是未来全国统一碳交易市场发展的必然方向。促进京津冀、长三角、泛珠三角、粤闽浙沿海区域碳排放交易合作，加快构建全国区域协同碳排放权交易中心，打通碳排放权交易试点省份的"点"与全国统一碳排放交易市场"面"之间的"线"联系，促进全国碳排放交易市场的顺利开展。

全国统一碳交易市场应加深与全球碳交易市场的合作，探索国际化道路。2021 年 9 月，中国-加州碳交易市场联合研究项目正式启动，以共同应对气候变化挑战，实现碳达峰、碳中和目标。未来中国碳交易市场要进一步加强与全球各碳交易市场的合作，借鉴国际碳交易市场的发展经验，协调中国与国际碳排放权交易机制间的差异，加快全国统一碳交易市场国际化进程。

（五）鼓励金融机构拓展碳交易市场业务，构建多层次碳交易市场

2021 年 12 月，生态环境部等 9 部门联合印发《气候投融资试点工作方案》，鼓励试点地方金融机构稳妥有序探索开展包括碳基金、碳资产质押贷款、碳保险等碳金融服务。因此要放宽金融机构准入，加快制定非履约机构及个人进入碳交易市场的相关监管规定和细则，允许金融机构参与碳金融衍生品市场的交易，强化碳价格发现功能，平抑碳价格波动，促进碳金融体系多元化发展。

监管机构可以制定相应的激励政策，制定碳交易市场发展指引，适当减免开展碳金融业务金融机构的税收行为。在立法先行、监管体系健全的前提下，联合银行、证券、期货、基金等金融机构，实现碳现货市场、期货/期权市场及碳融资市场等共同发展，构建多层次立体的碳交易市场，更好地激发碳交易市场活力，充分挖掘碳排放权这一特殊资源的价值，从而确保中国"双碳"目标顺利达成。

本章小结

本章概述了全国统一碳交易市场建设过程和全国统一碳交易市场建设体系，包括政策体系、参与主体、支撑体系及运行机制等，并从覆盖范围、配额管理、MRV 机制、交易管理和监管机制等五个方面介绍全国统一碳交易市场基本框架。全国统一碳交易市场自启动线上交易以来，市场运行有序，交易价格平稳，促进了企业温室气体减排和绿色低碳转型，同时存在的问题也不容忽视。未来全国统一碳交易市场应进一步完善市场机制，通过释放合理的价格信号，引导社会资金的流动，降低全社会的减排成本，进而实现碳减排资源的最优配置。

◆ 思考题 ◆

1. 简述全国统一碳交易市场五大基本要素。
2. 简述全国统一碳交易市场的"双城模式"体系。
3. 简述全国统一碳交易市场运行成效。
4. 简述全国统一碳交易市场存在的问题。
5. 简述完善全国统一碳交易市场的建设策略。

第七章 自愿碳减排市场

本章学习要点

本章介绍自愿碳减排市场运行、发展及趋势,重点学习自愿碳减排核算标准,有国际标准、独立标准、国家和地方标准,并学习自愿碳减排项目、碳减排项目方法学及自愿碳减排项目开发流程。

第一节 自愿碳减排市场概述

一、自愿碳减排

(一)自愿碳减排概念

自愿碳减排(Voluntary Emission Reduction,VER)是指个人或企业在没有受到外部约束的情况下,为中和自己生产经营过程中产生的碳排放而主动进行温室气体减排的行为。自愿碳减排量是自愿碳减排市场交易的碳信用,指经过联合国指定的第三方认证机构核证的温室气体减排量。

自愿碳减排最初是清洁发展(CDM)机制体系之外的减排类型,为那些不能通过CDM机制获得资金的项目或者已经通过CDM机制认证但是在注册之前已经产生减排量的项目提供另外的融资渠道。由于复杂的操作程序和高昂的注册成本,全世界获得注册的CDM项目,尤其是碳汇项目比较少,开发CDM项目的机构可能会缺乏所在项目国家的批准或项目过小而无法满足一般申请CER所需的量的标准。这也就促成了自愿核准减排量(VER)的产生。VER没有强制性的议定书,也没有像CER那样复杂的认证程序,但VER实际和CER一样,是一种在国内和国际碳交易市场交易的温室气体排放权转让工具。与CDM项目减排量CER不同的是,VER比CER申请程序简单,CER是由CDM执行理事会核准并签发的,VER不需要国家发改委的审批和联合国注册,但是VER的价格比CER低;VER买家主要是关心环境变化和愿意为减缓全球气候变暖作出贡献的企业和个人,自愿出资(不是在《京都议定书》约束下)来支持一些能够减少温室气体排放的清洁能源和环保项目。

（二）自愿碳减排分类

根据温室气体自愿碳减排受到的约束，可将其分为基于政策创设的温室气体自愿碳减排和非基于政策创设的温室气体自愿碳减排。

1. 基于政策创设的温室气体自愿碳减排

此类自愿碳减排受《京都议定书》约束，或者根据国家政策所创设，由国家权威机构主管，其自愿程度相对较低。这类温室气体自愿碳减排中，应用较广泛的是《联合国气候变化框架公约》管理的清洁发展机制和中国生态环境部管理的中国温室气体自愿碳减排（CCER）。CDM 机制是《京都议定书》所创设，由联合国有关机构进行管理，允许具有减排义务的发达国家帮助发展中国家开发清洁发展机制项目，完成本国减排任务。CDM 项目按照联合国制定的 CDM 项目方法学开发和实施，并按《京都议定书》建立相应的自愿碳减排规则参与碳交易。

而中国温室气体自愿碳减排项目是由政府创设的，在应对气候变化主管部门的管理下，允许企业在中国本土开发温室气体自愿碳减排项目，并获得由此产生的中国核证自愿碳减排量 CCER，控排企业可将其用于强制碳交易体系的履约。由于受到官方政策约束，基于政策创设的自愿碳减排项目主参加减排行为的自愿程度比非基于政策创设的自愿碳减排要弱。

2. 非基于政策创设的温室气体自愿碳减排

此类自愿碳减排是指不受《京都议定书》或国家权威管理机构政策约束的自愿碳减排，这种自愿碳减排行为自愿程度较高，通常由某些非政府组织、非营利组织或者机构创设并管理，没有国际组织或国家政策要求和约束，对这些自愿碳减排行为所产生的自愿碳减排量的核证也是非官方政策要求的、松散的、出于自愿的核定。因此非基于政策创设的温室气体自愿碳减排所产生的自愿碳减排量不一定能用于强制减排体系的履约，企业或个人购买这种自愿碳减排量一般只是出于社会公益目的，具有更高自愿性和公益性。目前全球范围较为普及的非基于政策创设的温室气体自愿碳减排标准主要包括黄金标准（GS）、核证碳标准（VCS）、加利福尼亚州气候行动登记（CCAR）等。

作为温室气体强制减排交易市场的补充，自愿碳减排市场能够帮助控排企业进一步降低减排成本，扩大碳交易市场影响范围，并为一些社会机构和公益组织提供表达自身环境诉求的途径。

（三）自愿碳减排核心原则

从宏观层面来说，自愿碳减（碳信用）使得碳排放总量限制与交易制度（Cap and Trade）成为完整的机制安排，形成了以市场为导向将气候问题外部性实现内部化机制，最终减少全球温室气体排放。对购买方来说，碳信用提供了减排履约的灵活性安排，可以通过为减排成本较低的地区或部门提供资金来抵减自身的排放量，有助于降低买方的减排成本；对出售方来说，碳信用提供一个可以量化的计价方式，产生正向激励，鼓励实现更多绿色产业、减碳排技术创新。

国际上对碳信用认证建立了统一标准，以国际碳减排与抵消联盟（International Carbon Reduction and Offset Alliance，ICROA）的"最佳实践"为代表，碳信用要符合碳减排是真实的、可测量的、永久性的、额外的、由合格第三方独立机构认证、1 吨二氧化碳当量碳减排只对应一个碳信用等六条要求。

碳信用有额外性、真实性、永久性、可核算、无重复等原则，只有满足了这些原则，才能有效促进低碳转型。额外性是指项目带来的减排量难以自发实现，或者是项目业主自发、自愿的行为；真实性是指核算过程准确且完整，全面考虑项目对温室气体排放的影响；永久性是指所抵消碳排放的时限需要与二氧化碳在大气中的持久性相匹配；可核算是指能够准确量化减排量；无重复是指在核查、认证、使用和销毁环节规范可靠，避免重复计算。

二、自愿碳减排市场概念、特点及参与主体

（一）自愿碳减排市场概念

自愿碳减排市场（Voluntary Carbon Market）是指个人、公司、政府、非政府组织（NGO）以及其他公共或私有行为人在监管或强制碳定价工具之外签发、购买和出售碳信用的地方。自愿碳减排市场最早是随着《京都议定书》中清洁发展机制的发展而形成的，但自愿碳减排市场不属于京都机制，而是与清洁发展机制市场平行存在，旨在通过为私人或私有企业创造空间以资助从大气中消除温室气体排放量或减少因工业、交通、能源、建筑、农业、森林砍伐或任何其他活动产生温室气体排放量的项目，实现气候变化的缓解。

自愿碳减排市场是指温室气体自愿碳减排系统中温室气体自愿碳减排项目业主、抵消减排者、管理机构（权威机构或非官方组织）、第三方专业核查机构、碳交易市场和相关法律法规等要素间相互联系又相互影响的关系，以及这种关系所发挥的功能。减排项目业主是减排量的供给者，抵消减排者是减排量的需求者，双方在政府主管部门的政策法规或非政府组织的标准约束下，开展核证自愿碳减排量交易活动，在这一直接功能基础上，衍生出促进技术进步和经济发展等经济功能，改善环境和提高能源利用率等环保功能，以及缩小区域差距和提高居民环保意识等社会功能。

（二）自愿碳减排市场的特点

自愿碳减排市场不同于总量控制下的强制减排体系，这两种市场在机制设计上存在本质区别，自愿碳减排市场正是在与强制减排交易市场的差别中显示出其特点的。

1. 减排自愿

在强制减排市场中，根据主管部门的控排政策，达到一定排放门槛的排放单位被强制要求参与到减排体系中，每年要按时、定量完成减排任务。而在自愿碳减排市场中，企业或业主可以根据自身意愿选择是否进行温室气体自愿碳减排项目的开发，并可以选择是否依托减排项目开发生产的、经核查的减排量参与到强制减排体系中。

2. 流通灵活

强制减排机制的管控范围一般仅限于当地的碳交易体系，例如欧盟碳排放权交易体系的配额只能在欧盟范围内交易，美国加利福尼亚州总量控制与交易计划只能在加利福尼亚州交易；同样，中国试点市场的配额只能在本试点内的企业之间交易。而自愿碳减排市场及其生产的碳信用则具有明显的跨地域性，其中最为典型的是CDM机制生产的核证减排量，能在全球许多地区流通交易，CCER能够在国内碳排放权交易试点内自由流通买卖，充分体现了自愿碳减排市场的灵活性。

3. 核证后确定减排量

在强制减排体系中，碳配额是事先创建的，即在减排行为运转初始阶段，主管部门根据既定的分配方案将碳减排配额发放给企业。而在自愿碳减排市场中，核证自愿碳减排量是事后产生的，即在减排行为（开发减排项目）切实发生并经相关机构核证之后，才被确认为碳信用。

4. 减排量无总量上限

由于强制减排体系的总量控制原则，每年的配额总量是确定的，存在一个配额总量上限，每一期的配额总量上限在交易前已经确定并分配。而在自愿碳减排市场中，核证自愿碳减排量需要待核证完成后才能确认其数量，并没有总量上限控制，通过温室气体自愿碳减排项目的开发，核证自愿碳减排量完全由市场需求决定其供给水平，不存在总量上限。

（三）自愿碳减排市场参与主体

自愿碳减排市场参与主体主要有项目业主、第三方审核机构，通常情况下考虑到项目申报的技术难度及复杂性，一般还会有项目开发商，买方一般为控排企业或其他购买方，参与方还有碳交易市场投资者以及经纪人等。

1. 项目业主（Project Proponent，PP）

项目业主是对减排项目有全面控制权和责任的个人或组织，或其他个人或组织。项目业主对减排项目拥有合法所有权，并且具有控制和经营自愿减排项目活动的合法权利。在开发流程上，项目业主需要根据自愿减排项目活动选择合适的方法学，编制项目设计文件及相关注册申报文件，在项目获得备案后，项目业主还需负责自愿减排项目的实施与监测，并编制监测报告以供核证。如果项目业主并不具备管理和开发自愿减排项目的技术和资源，可以选择与项目开发商签订合作协议，由项目开发商代为技术开发，但依旧可以选择保有自愿减排项目信用的全部或部分所有权。

2. 第三方审核机构

不同的碳标准对于第三方审核机构的称呼不同，例如 CDM 机制称为指定经营实体（Designated Operational Entity，DOE），而 VCS 称为审定/核证机构（Validation/Verification Bodies，VVB），但其所做的工作大致相同，即按照碳标准的规则和项目选择的方法学，审定项目计划文件或核证已实施项目是否按照监测计划产生了预期中的温室气体减排量或移除量。第三方审核机构只有符合相应碳标准并获得主管机构认可后，才能作为第三方审核机构进行验证或核证减排项目。

经发改委通过的具有 CCER 项目第三方审定与核证资质的企业，总共有 12 家，分别为中国质量认证中心（CQC）、中环联合（北京）认证中心有限公司（CEC）、中国船级社质量认证公司（CCSC）、生态环境部环境保护对外合作中心（MEPFECO）、广州赛宝认证中心服务有限公司（CEPREI）、深圳华测国际认证有限公司（CTI）、北京中创碳投科技有限公司（SinoCarbon）、中国农业科学院（CAAS）、中国林业科学研究院林业科技信息研究所（RIFPI）、中国建材检验认证集团股份有限公司（CTC）、中国铝业郑州有色金属研究院有限公司（CHALCO）、江苏省星霖碳业股份有限公司（XLC）。

3. 项目开发商（Project Developer）

碳减排项目开发商并不是项目申报流程中的必要参与主体。但由于自愿减排项目申报流程涉及减排技术复杂，申请前期风险大等原因，在项目进行技术开发的过程中，项目业主往往会找寻经验丰富的项目开发商，委托其代为开发项目。项目开发商负责项目前期尽调、项目活动设计、项目周期规划、方法学识别与适用性分析、基准线情景分析与确认、额外性论证风险识别与管理、减排量合理性预估、监测计划管理、项目设计文件及监测报告撰写、实地考察与利益相关方磋商等工作，帮助业主降低项目技术开发过程中各种风险以最终实现项目碳信用的成功签发，与项目业主合作模式有纯咨询、收益共享两种模式。在项目业主资金不足的情况下，部分开发商可能会根据市场环境及项目类型等综合判断后对项目进行融资，也可提供各种灵活的合同条款。

4. 碳信用买家

而作为主要需求方的控排企业，当其碳排放量高于初始配额分配量时，可以选择购买价格更低、基于自愿减排项目的碳信用以抵消碳排放量。大多数自愿碳交易市场中碳信用购买者是自愿参与气候缓解以抵消其温室气体排放或实现更广泛气候目标的企业。有时政府、NGO 和个人也会购买自愿碳交易市场的碳信用来抵消其航空、会议、活动、产品或服务发生时带来的碳排放。一方面，买家可以借助碳信用自愿抵消政策强制要求由商业、治理、生活和休闲活动产生的温室气体排放量。另一方面，买家也可以在购买碳信用后不去用于抵消，这有助于温室气体排放总量的减少，买家因此可以声明对社会和环境做了贡献。例如可以经常看到完成温室气体抵消的活动、产品或服务使用"碳中和"进行宣传与推广，在个别国家，例如哥伦比亚和南非，自愿碳信用也可以用于抵消企业碳税义务。

三、自愿碳减排市场发展

（一）自愿碳减排市场发展阶段

纵观历史，自愿碳减排市场可以简单分为三个阶段。

1. 第一阶段（2007 年之前）

自愿减排概念横空出世，市场进入萌芽阶段，相关规章逐步确立，非官方的私人碳标准机构出现，碳标准及相关方法学陆续建立。20 世纪 80 年代末，美国爱依斯电力公司投资了国际救助贫困组织（CARE）在危地马拉的一个自愿减排项目，并将该项目产生的碳信用用于抵消企业产生的温室气体排放。这是已知最早碳信用案例。随后在 20 世纪 90 年代中期，环境资源信托基金（Environmental Resources Trust，ERT）发起了美国第一个私营的自愿温室气体登记处，之后在 2008 年这个登记处以美国碳登记处（American Carbon Registry，ACR）名字运营。2003 年黄金标准（Golden Standard，GS）出现，随后自愿核证碳标准（Verified Carbon Standard，VCS）等也逐渐走入市场。

2005 年，《京都议定书》正式生效，CDM 机制为强制履约机制下的碳信用市场创造了发展空间。为了履行《京都议定书》框架下的减排义务，不少国家出台了官方的碳信用项目实施制度，由国家权威机构规范相关碳信用项目参与方式。在被第三方审核机构确认符合相关要求与规则后，相关主管机构与缔约方会根据碳信用标准规则签发相应核证减排量。

2. 第二阶段（2008—2016 年）

自愿碳交易市场方法学及项目类型数量快速增长，越来越多国家的项目参与到了自愿碳交易市场。2015 年 12 月《巴黎协定》达成共识，其第 6.4 条打破了《京都议定书》简单量化减排义务的"二元模式"，即有义务与无义务，而以"全球盘点机制"+"国家自主贡献"模式推动全球减排任务向"各国自主责任"转变，提出创建了一个各缔约方自愿参加以促进减排和可持续发展的机制，即联合国可持续发展机制（Sustainable Development Mechanism，SDM），为 CDM 机制之后的全球碳信用市场奠定了基础框架，同时由非官方碳标准自愿减排量方成为政策性自愿碳交易市场的主导。

在《京都议定书》第一个承诺期末期，2013 年 1 月 1 日起中国正式实施《温室气体自愿减排交易管理暂行办法》，明确鼓励基于项目的温室气体自愿减排交易，经核证后的 CCER 可进入相关市场进行交易。在试点碳交易市场中，纳入市场的控排企业被允许使用一定数量的 CCER 来完成履约。在 2021 年底结束的全国统一碳交易市场第一个履约周期中，大约 3400 万吨 CCER 被最终用于控排企业配额清缴履约,不但直接为控排企业降低了配额清缴经济成本,也为温室气体自愿减排项目业主直接带来经济收益约 20 亿元。

3. 第三阶段(2017 年之后,市场进入快速爆发期)

"企业环境意识"逐渐走入人们的视野。碳合规制度的完善进一步促进了自愿碳减排市场发展,推动自愿减排类型及技术向多元化、可持久化发展。

尽管当前国际强制履约市场规模仍远大于自愿碳交易市场,但随着强制履约计划之外的碳信用需求增加,自愿碳交易市场规模也在持续扩大,2016 年至 2021 年,自愿市场碳信用用于抵消❶的数量大幅增加,并且增速在持续加快。短短 5 年,市场实际消耗量就翻了 3 倍。在 2021 年全球经济整体困难的情况下,全球自愿碳交易市场无论是签发量、交易量还是交易价格,都迎来了大幅上涨。根据统计,全球自愿碳交易市场价值在 2021 年 11 月份创历史纪录,达到 10 亿美元。截至 2022 年 3 月,在全球范围内,共有项目 6081 个。为了实现温升不超过 1.5℃ 的目标,根据全球自愿碳交易市场扩大工作组(TSVCM)的研究,全球碳排放到 2030 年应当减少 230 亿吨,其中大约 20 亿吨来源于碳汇和碳移除,自愿碳交易市场的规模保守估计在 50 亿至 300 亿美元之间,甚至可能达到 500 亿美元。

(二)自愿碳减排市场趋势

1. 碳信用核心碳原则

2022 年 7 月自愿碳交易市场诚信委员会(Integrity Council for the Voluntary Carbon Market,ICVCM)制定了核心碳原则(Core Carbon Principles,CCPs),将分属于不同碳信用机制的碳信用管理和开发标准予以统一,为高质量碳信用设定新的门槛标准,旨在为高质量或高完整性的碳信用提供一个"可信的、严格的和易获取的"全球标准(见表 7.1),既要符合《巴黎协定》的 1.5℃ 目标,同时又要避免环境和社会负面作用,从两个层面来定义 CCP:一是在减排信用层面,必须满足真实、额外、永久、可测量、可报告、可核查(MRV)、基于现实和可靠的基准线、无泄漏、对环境和社区无害及不重复计算等原则;二是在机构运营层面,要求签发 CCP 自愿减排信用的各标准组织必须满足组织架构、公众参与、法律基础、登记机构、独立第三方核查等方面的具体要求(表 7.1)。

ICVCM 还发布了《评估框架》和《评估程序》草案,为碳信用判断是否符合 CCPs 标准提供指导,并明确批准和标记信用过程。

表 7.1 高质量碳信用 10 个核心标准

序号	原则	内容
1	额外性	减缓活动的减排量或清除量应当是额外的
2	气候减缓活动的信息	碳信用项目提供全面、透明、公开的产生碳信用的活动信息
3	避免重复计算	碳信用所代表的减排量或清除量在实现气候指标或目标时只计算一次
4	永久性	碳信用所代表的减排量或清除量是永久性的,或在逆转时得到充分补偿
5	项目管理	碳减排项目计划有相应的管理架构,以确保其他原则的有效实现
6	登记簿	碳信用项目运营或利用登记簿,这是一个用于记录、跟踪和唯一识别减排活动和碳信用交易的系统

---

❶ 抵消的碳信用数量是已被购买且消费的部分,并从市场中注销,如果被用于抵消的碳信用越来越多,就能证明对碳信用需求正在不断增加。

续表

序号	原则	内容
7	强大的、独立的第三方验证和核查	碳信用项目对产生信用的活动有严格的核查要求
8	健全的减排量和清除量的量化方法学	用于量化碳信用所代表的温室气体减排量或清除量的方法是保守的、完整的和有科学依据的
9	可持续发展影响和保障措施	设定明确的程序,以确保减排项目活动防止负面的环境或社会外部因素,并产生净正面的可持续发展影响,包括对原住民和当地社区(IPLCs)
10	向净零排放过渡	产生碳信用的活动避免锁定于在2050年前实现净零排放不相容的碳密集型做法或技术

2. 可持续发展机制

2015年12月,《巴黎协定》达成共识,其第6.4条提出创建一个各缔约方自愿参加以促进减排和可持续发展的机制——可持续发展机制(SDM),允许缔约方以东道国或购买国的身份使用该机制下所产生的减排量实现原则上向1.5℃目标靠拢的国家自主贡献(IN-DC)。在总体架构上,与CDM类似,皆为具有"抵消功能"的基线与信用机制,几乎全部沿用了CDM的架构,包括基准线、额外性、监测计划、审定核查机构、总体注册和签发流程等,但在可持续发展贡献上要比CDM强调得更多一些。为了支持气候适应,SDM将收取每个项目5%的减排信用建立适应基金,另外还有2%的减排信用直接予以注销。在《巴黎协定》推动市场"自愿化"的同时,赋予了各缔约方根据本国情况灵活制定减排方式和力度的空间。SDM机制比CDM时期有更严格的基准线,以增加各国完成碳减排目标的雄心。可以纳入SDM机制的项目包括减少排放(比如能效提高项目)、避免排放(比如甲烷利用项目)、移除排放(比如碳汇项目)等。2021年11月,可持续发展机制(SDM)在第26届联合国气候变化大会上通过,这有利于保障全球环境完整性及整体减缓目标的达成。

3. 基于自然的解决方案

高质量的碳信用代表着真实、可测量且具有额外性的温室气体减排量或移除量,除去气候贡献,高质量碳信用还会产生可持续发展、生物多样性保护和其他社会或生态方面的效益,如气候、社区和生物多样性标准(Climate, Community, Biodiversity, CCB)要求确认森林碳汇项目的环境和社会效益。经认证的可持续发展贡献可以向购买者保证除项目产生的温室气体排量或移除量之外,也会产生真实的环境和社会收益。

2008年世界银行发布的报告《生物多样性、气候变化和适应性:来自世界银行投资的NbS》首次提出基于自然的解决方案(Nature-based Solutions, NbS)概念,NbS是指对生态系统加以保护和修复,并对其进行可持续管理,从而使生态系统造福人类的行动,这些行动可能会减缓气候变化、推动经济发展、提高粮食安全、改善人类健康状况或增强人类抵御自然灾害的能力,是保护、可持续管理和恢复自然的和被改变的生态系统的行动,能有效和适应性地应对社会挑战,同时提高人类福祉和生物多样性效益。

在自愿碳减排市场上,通常看到的NbS自愿减排项目集中在森林、农业和湿地领域。NbS项目产生的碳信用已是自愿碳信用买家的首选,大大促进了相关项目的开发。2017年大自然保护协会(the Nature Conservancy, TNC)等发文提出2016—2030年NbS可为实现《巴黎协定》提出的2℃目标作出37%的贡献。根据《巴黎协定》将全球气温增幅努力控制在1.5℃以内的目标,自愿碳交易市场需要在2030年前增长到目前规模的15倍,这也意味着每年产生的碳信用量将至少有 2/3 来自 NbS 项目。

第二节　自愿碳减排核算标准

一、自愿碳减排核算标准概述

自愿碳减排核算标准（Carbon Standard）作为自愿碳交易市场运行的核心，是用来认证与签发产生的碳信用的一整套规则、程序和方法。对避免、减少或移除的每吨温室气体发放一个碳信用。既认证自愿减排项目，又促进碳信用间的交易，将经认证的碳减排量或移除量转化为可交易的碳信用。碳标准是由相关标准组织开发和管理的，这些组织通常是国际非政府组织。自愿减排项目必须采用标准批准的方法学，遵守使用碳标准的流程、规则、要求和保障措施，并能提供符合要求的合规证据。同时碳标准使用登记注册系统来跟踪所有碳信用的产生、转移与交易。

随着自愿碳交易市场规模的扩大，各国甚至各行业都推出了更加具有针对性的碳减排标准，目前暂时没有一个统一的自愿碳标准，相关标准已有十几种，各标准发起者及标准的侧重点不同，各标准所接受的项目类型与审批程序也不同，主要包括国际标准、独立标准、国家和地方标准。国际标准是指受国际气候公约制约的机制，通常由国际机构管理，目前主要是《京都议定书》下的清洁发展机制和联合履约机制两种。

二、独立标准

独立标准是由独立第三方认证的碳信用机制，一般是针对组织或个人自愿抵消而建立，但有些也被用于各类碳定价机制的履约，处于自愿碳交易市场和强制履约碳交易市场之间，包括黄金标准（Gold Standard，GS）、核证碳标准（Verified Carbon Standard，VCS）、核查减排标准（Standard for Verified Emission Reductions，VER+）、美国碳登记（American Carbon Registry，ACR）、气候行动储备（Climate Action Reserve，CAR）等。

（一）黄金标准

全球目标的黄金标准（Gold Standard for the Global Goals，GS4GG）由黄金标准基金会管理，世界自然基金会（WWF）和其他非营利性组织共同设立，登记机构为黄金标准登记（Gold Standard Registry）。GS 是第一个针对联合履约（JI）机制和清洁发展（CDM）机制温室气体减排项目开发的、独立的、具有良好实用性的基准方法，GS 签发的碳抵消信用为 GS Verified Emissions Reductions（VERs）。GS 弥补了 CDM 项目在可持续方面的不足，获得 GS 认证的项目不仅要保护地球气候，还要支持至少三项联合国可持续发展目标。为项目开发商提供了一套方法，以确保 CDM 和 JI 能够产生有利于可持续发展的真实可靠的环境效益。GS 还使项目东道国和公众确信，项目在可持续能源服务方面带来新的额外投资。GS 标识既可用于项目本身（已完成审定的项目），也可用于具有 GS 标识的项目（经核查的项目）所产生的信用额。项目业主既可以在项目产生实际减排量之前进行交易，又能够可靠地证明承诺减排量的实现。

GS 备案的 39 个方法学涵盖土地利用、林业和农业，能源效率，燃料转换，可再生能源，航运能源效率，废弃物处理和处置，用水效益和二氧化碳移除八个领域。GS 已经为超过65个国家，总计超过900个项目签发了1.51亿碳信用，包括1.261亿自愿碳减排量和2490万黄金标准核证减排量，其中共计7580万吨自愿碳减排量已经注销，占发行自愿碳减排量总量的60%。VERs可以直接在黄金标准登记系统（Gold Standard Registry）交易，实现实时注销，自动生成证书，VERs也可以在CTX交易所场内交易。

（二）核证碳标准

核证碳标准（VCS）是气候组织（Climate Group，CG）、国际排放贸易协会（IETA）及世界经济论坛（World Economic Forum，WEF）联合倡议提出的自愿碳减排交易项目的全球性质量保证标准，是全球使用范围最广的自愿碳减排机制。VCS备案方法学所覆盖的领域包括能源、制造过程、建筑、交通、废弃物、采矿、农业、林业、草原、湿地和畜牧业等，所有CDM机制下的方法学都可以用于登记VCS项目。

根据该标准对温室气体减排项目进行计量、监督和报告，核证之后在自愿碳交易市场产生有效力的减排量称为Voluntary Carbon Unit（VCU），并为进行温室气体减排项目的企业或组织提供自愿碳减排的交易平台，以自由贸易的形式实现企业、组织以及政府的温室气体减排目标。

2020年4月起，VCS可以在Verra登记系统（Verra Registry）中交易，也可以在CTX交易所场内交易。此外，Xpansiv数据系统股份有限公司（Xpansiv Data System，Inc）旗下的ESG现货市场CBL推出了现货合约，芝加哥商业交易所集团（CME）在期货合约，均包含VCUs。根据统计，2022年6月30日，超过1803个经认证的VCS项目共计减少或移除了超过9.55亿吨二氧化碳和其他温室气体排放。

（三）核查减排标准

核查减排标准（VER+）由南德意志公司（TÜVSÜD）发起并作为执行机构，2007年启动，项目范围涉及全球，现执行标准为VER+2.0版本。核查减排标准（VER+）与《京都议定书》基于联合履约机制和清洁发展机制的标准一致，包括项目附加性的要求，以证明该项目不是一个正常的业务场景。VER+所接受项目类型主要为温室气体减排项目（不包括任何四氟乙烷HFC项目），其中核能项目和超过20MW的水力发电项目必须得到世界水坝委员会的认可。发展中国家的项目在应用方法上具有更大的灵活性，其可以根据联合履约项目应用的准则选择应用方法。

VER+项目需确保减排是不可逆转的。如果与土地使用有关的项目不能确保永久性，则需要充分的保障措施，以平衡潜在的可逆性。VER+项目需确保排他性，该项目在积分期间独家申请VER+积分，由其他现有计划引起或间接包括的减排必须从VER+的数额中扣除。在同一时间框架内，在不同制度下（如CDM和JI等）的同一活动的减排方案将不被允许授予TÜVSÜD证书。VER+标准排除了任何因UNFCCC计划的变化或在附件一国家名单上增加任何国家而产生的潜在影响。一旦商定新的授信期限，则可根据本标准延长贷记期，并在重新验证后仍适用原来的方法。对于标准项目而言，累计授信期限的金额限制在25年以内，对于土地利用、土地利用变化和森林（Land Use，Land Use Changeand Forestry，LULUCF）活动而言，累计授信期限的限制在50年以内，并且VER+允许申请开始日期早在2001年1月1日的项目。

VER+项目要求不得对环境造成重大的负面影响，应减轻任何潜在的负面影响。如果项目根据国家法律要求进行环境影响评价，则环境影响评价应在验证结束前提交审批。

VER+项目的验证与联合履约机制和清洁发展机制指南类似,任何 VER+项目在注册前都必须经过验证,根据项目参与者编写的监测报告进行验证。在追溯项目的情况下,对于土地利用和林业活动的首次核实不得迟于实施后 5 年进行。

(四) 美国碳登记(ACR)

ACR 是由环境资源信托基金(Environmental Resources Trust)于 1996 年成立的温室气体登记机构,并于 2007 年成为非营利性组织 Winrock International 的全资子公司。2012 年,ACR 获加州空气资源委员会批准,作为加州限额交易市场的抵消项目登记处(OPR)。

ACR 备案的 14 个方法学覆盖五个领域:减少温室气体项目(燃料燃烧),减少温室气体项目(工业生产),土地利用、土地利用变化和林业,碳封存和储存,废弃物处理和处置。ACR 签发的碳抵消信用分为 ACR Emission Reduction Tones (ERTs) 和 Registry Offset Credits (ROCs) 两种。ERTs 和 ROCs 可以通过场外交易签订协议并在 ACR 注册系统划转,也可以将其账户与 CBL 账户关联进行场内交易,经授权 ERTs 和 ROCs 也在 CTX 上市。CBL 的投资者既可以购买指定项目的碳抵消信用(Project-specific Credits),也可以购买 CBL 的标准化全球碳抵消合约(GEO)现货,以 GEO 现货合约为基础的期货合约在 CME 上市。

(五) 气候行动储备(Climate Action Reserve,CAR)

气候行动储备(Climate Action Reserve,CAR)于 2009 年正式启动,是一个基于项目的碳排放交易机制,制定了可开发、可量化、可核查的温室气体减排标准,发布基于项目产生的碳排放额,并监测全程的碳交易过程,其目标是要建立一个覆盖整个北美的交易体系。CAR 的前身是 2001 年注册的加州气候行动注册处,是加州碳排放自愿登记机构,在变更为 CAR 后,则集中发展标准化温室气体减排的协议项目,打造成登记和跟踪抵消温室气体的体系平台。CAR 用"协议"(Protocol)指代其抵消项目类型,以突出每个"协议"复杂性。CAR 备案了美国、墨西哥和加拿大的 22 个协议,在美国 45 个州和墨西哥 10 个州备案了 400 余个项目,并在不断发展壮大,在墨西哥城、纽约、华盛顿特区、旧金山等城市都成立了工作室与代理处。

CAR 项目涉及工业、交通运输、农业和林业等领域,所产生的减排量单位称为气候储备单位(Climate Reserve Tonnes,CRT),1 个 CRT 等于 1 吨二氧化碳当量,可以通过场外交易并在 CAR 注登系统划转,也可以在 Xpansiv CBL❶、区块链碳信用交易平台(Air Carbon Exchange,ACX)❷ 和洲际交易所集团(Intercontinental Exchange,ICE)进行场内交易。CAR 是美国第一个根据自愿碳标准(VCS)设立的温室气体减排体系,所有项目都采用 VCS 方法学,因此 CAR 只接受气候行动储备开发协议项目,目前不接受 CDM 项目的减排额,也不接受来自美国环境保护署(EPA)"气候领导者项目"所产生的减排额(Climate Leaders Offsets,CLO)以及来自自愿碳标准的减排额等。

此外 CAR 还有其姊妹组织——气候登记处(the Climate Registry),它主要负责北美所有的实体性的温室气体排放清单报告和核查,不支持温室气体减排项目的登记或跟踪。

---

❶ Xpansiv CBL 提供碳及可再生能源证书等 ESG 类大宗商品的最大现货交易所。
❷ AirCarbon Exchange 是新加坡的一家碳交易机构,主要搭建一个高效、透明的碳交易平台,将碳信用额证券转化为具有透明定价和实时结算的可替代和可交易证券,从而为用户提供空气碳交换解决方案。

（六）REDD＋交易构架（Architecture for REDD＋Transaction，ART）

ART 是由 Winrock International 管理的自愿碳减排信用机制，开发目的是为国家和司法管辖层面的 REDD＋减排和移除活动提供长期资金支持。ART 制定了 REDD＋环境卓越标准（TREES），并且只对国家和下一级政府的 REDD＋减排活动签发碳信用，不对项目级活动签发碳信用。

ART 签发的碳抵消信用 TREES Credits，可以通过场外交易签订协议，并在 ART 登记系统中进行划转。TREES 可以在非营利性机构 Emergent 森林金融加速器进行场内交易，Emergent 是 ART 信用额度的稳定买家，提供购买的确定性，以底价购买碳抵消信用并共享溢出价格收益，为 TREES 买家提供购买 ART 信用有效机制，使其不必直接与各国政府谈判和签约。

三、国家和地方标准

国家和地方标准由政府部门为配合其强制碳交易市场的抵消机制或配合企业减排履约而建立，是只适用于一个国家、省内或者几个国家以及区域的碳信用机制，一般只受到本国、本省或双边国家的制度约束。目前，全球共有 17 个区域、国家和地区实施碳信用机制并已签发碳信用。

（一）加拿大艾伯塔省排放抵消体系

2007 年艾伯塔省《气候变化排放管理修正法案》生效，主要为艾伯塔省特定气体排放管理条例（SGER）（一种基线减排和信用交易型碳排放交易体系）下有减排义务的实体提供碳信用。该机制只对该省范围的节能减排签发碳信用，首批项目覆盖农业、可再生能源和废弃物处理领域，后来覆盖范围扩大到其他行业。

2019 年该标准被加拿大联邦政府采纳，2022 年 6 月加拿大政府启动了温室气体抵消信用体系——加拿大《2030 年减排计划》。抵消系统将为市政当局、林农、农民、原住社区等提供市场激励，鼓励他们开展通过防止排放和清除大气中温室气体来减少温室气体的创新项目。

（二）熊猫标准

熊猫标准是由北京环境交易所主导制定，是中国参与制定的首个自愿减排标准，它标志着中国开始在全球碳交易中发出自己的声音。熊猫标准是专为中国市场设立的自愿减排标准，从狭义上确立减排量检测标准和原则，广义上规定流程、评定机构、规则限定等，以完善市场机制。它的设立是为了满足中国国内企业和个人就气候问题采取行动的需求。一些项目实现了减排或者清除，遵循熊猫标准的原则，被合格的第三方机构核证，并通过注册，可以获得相应数量的熊猫标准信用额，信用额可以买卖。

熊猫标准将确立自愿减排量的检测标准和原则，并规定自愿减排流程、评定机构、规则限定等内容，从而完善中国的碳排放交易市场机制。该标准将借鉴美国杜克法则，大力推动农、林、牧、副、渔业的生态补偿类项目，促进市场向工业补偿农业、城市补偿农村、东部补偿西部、高排放者补偿低排放者的方向发展。

（三）中国温室气体自愿减排计划

2012 年，国家发改委发布了《温室气体自愿减排交易管理暂行办法》和《温室气体自愿减排项目审定与核证指南》，明确中国自愿减排项目的申报、审定、备案、核证、签发等工作流程。国家核证自愿减排量（CCER）是指对中国境内特定项目的温室气体减排效果进行量化核证，是在国家温室气体自愿减排交易注册登记系统中登记的温室气体减排量，可以用于国内试点地区企业履约需要，也可以用于企业和个人的自愿减排。发改委对温室气体自愿减排交易采取备案管理，参与自愿减排交易的项目、项目产生的减排量均须在国家主管部门备案和登记，并在经国家主管部门备案的交易机构内交易。中国温室气体自愿减排计划于2015年1月启动交易。

2017年3月，由于温室气体自愿减排交易量小、个别项目不够规范等问题，发改委暂缓受理温室气体自愿减排交易方法学、项目、减排量、审定与核证机构、交易机构备案申请。截至恢复备案前，国家发改委公示的CCER审定项目累计达到2856个，备案项目1047个，获得减排量备案项目287个。获得减排量备案的项目中挂网公示254个，合计备案减排量5283万吨二氧化碳当量。从项目类型看，风电、光伏、农村户用沼气、水电等项目较多。

2020年12月，《碳排放权交易管理暂行办法（试行）》提出，控排企业每年可以使用国家核证自愿减排量抵消碳排放配额的清缴，抵消比例不得超过应清缴碳排放配额的5%，CCER纳入全国统一碳交易市场。2021年10月生态环境部发布通知，明确了2021年允许企业使用CCER抵消≤5%的应清缴配额，使用的CCER不得来自纳入全国统一碳交易市场配额管理的减排项目。2021年3月，生态环境部出台《碳排放权交易管理暂行条例》（征求意见稿），该条例指出可再生能源、林业碳汇、甲烷利用等项目的实施单位可以申请国务院生态环境主管部门组织对其项目产生的温室气体削减排放量进行核证。该条例重新纳入自愿减排核证机制，温室气体自愿减排交易管理办法有望修订，相关方法学、项目等将重新开启申请审核，为后续全国统一碳交易市场提供有效补充。

（四）其他标准

1. 福建林业碳汇抵消机制（FFCER）

福建省作为国内森林覆盖率最高的省份，2017年印发《福建省林业碳汇交易试点方案》，选择顺昌、永安、长汀、德化、华安、霞浦、洋口国有林场、五一国有林场等20个县（市、区）、林场开展林业碳汇交易试点，项目类型主要包含碳汇造林、森林经营碳汇、竹林经营碳汇项目，核证后的林业碳汇项目可在福建试点碳交易市场进行交易。截至目前，福建省林业局和福建省生态环境厅已备案五批共计20个项目，备案减排量共计290.69万吨。截至2021年5月31日，FFCER累计成交275.35万吨，成交金额4055.06万元。

2. 广东碳普惠抵消信用机制（PHCER）

2015年，广东省发布《广东省碳普惠制试点工作实施方案》，决定在广东省内组织开展碳普惠制试点工作。广州、东莞、中山、惠州、韶关、河源等6个城市纳入首批碳普惠制试点地区。2017年4月，广东省发改委发布《关于碳普惠制核证减排量管理的暂行办法》，指出纳入广东省碳普惠制试点地区的相关企业或个人自愿参与实施的减少温室气体排放和增加绿色碳汇等低碳行为所产生的核证自愿减排量（PHCER）正式允许接入碳交易市场。省级PHCER作为碳交易市场的有效补充机制，原则上等同于本省产生的CCER，可用于抵消纳入碳交易市场范围控排企业的实际碳排放。

2018年8月广东省暂停受理省级碳普惠核证减排量备案申请。2019年5月广东省生态环境厅恢复受理省级碳普惠核证减排量备案申请，同时更新了森林保护、森林经营等5个碳普惠方法学，PHCER上线以来呈现量价齐升趋势。从备案项目看，根据广州碳排放权交易中心和广东省生态环境厅公告统计，截至2021年6月30日，广东省备案PHCER减排量达

191.97万吨，项目类型以林业碳汇为主，占比达92%。

3. 北京林业碳汇抵消机制（BCER）

2013年北京碳排放权交易正式上线，林业碳汇作为抵消机制纳入其中。2014年北京市发改委和园林绿化局联合印发《北京市碳排放权抵消管理办法（试行）》，指出可用于控排企业进行抵消的林业碳汇项目须是来自北京市辖区内的碳汇造林项目（2005年2月16日后的无林地）和森林经营碳汇项目（2005年2月16后开始实施），同时对土地具备使用权或所有权。

北京林业碳汇项目主要包含CCER、北京林业碳汇抵消机制（BCER）、北京碳汇基金项目、义务植树购碳履责项目等。核证过的林业碳汇项目经市发改委、园林绿化局审定认可后可预签获得60%的核证减排量用于碳交易，在获得国家发展改革委备案的核证自愿减排量后，将与预签发减排量等量的核证自愿减排量从其项目减排账户转移到其在本市的抵消账户。

第三节 自愿碳减排项目开发

一、自愿碳减排项目

自愿碳减排项目是按照碳标准批准的方法学在特定领域消除或减少温室气体排放的特定活动，项目需明确地理位置，并通过碳标准进行审定、批准、监测和核证。国际上常见的自愿碳减排项目通常从以下三类项目中产生：①森林碳汇等自愿碳减排项目；②前期成本过高或因其他原因而无法进入清洁发展机制开发的碳减排项目；③部分没有达到清洁发展机制执行理事会签发核证减排量标准的项目，可以考虑通过自愿碳减排市场进行碳交易的申请。

全球来看，可开发成碳信用的项目类型分为以下12种：第一，农业养殖业，农业管理和农场管理，如改良作物品种、土壤轮作、动物粪便管理、改良饲料和膳食添加剂、改良品种等；第二，碳捕捉/碳利用，碳捕捉、封存或者利用相关活动；第三，能源效率，减少能源消耗（含废热/气回收）和提高化石能源发电等工业活动；第四，森林，造林、再造林、提高森林管理，以及减少毁林或森林退化排放等；第五，燃料替代，基线为化石能源发电或者供电，替换碳含量更低的燃料；第六，逃逸排放，减少工业甲烷排放，排除禽畜和农业生产的甲烷泄漏或者排放；第七，工业气体，减少含氟类气体，包括氢氟类气体、全氟化气体和臭氧消耗物质；第八，制造业，减少资源（水泥、零售、建筑、金属）碳排放强度；第九，其他土地利用，所有的土地利用管理活动，排除森林和农业类，例如湿地；第十，可再生能源，所有的可再生能源活动，包括可持续生物质沼气；第十一，交通，减少与交通相关的温室气体排放；第十二，废弃物，与填埋场气体和废水处理相关的减排活动，包括废弃物管理和处理。

中国自愿碳减排项目（CCER）是依托可产生温室气体减排的常规建设项目，利用已备案的CCER项目方法学经备案的第三方机构审定后在国家发改委备案的项目。备案的CCER项目，其产生的减排量经备案的第三方机构核查核证后，可在经备案的CCER交易机构交易，产生额外的减排收入，是对中国境内可再生能源、林业碳汇、甲烷利用等项目的减排效果进行精选量化核证，并在碳交易所注册登记的核证自愿碳减排量。"核证"指的是一个

CCER 项目在进入市场前,首先需要经过一系列严格的量化考察以及层层备案,"自愿"指的是这一交易标的有别于国家强制划分的碳排放配额,是一种环保减排项目主动发起的减排活动。将二者结合起来看,CCER 就是一种"经官方指定机构审定并备案,由环保项目或企业主动创造的温室气体减排量"。

同时规定,属于以下任一类别的 2005 年 2 月 16 日之后开工建设的项目可申请备案为 CCER 项目:①采用经国家主管部门备案的方法学开发的自愿减排项目(简称"第一类项目");②国家发改委批准为清洁发展机制项目但未在联合国清洁发展机制执行理事会注册的项目(简称"第二类项目");③国家发改委批准为清洁发展机制项目且在联合国清洁发展机制执行理事会注册前产生减排量的项目(简称"第三类项目");④在联合国清洁发展机制执行理事会注册但减排量未获得签发的项目(简称"第四类项目")。

二、自愿碳减排项目方法学

(一)方法学概念

方法学是指用于确定项目基准线、论证额外性、计算减排量、制定监测计划等的方法指南,是审查自愿碳减排项目合格性以及估算/计算项目减排量的技术标准和基础。方法学由基准线方法学和监测方法学两部分构成,前者是确定基准线情景、项目额外性、计算项目减排量(=基准线排放-项目排放-泄漏)的方法依据,后者用于确定计算基准线排放、项目排放、泄漏所需监测的数据信息,确定相关数据/信息的监测和记录方法、质量保证和质量控制程序等。

方法学在自愿碳减排项目开发的各个阶段都起着非常重要的作用。①项目设计阶段:必须在项目设计文件(PDD)中选择和应用经过批准的方法学;②项目审定和备案阶段:第三方审定和核证机构和国家发改委专家评审委员会分别对方法学的合理应用进行审查;③项目监测阶段:将对方法学的具体实施和监测计划的可行性进行检验;④减排量的核查与核证:第三方审定和核证机构将对监测计划的实施进行严格的审查;⑤减排量备案:国家发改委专家评审委员会将对监测计划的实施进行严格的审查,如不能满足方法学的要求,减排量将无法得到备案或遭受一定的减排量损失。

因此,无论是自愿碳减排项目业主,还是自愿碳减排项目减排量购买方,都应对方法学的应用风险做好防范(如在合同条款中作出相应安排),以降低项目开发成本或减排量交易损失。

(二)方法学构成要素

方法学主要包括基准线、额外性、项目边界、减排量计算和监测计划等要素,其中自愿碳减排项目基准线设定是方法学的核心问题之一。基准线是自愿碳减排项目额外性分析和项目活动减排量计算的基础。表 7.2 列出了方法学的各要素,并进行了释义。

表 7.2 方法学各要素释义

方法学要素	释义
适用范围	明确规定方法学的适用条件
项目边界	项目边界是指一个地理范围,这个范围应包括在项目参与方控制范围内的、数量可观并可合理归因于碳减排项目活动的所有温室气体源人为排放量
基准线情景	为了提供和碳减排项目同样的服务,在没有此项目时将出现的情况(需要针对每一种服务进行定义)。可根据所使用的已批准的方法学的要求识别基准线情景

续表

方法学要素	释义
基准线	基准线合理代表在不开展碳减排项目活动的情况下出现的人为温室气体排放情景，是在国内资源条件、财务能力、技术水平和法规政策下，可能出现的合理排放水平，它往往代表一种或几种已商业化，在国内市场中主流技术设备的能效水平及排放水平基准线，实际上是在基准线情景下的排放轨迹
额外性	额外性是指项目活动所带来的减排量相对于基准线是额外的，即这种项目及其减排量在没有外来的碳减排项目支持的情况下存在财务效益指标、融资渠道、技术风险、市场普及和资源条件方面的障碍因素，依靠项目业主的现有条件难以实现
项目排放	项目活动引起的排放
基准线排放	基准线情景下出现的排放
泄漏	泄漏是指项目边界之外出现的并且是可测量的和可归因于碳减排项目活动的温室气体源人为排放量的净变化。泄漏通常可以忽略
监测计划和方法	监测计划和方法提供监测数据的质量控制（QC）和质量保障（QA）程序，用于估计或测量项目边界内产生的排放量，以及确定基准线和识别项目边界外的排放量的净变化

国际上 CDM 执行理事会建立了方法学委员会，负责向 CDM 执行理事会推荐其认为有效的、透明的和可操作的 CDM 方法学，目前已批准发布了超过 130 项不同项目减排量的核算方法学标准。核证碳标准（Verified Carbon Standard，VCS）是为项目级的自愿碳减排而设计的一个全球性的基线标准，为自愿性碳交易市场提供了一个标准化的级别，并且建立了可靠的自愿碳减排信用额度（VERs），可供自愿性碳交易市场的参与者进行交易。VCS 为开发标准化方法学提供了一套完整的要求，并引领国际自愿碳减排市场。

CCER 方法学是指根据《温室气体自愿减排交易管理暂行办法》开发核证自愿减排项目所采用的量化核证方法。目前 CCER 方法学主要有两种：一种是直接使用联合国清洁发展机制执行理事会（CDM EB）批准的 CDM 方法学；另一种是国内项目开发者向国家主管部门申请备案和批准的新方法学。这两类方法学在经过专家评估后，都可以由国家主管部门进行备案，为自愿碳减排项目的申报审批等提供技术基础。截至 2022 年 11 月，自然资源部及发改委发布的十二批 CCER 方法学，以及广东、北京、四川、贵州、重庆等 10 个地区的方法学，共计 275 项，包括电力、交通、化工、建筑、碳汇等近 40 个领域。

三、自愿碳减排项目开发流程

自愿碳减排项目要想申请成为碳信用项目并签发减排量，需要按照国家主管部门规定的相关流程进行项目开发。自愿碳减排项目的技术开发流程在一定程度上就是碳信用的生产流程。自愿碳减排项目的开发流程在很大程度上沿袭了 CDM 项目的框架和思路，主要包括 8 个步骤，依次是项目评估、项目设计文件编制、项目审定、项目备案、项目实施与监测、监测报告编制、碳减排量核证、碳信用签发（图 7.1）。

（一）项目评估

项目评估一般包括项目合规性（政策、标准及方法学等）、技术成熟度及绩效持久性、基准线及额外性确认与论证过程、减排量、监测计划合理与实施风险、支撑材料完整性、碳权权属及其他不同类型项目面临的不同类型风险等。评估方式可包括前期文件查阅、实地考察调研访谈、文献资料分析研究、行业专家咨询等。自愿减排项目可行性研究和利益相关方

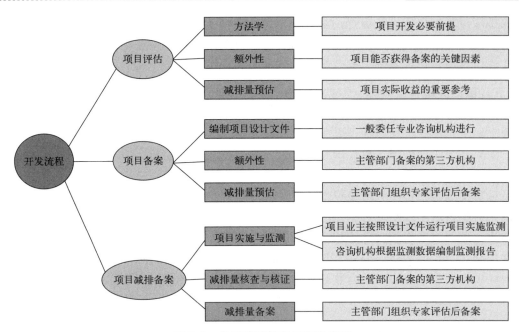

图 7.1 自愿碳减排项目开发流程

磋商有时也在这个步骤中实施或启动。

（二）项目设计文件编制

项目设计文件（PDD）是申请碳减排项目的必要依据，是体现项目合格性并进一步计算与核证减排量的重要参考。项目文件可以由项目业主自行撰写，也可由咨询机构协助项目业主完成，项目开发商需要根据相应碳标准的指南来编制项目申报文件，主要包括确定项目活动描述、方法学适用性、项目边界、基准线识别、额外性论证、减排量计算、监测计划、项目期限与计入期、环境影响评价及利益相关方等要点。项目申报文件需一一对应解释其碳标准及选用方法学的适用性及合规性，证明拟议自愿减排项目已正确应用所选的方法学，且满足相关要求。项目申报文件可以在项目开工或运营后编制，但要充分考虑相关碳标准对项目申报截止时间的具体要求。项目申报文件不仅包括我们常说的项目设计文件，还包括其他一系列申报技术、商务与法律文件。

（三）项目审定

为完成项目注册，自愿减排项目必须由独立的第三方审核机构进行审定。审定机构应按照规定的程序进行审定，主要步骤包括合同签订、审定准备、项目设计文件公示、文件评审、现场访问、审定报告的编写及内部评审、审定报告支付等 7 个步骤。审定报告在审定项目设计文件等相关申报文件后出具，通常包括文件评审、现场访问、不符合项整改及审定报告编制等工作。受认可的第三方审核机构会按照碳标准规定确定审定范围，审定内容大致包括对项目设计文件、可行性研究报告及其他相关支持性材料的评审，初步判断项目设计的合规性，并通过现场访问考察项目环境、设备参数、调阅相关记录及参与当地利益相关方沟通，进一步确认自愿减排项目是否能够按照相关碳标准要求产生真实的、可测量的、额外的减排量。

（四）项目备案

项目业主企业须报国家主管部门，主管部门委托专家进行评估，并依据专家评估意见对自愿减排项目备案申请进行审查，对符合条件的项目予以备案。只有审定结论是符合碳标准要求的项目才能进一步递交项目注册申请，要求对项目进行备案登记。在这一阶段，需要提交的文件包括项目设计文件、审定报告及其他相关申请支撑文件。

（五）项目实施与监测

在项目投产后，项目业主须按照相关碳标准规则、对应方法学要求及审定阶段制定的监测计划来监测自愿减排项目活动实施的情况及对温室气体排放量的影响，以确定项目减排净效益，尤其是方法学中用于量化碳减排量的参数数据。要确定项目的减排量，需要对项目的实际排放进行监测。根据规定在项目的设计文件中，必须包含相应的监测计划，以确保项目减排量计算的准确、透明和可核查性。项目开发者严格依据经过注册的项目设计文件中的监测计划，对项目的实施活动进行监测，并向负责核查与核证项目减排量的签约经营实体报告监测结果。监测活动中如需使用相应监测设备，则应按照国家或国际相关标准对设备进行校准，并提交相关校准文件，确保监测设备处于正常运行状态。同时为合理及准确监测相关数据参数，项目业主还应建立一套数据流保证制度及配套工具，以获取、记录、汇总、报告与分析对项目（包括泄漏）排放和基准线排放（如需要）有关的重要数据和信息。

（六）监测报告编制

项目业主应当根据监测期内的监测内容与结果撰写监测报告，监测报告是记录减排项目数据管理、质量保证和控制程序的重要依据。减排量核证报告包括减排量核证程序和步骤，监测计划执行情况，减排量核证主要结论，要充分与合理描述如何按照碳标准规则、方法学要求、注册项目设计文件及监测计划对自愿减排项目进行监测，与温室气体减排量有关的数据和信息。监测报告监测期应是一个独立的时间段，不能与以前的监测期重叠，并要求与前一次的监测期无缝链接。

（七）碳减排量核证

项目的监测报告由独立的第三方审核机构进行核证，核查项目年度所产生的减排量和监测情况，并出具核证报告。核证的基本要求为：一是减排项目减排量的唯一性，二是项目实施和项目设计文件的符合性，三是监测计划与方法学的符合性，四是监测与监测计划的符合性，五是校准频次的符合性，六是减排量计算结果的合理性。

受认可的第三方审核机构会按照碳标准规定进行核证，核证内容主要围绕监测报告及相关支持性证据材料。一方面负责核证的第三方审核机构需要对项目业主提供的数据和报告进行完整性评估，确认监测计划和监测方法的科学性，评审数据管理和质量控制系统。另一方面，第三方审核机构需要到项目现场，确认项目实施及监测活动切实按照计划执行到位，确认减排量数据产生、收集、传递、汇总、报告、计算符合方法学相关要求且科学无误，有时会要求利益相关方参与协商，最重要的是确认自愿减排项目的实际减排量是否真实、额外与可测量。

（八）碳信用签发

在自愿减排项目完成核证之后，项目业主可以向碳标准机构申请签发碳信用，成为核证自愿减排量，单位为吨CO_2当量，由国家主管部门进行审查备案。通常需要提交的文件包括监测报告、核证报告、核证声明、签发声明及其他相关支持性文件。在批准自愿减排项目信用的签发后，碳信用将签发至碳标准注册处项目业主的账户。在完成项目减排量的备案之后，温室气体减排量即可在经批准的各个交易所内进行交易，用于抵消企业的排放量。在交易完成之后，减排量在国家自愿减排交易注册登记系统内予以注销。

◆ **本章小结** ◆

本章首先介绍了自愿碳减排市场的运行、发展及趋势。作为自愿碳交易市场运行的核心，自愿碳减排核算标准是用来认证与签发产生的碳信用的一整套规则、程序和方法。各国甚至各行业都推出了更加具有针对性的碳减排标准，各标准所接受的项目类型与审批程序也不同，主要介绍了国际标准、独立标准、国家和地方标准。最后介绍自愿碳减排项目开发流程，按照碳标准方法学在特定领域消除或减少温室气体排放的特定项目，明确地理位置，并经过审定、批准、监测和核证等流程，最终形成了碳信用。

◆ **思考题** ◆

1. 简述自愿碳减排市场概念。
2. 简述自愿碳减排核心原则。
3. 简述自愿碳减排市场的特点。
4. 简述自愿碳减排核算标准。
5. 简述自愿碳减排中的熊猫标准。
6. 简述自愿碳减排方法学构成。

第八章 碳金融基础

本章学习要点

本章学习碳金融概念、发展实践、碳金融特征及功能，重点学习碳金融市场构成，有碳金融市场主体、碳金融工具和碳金融监管等，从碳排放权的需求者、供给者、中介机构、投机商和监管机构等学习金融市场参与主体，从监管制度、监管机构和权限及监管内容等分析碳金融监管体系。

第一节 碳金融概述

一、碳金融概念

碳金融[1]是气候金融的一部分，是指为减缓气候变化而开展的减少温室气体排放的技术、项目等投融资活动，具体包括碳排放权及其衍生品交易、能够产生碳排放权的温室气体减排或者碳汇项目的投融资及其他相关金融服务活动。其中，碳排放权交易是碳金融概念的核心，对于温室气体减排或者碳汇项目的投融资，是以获取该类项目所产生的可交易的碳排放信用为目的，同时碳银行、碳经纪、碳保险、碳监测、碳核证和报告等金融服务也都围绕碳排放权交易展开。碳金融基于碳排放权是一种可以获利的能力和资源，是围绕碳排放权交易及减碳行为可以开展的一系列金融活动。

碳金融与碳交易相互依存、相互促进，碳交易是碳金融发展的前提和基础。一般来说，只有碳交易市场发展到一定规模，拥有一定的合格主体和健康的风险管控机制后，碳金融市场才得以发展。碳金融是碳交易发展的助推剂，碳交易的发展离不开碳金融的支持。排放企业通过碳金融市场，利用融资功能推进减碳技术的应用，达到碳交易控制排放总量的目的。碳交易市场对减排的提效作用在于，推动企业根据碳价所反映的市场边际减排成本调整自身

---

[1] 碳金融作为一个新生事物，目前国内外学术界对其还没有一个统一的定义。本节的定义是目前比较认可的碳金融定义。

生产经营决策，降低全市场减排成本，而碳金融活动有利于强化碳交易市场的有效性。

碳金融有广义和狭义之分，狭义碳金融是指与碳排放权交易相关的金融活动，碳金融市场产品包括碳排放权，以及围绕碳排放权引申出的碳股票、碳债券等基础碳金融产品和碳远期、碳期货、碳期权等碳金融衍生品和碳资管产品。广义的碳金融是指为支持环境改善、应对气候变化和资源节约高效利用的经济活动，即对环保、节能、清洁能源、绿色交通、绿色建筑等领域的项目投融资、项目运营、风险管理等所提供的金融服务，除此之外，还包括传统金融活动的升级改造，核心在于金融产品创新。

二、碳金融特征

与其他金融活动相比，碳金融具有以下四点特性。

（一）公益性

创建碳金融市场的目的是通过市场机制有效地实现温室气体减排目标、减缓气候变化。也可以说，碳金融市场的功能是为了维护气候公共利益，而非追求经济效益。

（二）专业性

与传统金融活动相比，碳金融活动专业性强，涉及碳配额总量目标的确定、配额的初始分配、配额管理，以及温室气体排放的监测、报告、核证等多方面问题。碳金融的专业性要求从事碳金融活动的机构和个人具有传统金融之外的相关专业知识和资质。

（三）跨行业性

碳金融市场的主体广泛，包括政府、排放企业（单位）、交易机构、核查机构、监测机构及其他组织和个人。碳金融产品具有多样性，包括碳现货、碳期货、碳期权、碳保险、碳证券、碳合约、碳基金、碳排放配额和信用等，几乎包括了所有的金融产品形式。

（四）国家干预性

碳金融市场是由政府创设，自创建到运行需要国家干预。其一，碳金融初级市场的产品（碳排放配额和碳信用）由政府分配并认定；其二，碳金融市场的核心主体［纳入碳排放权交易体系的排控企业（单位）］由政府确定；其三，碳金融市场的服务主体（碳排放权交易咨询机构、温室气体排放核查机构等）由政府认定并授予资格；其四，政府在碳金融市场的运行中发挥重要的宏观调控作用。在碳金融市场，政府还要在市场稳定、新进入者利益协调、配额价格、配额收入分配、配额清缴、信用抵消机制等多方面发挥调控作用。

三、碳金融市场功能

碳金融是金融体系应对气候变化的重要环节，是市场经济框架下解决气候、能源、污染等综合问题最有效率的方式，碳金融市场旨在将更多的金融产品运用到碳市场交易中，同时吸引更多投资机构和金融机构参与碳金融市场交易，扩大碳资产融资服务。其基本功能包括以下几个方面。

（一）发挥中介功能，降低交易成本

碳金融作为中介，为供需双方构建交易的桥梁，有效地促进碳交易的达成。尤其是在清洁发展机制下的跨国减排项目涉及专业技术性强、供需双方分散和资本小的特点，碳排放权迅速衍生为期货和期权等高流动性的新兴的衍生金融产品，碳金融使得碳交易更加标准化、透明化，也加快了碳交易市场演化的速度。同时碳金融市场发挥其强大的中介能力和信息优

势，推动了全球碳交易市场的价值链分工，有效地降低了交易成本，带动相关企业、金融机构和中介组织进入市场。金融机构的参与使得碳交易市场的容量扩大，流动性加强，使得碳交易市场的整体规模指数型增长。

（二）发现价格，提供决策支持

成熟的碳金融市场（主要是期货交易所）首先提供碳产品定价机制，具有价格发现和价格示范作用。其次，碳金融提供套期保值产品，有利于统一碳交易市场价格，同时也有效畅通商品贸易市场与能源市场渠道。碳价格能够及时、准确和全面地反映所有有关碳排放权交易的信息，如碳排放权的稀缺程度、供求双方的交易意愿、交易风险和治理污染成本等，使得资金在价格信号的引导下迅速、合理地流动，优化资源配置。碳价格对于减排企业的生产成本和支持排放相关的投资决策都有重要意义。此外，碳价格影响资源性产品价格，推进环境保护、污染排放治理成本的市场化定价机制。

（三）减排成本内部化和最小化

碳排放的成本和收益具有典型外部性。碳交易发挥了市场机制应对气候变化的基础作用，使排放成本由无人承担或外部社会承担转化为内部生产成本由企业整体承担。由于各企业的减排成本存在较大差异，企业根据自身减排成本和碳价格，进行碳交易或减排投资。金融市场提供了企业在跨国、跨行业和跨期交易的途径，企业通过碳金融市场购买碳金融产品，将减排成本转移至减排效率高的欧盟企业，或通过项目转移至发展中国家。从总体来看，金融市场的存在使得减排成本由企业内部自身承担，只不过是由减排高效企业和发展中国家承担。这种转移也使得微观企业和发达国家总体的减排成本最小化。

（四）加速低碳技术的转移和扩散

碳排放主要来源于能源消费，发展中国家的能源效率普遍较差。要从根本上改变一国经济发展对碳基能源的过度依赖，一个重要途径是加快清洁能源、减排技术的研发和产业化，使高碳经济向低碳经济转型。低碳经济转型所需成本较高，发展中国家不仅缺乏技术，更缺乏资金来源。清洁发展机制和联合履约机制成为发达国家将减排的技术和资金向发展中国家和经济转轨国家转移的通道。碳金融市场，尤其是碳基金降低了项目的交易成本，缩短了项目谈判周期，促进了项目交易。

（五）风险转移和分散功能

碳交易市场的价格波动非常显著，其与能源市场高度相关。政治事件和极端气候也增加了碳价格的不确定性，使碳价格波动加剧。不同国家的不同产业受到的影响和适应能力有所不同，大部分都要通过金融市场这个载体来转移和分散碳价格波动风险。通过购买和直接投资、项目融资、风险投资和私募基金等多元化融资方式向发展中国家提供资金。

第二节 碳金融市场创新与发展

一、碳金融市场创新

（一）碳金融市场创新来源于政府激励和推动

在国际碳金融市场发展的过程中，政府部门一直是倡导碳减排计划与推动碳金融市场发展的先驱，通过一系列政策支持，为碳金融市场的发展起到了关键性作用。一些政府通过设立碳基金，为碳金融市场提供基础性金融工具，如日本温室气体减排基金等。还有政府通过设立金融激励措施，推动碳金融市场的发展，如 2007 年英国议会下属气候变化组织致信全国 100 家按揭贷款机构，要求他们提出碳金融市场发展的详细计划，并为此提供金融激励措施，此举得到金融机构的积极响应，苏格兰银行等金融机构纷纷承诺提供碳金融按揭贷款产品。

例如荷兰银行、本迪戈银行和花旗银行等商业银行推出的更新绿色房屋贷款、绿色房屋按揭贷款、智能社区抵押贷款对于符合低碳相关标准或节能利用标准的房屋购买与更新提供许多优惠及灵活性条款。例如推出低碳封闭资本基金、低碳开放式基金、低半开放式基金、CDM 原型碳基金、国家主权碳基金和 LeuPrime 自然灾害债券基金等碳基金，通过向投资者融资用于购买现有的碳减排项目的 CERs 和 ERUs，或者在新的低碳环保项目进行投资，使之能够获得更便宜的贷款，或在更具吸引力的利率水平上进行投资。

（二）碳金融市场创新来源于碳减排计划的实施

国际上大多数碳金融市场一般都与当地政府及全球的碳减排计划相结合，使私人与企业的金融投资行为与政府的碳减排行动实现一致。这类与碳减排计划相结合的产品已成为碳金融市场发展的主流。例如国际金融公司（CFS）推出的碳金融按揭贷款产品，购买该产品的投资者，CFS 将支付气候变化费用，用于抵消该房屋 1/5 的 CO_2 排放量。2000 年以来，该产品相关的气候变化捐助已经达到 150 万英镑。2006 年，荷兰拉博银行推出碳金融创新产品——气候信用卡，购买者用此卡购买产品与服务的同时，银行将支付一定的资金用于支持世界自然基金会项目。例如花旗银行、美洲银行推出的投资于风能、太阳能、生物燃料、生物多样化、森林可持续化项目的清洁能源项目长期融资专业金融产品、环保技术融资资产组合产品、垃圾处理能源融资产品和可持续发展项目投资产品等。

（三）碳金融市场创新来源于低碳投资项目融资需求

由于大多数碳金融市场与碳减排计划相结合，因此碳配额机制下的清洁发展（CDM）机制、联合履约（JI）机制项目及其他碳减排项目的蓬勃发展需要碳金融市场能够为其提供资金支持与融资安排，这也促进了碳金融市场的创新。欧洲与北美地区的金融机构通常把碳金融市场与再生能源项目、替代能源项目、森林再造项目等进行捆绑，通过碳金融市场交易将项目成本内部化，使碳减排项目得到相对便宜、足够的金融支持。例如在北美地区，摩根大通与花旗银行推出的能源领域温室气体减排投资，银行通过衡量排放成本来鼓励替代能源的发展，减少 CO_2 排放。还有西太平洋银行在澳大利亚推出的土地项目存款账户就是根据客户在该账户的平均余额来捐助资金支持国内农户及可持续农业的发展。

（四）碳金融市场来源于低碳经济发展需要

碳金融市场将公众的低碳行为意识与金融理财行为有效结合，一方面有助于激发个人与企业有意识的碳金融理财行为，扩大低碳投资项目的资金来源；另一方面能够增加碳金融项目相关的资金捐助等金融支持，促进低碳经济项目的发展。在北美，太平洋岸边银行推出了一种生态存款账户产品，账户资金被指定用于借给当地的节能公司以减少垃圾、污水的排放以及保护自然资源。2002 年该账户吸引了 5700 万美元的存款，到 2004 年大幅上升到 8200 万美元，每名投资者平均投资 4 万美元；商业银行推出的气候信用卡、绿色 Visa 卡，当顾客购买低碳产品或服务时，将提供折扣或优惠借贷利率或将一定比例的收益向绿色非政府组织捐款。商业银行推出的低碳汽车优惠贷款，为混合动力汽车的购买提供优惠贷款，项目覆盖所有的低排放汽车。

（五）碳金融市场创新来源于低碳经济项目风险管理需要

在《京都议定书》机制下 CDM 与 JI 项目的评估与发展及项目交易中存在着许多诸如项目执行、项目结果、碳减排信用价格波动、交易对手变动等风险。金融机构设计的碳信用担保与保险产品、碳金融衍生产品，为项目发展过程中的相关风险提供了风险管理工具。例如瑞士再保险公司对碳信用额度的价格波动进行保险，并与澳大利亚保险担保公司合作推出基于碳减排交易合同的碳交易保险产品。全球最大的保险公司 AIG、全球最大的保险经纪公司 Marsh，提供了 CDM 项目、JI 项目中的京都特定风险保险产品，如推出绿色建筑覆盖保险，涵盖了与可持续建筑有关的新能源、节能节水、绿色革新等升级改造风险及气候变化风险。

（六）碳金融市场创新来源于碳交易市场发展

早期碳金融市场一般服务于限制温室气体排放的金融活动，包括直接投融资、碳基金、银行贷款和保险等，是在碳约束下运用金融市场工具转移环境风险和实现环境目标。随着碳排放权交易市场建立，碳金融市场创新旨在减少温室气体排放及转移碳交易风险，因而碳金融既包括碳排放权及其衍生品的交易、低碳项目开发的投融资，也包括碳保险、碳基金和其他与碳约束相关的金融中介活动及制度安排。在碳交易的基础上，商业银行、对冲基金等金融组织又相继开发了碳融资、碳保险，以及碳掉期交易、碳期货和碳期权等衍生产品，形成了多层次的碳金融市场产品体系。

二、国际碳金融市场发展

西方发达国家在国际碳减排协商过程中，往往利用自己拥有的各种控制力量，使协商会议达成对自己有利的协议，否则就不签署该协议。

在碳金融领域，欧元已抢占了先机。无论是全球碳交易的配额市场，还是项目市场，欧元都占据着相当大的比例。从世界碳交易量的分布情况来看，欧盟占据着绝对的主导地位，交易量和交易额均达到全球总量的 90% 以上。

欧盟碳金融市场完善表现在金融机构广泛参与碳交易市场且形式多样、碳衍生品种类丰富且交易活跃。金融机构参与形式主要有向碳交易市场参与者提供金融中介服务，或直接参与碳交易，将碳交易市场作为一种投资渠道，主要包括经纪商、交易商、交易所和清算所等。欧盟碳衍生品主要包括基于 EUA（普通碳配额）、CER（抵消机制中 CDM 碳配额）、EUAA（航空业碳配额）、ERU（抵消机制中 JI 碳配额）、碳排放权的远期、期货、期权、掉期、价差、碳指数等工具，衍生品市场快速发展且交易活跃❶（表 8.1）。

表 8.1 欧盟碳金融产品

交易平台	碳金融产品
欧洲气候交易所(ECX)	EUA、ERU 和 CER 类期货产品、期权产品；EUA 和 CER 类现货产品、期货期权产品
欧洲能源交易所(EEX)	电力现货，电力、EUAs
北欧电力库(NP)	电力、EUA 和 CER 类现货、期货、远期和期权产品

---

❶ 根据欧洲能源交易所（EEX）数据，2018 年碳衍生品合约交易量为现货交易量的 6 倍左右。

续表

交易平台	碳金融产品
BlueNext 交易所	EUA、CER、ERU 类现货产品，EUA 和 CER 类期货产品
Climex 交易所	EUA、CER、VER、ERU 和 AAU

美国对待《京都议定书》的态度和 2009 年哥本哈根会议未达成一致意见的结果就充分说明了这一点。从 1992 年签署《联合国气候变化框架公约》到 1997 年签署《京都议定书》，再到《马拉喀什协定》、巴厘岛路线图，直到 2009 年哥本哈根会议，西方发达国家都在积极争取对己有利的碳金融环境。美国碳金融市场效仿欧洲，但尚未出现全国统一市场。一是以四个区域性市场为主导，其中区域性温室气体倡议（RGGI）和加州总量控制与交易计划（CCTP）影响力最大。二是基于欧洲经验，二级市场以碳排放配额期货和期权交易为主，于芝加哥商品交易所（CME）和 ICE 开展交易，市场参与主体广泛（表 8.2）。

表 8.2 美国碳金融产品

交易平台	碳金融产品
绿色交易所（Green Exchange）	EUA 现货、期货和期权产品，CER 期货和期权产品，RGGI、加州碳排放配额和气候储备行动（CAR）的期货和期权合约
芝加哥气候交易所（CCX）	北美及巴西的六种温室气体的补偿项目信用交易（已停止交易）
芝加哥气候期货交易所（CCFE）	CER 类期货和期权，CFI 期货，欧洲 CFI 期货，ECO 指数期货，RGGI 货和期权

在碳金融领域无论是全球碳交易的碳配额市场，还是碳信用市场，欧元都占据着相当大的比例。从世界碳交易量的分布情况来看，欧盟占据着绝对的主导地位，交易量和交易额均达到全球总量的 90% 以上。目前，全球各主要国家都将低碳、绿色发展作为经济增长的核心新动力。美国出台了《美国清洁能源和安全法案》，日本和欧盟分别制定了"绿色发展战略"和"2020 发展战略"，我国也提出了碳达峰、碳中和的"双碳"目标并在"十四五"规划中明确实现该目标的途径。在国际能源组织设定的蓝图情景下，2010—2050 年间在提高能源效率和发展可再生能源方面的投资将达到 46 万亿美元，政府的高度重视及各类主体的广泛参与都为全球碳金融市场的蓬勃发展提供了强有力的支持，发展机遇前所未有。

伴随着各国参与度的提高，越来越多的国家都试图提升本币在碳交易市场体系中的地位，日元已经在发力，澳元、加元后劲十足，美国国会通过《美国清洁能源与安全法案》，美元在碳交易领域的话语权也大大加强。在未来全球碳交易市场运行成熟、减排技术高度发达、碳减排权价值趋于稳定之后，各国和地区的超额减排量有可能通过碳货币体系的构建，让二氧化碳排放权成为继黄金、白银、美元之后的另一种国际货币基础，将碳货币❶发展为一种新的超主权货币，形成全新的"碳本位"国际货币体系。

三、中国碳金融市场发展

2013 年起，中国开展碳排放权交易试点，推进全国碳排放权交易体系建设。在实际推动过程中中国采取政策先行，由上至下引导碳金融市场建设。2016 年，中国人民银行、财政部、发改委、生态环境部等部门联合印发《关于构建绿色金融体系的指导意见》，其中明

---

❶ 碳货币是以二氧化碳排放权为基础而派生或发行的货币。

确指出要完善环境权益交易市场、丰富融资工具，一方面促进建立全国统一的碳交易市场和有国际影响力的碳定价中心，有序发展碳远期、碳掉期、碳期权等碳金融产品和衍生工具；另一方面基于碳排放权、排污权、节能量（用能权）等各类环境权益的融资工具，拓宽企业绿色融资渠道，发展环境权益回购、保理、托管等金融工具。试点碳交易市场正式开市以来，为了推进企业碳资产管理、活跃碳市场交易，各个试点碳市场分别开展了多种形式的碳金融创新，创新内容涵盖了除碳期货之外的交易工具、融资工具与支持工具等主要领域。除产品创新外，深圳等地还引入境外投资者参与交易，扩大了碳市场参与主体的范围。在目前推出的碳金融创新工具里，一些碳融资工具的应用相对较为频繁，而碳交易工具的规模化使用尚需时日。

目前中国已建立七大试点碳排放权交易中心，各交易所围绕碳排放权交易开展碳金融业务（表8.3），但由于各试点碳交易市场相对割裂、体量有限且规则不统一，仅有碳质押贷款、碳远期等部分工具实现了常规应用，大部分工具仅少量尝试后便束之高阁。全国统一碳交易市场启动后，碳金融发展环境优化，且随着全国统一碳交易市场纳入行业逐步增加，碳金融的发展基础将愈发完善，碳金融工具的运用也将愈加频繁。

表 8.3 国内碳交易所已开展的碳金融相关业务

碳交易所	碳金融相关业务
广州碳排放权交易所	碳排放权交易、配额抵押融资、配额回购融资、配额远期交易、CCER远期交易、配额托管
深圳碳排放权交易所	碳排放权交易、碳资产质押融资、境内外碳资产回购式融资、碳债券、碳配额托管、绿色结构性存款、碳基金
北京环境交易所	碳排放权交易、碳配额回购融资、碳配额场外掉期交易、碳配额质押融资、碳配额场外期权交易
上海环境能源交易所	碳排放权交易、上海碳配额远期、碳信托、碳基金
天津排放权交易所	碳排放权交易
湖北碳排放权交易中心	碳排放权交易、碳资产质押融资、碳债券、碳资产托管、碳排放、配额回购融资、碳金融结构性存款
重庆碳排放权交易中心	碳排放权交易

中国碳金融市场发展速度较快，市场化、金融化程度存在较大提升空间。一是金融属性低。内地碳金融市场初期定位为服务于碳减排的从属性市场工具，金融属性不够突出。二是二级市场以碳排放权现货交易为主。地区性试点市场的碳金融衍生品种类丰富，但停留在零星试点阶段，现货交易仍占主体。三是市场参与主体结构单一。全国碳金融市场交易主要在减排履约实体之间进行，机构与个人投资者的市场准入资质要求尚不明确。四是二级市场流动性有待提升。交易集中发生在碳排放配额发放后和上缴前，其余时间交投相对清淡。

第三节 碳金融市场体系

一、碳金融市场概述

碳金融市场是以碳排放权为核心，构建起的以碳交易市场为基础，以碳衍生品、碳信贷、碳保险和碳证券等一系列碳相关金融创新工具为辅助的，与市场经济相适应的碳金融体系，包括市场主体（政府、金融机构等），交易场所（狭义上指碳交易市场），交易产品（金融创新、金融衍生产品等），以及配套金融环境（政策环境、市场机制等）。

碳金融市场按照运行机理由三个层面构成：第一是政府层面，由政府主导，宏观调控。碳金融的社会效益大于经济效益的属性，使得政府是起决定作用的中枢部分。政府引导碳金融体系的发展和运行，宏观调控协调处理各层次之间的关系。在这个体系中，政府作为总的推手和领导者而存在。第二是机构层面，由市场力推，机构参与。机构主要包括银行、保险、证券等金融机构。在政府政策的引导下，创新产品，相互协调，各有侧重地运行。把碳金融体系的运行状况反馈给政府，政府改进引导政策，继续保护碳金融体系的成长。第三是企业层面，强制减排，积极响应。碳金融市场的主要参与者由排控企业，发展到包括自愿减排的企业、专业清洁能源产品和服务的供应商以及由减排项目而形成的碳汇企业，还包括个人等等，碳排放企业和减排项目的积极参与能够有效实现碳减排的目标。

因此碳金融市场组成部分有四个：第一，碳金融交易市场，包括碳交易平台、交易机制、交易主体等方面；第二，碳金融政策支持及监管，包括各国财政、金融、监管等方面的政策支持；第三，碳金融市场工具，包括银行、证券公司、保险公司、基金公司等机构不断推出的碳金融产品和服务；第四，碳金融中介服务，包括碳信用评级机构、碳资产管理公司、碳审计服务机构、碳交易法律服务机构和碳交易保险服务机构等，这些机构为碳金融市场上的交易提供了碳额度的审计服务、专业法律咨询服务和对气候变化引起的碳交易潜在风险进行承保（图8.1）。

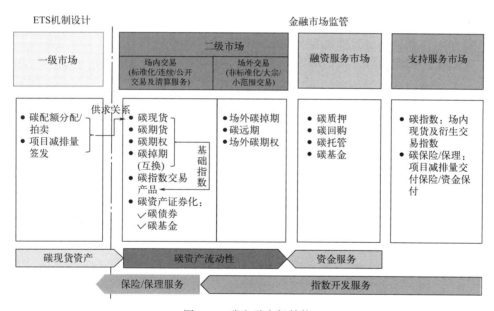

图 8.1 碳金融市场结构

二、碳金融市场主体

碳金融市场参与主体非常广泛，既包括受排放约束的企业或国家、减排项目的开发者、政府主导的碳基金、私人企业、交易所，也包括国际组织（如世界银行）、商业银行和投资银行等金融机构、私募股权投资基金。

碳金融市场主体可分为碳排放权的需求者、供给者、中介机构、投机商和监管机构等五大类。

（一）碳排放权的需求者（即最终使用者）

碳排放权的需求者主要是受排放配额约束的企业（控排企业）或国家，以及自愿购买者等，包括受《京都议定书》约束的发达国家，减排约束下的企业以及自愿交易机制的参与者等。他们根据需要购买排放权配额或减排单位，以实现减排义务，避免遭到处罚。

（二）碳排放权的供给者

碳排放权的供给者包括受《京都议定书》约束下的持有配额盈余的企业或国家，其盈余配额可能来源于技术升级、产出下降或过度分配，也包括项目开发者、技术开发与转移者、资金提供者等。项目开发者进行减排项目的开发；技术开发或转让者专门从事减排技术的研究，向项目开发商提供可达到减排目标的技术；各种资金提供者寻求投资机会，或直接投资某个具体项目，或购买项目原始排放单位。

（三）中介机构

中介机构主要包括各类咨询及信息服务机构、法律服务机构、资产管理者及金融机构（如交易所、交易商、担保机构、商业银行、保险公司等）。中介机构负责项目申报，对项目实际排放情况进行定期核实。金融机构通过运用结构性工具来为项目融资，或对冲项目所涉及的风险。咨询及信息服务机构为整个价值链提供填漏补缺似的服务，教育、引导参与者在碳交易中发挥得最好。

（四）投机商

投机商利用自有资金进行投机交易，以期从价格波动中赚取买卖价差。这些投机商是金融市场不可缺少的组成部分，他们的存在活跃了交易、扩大了交易规模、提高了市场的流动性，为回避和转移价格风险创造了条件，是碳交易市场的重要交易主体。

（五）监管机构

监管机构为碳交易市场提供制度框架，制定、分配（或拍卖）排放配额，制定减排单位的认证标准和程序，并对所申报的项目进行审核。

碳金融市场主体见表8.4。

表8.4 碳金融市场主体

主体类型		作用及影响	动机
交易双方	控排企业	1. 市场交易 2. 提高能效降低能耗，通过实体经济中的个体带动全社会完成减排目标 3. 通过主体间的交易实现最低成本的减排	1. 完成减排目标（履约） 2. 低买高卖实现利润
	减排项目业主	1. 提供符合要求的减排量，降低履约成本 2. 促进未被纳入交易体系的主体及其他行业的减排工作	出售减排项目所产生的减排量以获得经济、社会效益
	碳资产管理公司	1. 提供咨询服务 2. 投资碳金融产品，增强市场流动性	低买高卖实现利润
	碳基金等金融投资机构	1. 丰富交易产品 2. 吸引资金入场 3. 增强市场流动性	拓展业务并从中获利

续表

主体类型		作用及影响	动机
交易平台	登记注册机构	1. 对碳配额及其他规定允许的碳信用指标进行登记注册 2. 规范市场交易活动并便于监管	保障市场交易的规范与安全
	交易所	1. 交易信息的汇集发布 2. 降低交易风险、降低交易成本 3. 价格发现 4. 增强市场流动性	吸引买卖双方进场交易，增强市场流动性并从中获益
中介机构	监测与核证机构	1. 保证碳信用额的"三可"原则 2. 维护市场交易的有效性	拓展业务
	其他（如咨询公司、评估公司、会计师及律师事务所）	1. 提供咨询服务 2. 碳资产评估 3. 碳交易相关审计	拓展业务
监管机构	碳管理部门及金融监管部门	1. 制定有关碳减排配额交易市场的监管条例，并依法依规行使监管权力 2. 对市场上市的交易品种、交易所制定的交易制度、交易规则进行监管 3. 对市场的交易活动进行监督 4. 监督检查市场交易的信息公开情况 5. 对违法违规行为与相关部门相互配合进行查处，维护市场健康稳定	1. 通过市场监管规范市场运行 2. 市场机制促进节能减排

三、碳金融市场监管

传统的金融监管模式有机构监管和功能监管。机构监管是以金融机构的行业性质为标准进行分类监管的模式，功能监管是以金融活动的基本功能为标准设置监管机构的模式。从欧美的实践来看，碳金融监管基本选择功能监管模式。

碳金融市场监管是指监管主体运用法律、经济及行政等手段，对与碳金融相关的市场、工具、机构等相关的问题进行监督和管理。从体系构成来看，碳金融监管包括监管制度、监管机构和权限及监管内容等方面；从市场分类来看，包括对银行信贷、证券、保险等进行金融监管。

（一）碳金融监管制度

碳金融监管制度包括有关温室气体排放的国际惯例和各国政府制定的碳减排措施，以及基于碳减排目标而制定的有关碳交易政策和碳金融市场监管制度。全球相关指导文件有《联合国气候变化框架公约》《京都议定书》《巴黎协定》等。各国相继出台了相关法律法规，主要包括碳交易核证法律、碳交易登记结算法律制度、碳交易合同法律制度、碳排放税收制度、碳标签法律、碳贸易法等。

欧盟碳金融监管主要是指针对欧盟排放交易体系的监管，包括对碳排放权的初始分配、权力行使、权利交易等行为及与碳排放权交易相关的问题进行监督和管理。欧盟的碳金融监管框架主要由相关法律法规、各层级的监管机构以及登记系统和交易日志三个方面构成。除传统的监管机构外欧盟碳排放权交易体系（EU-ETS）是欧盟气候政策的中心组成部分。

(二）碳金融市场监管机构和权限

碳金融市场涵盖对象的跨度之大、情况之复杂，无法由其中某一机构单独进行监管，需要打破传统，形成合力，这就更需要明确要求监管部门各司职责，不留盲区，以保障碳金融市场的有效运转。从各国实践来看，单一碳排放权交易体系管理主体往往由一个专门机构监管，如美国加州的碳交易市场由加州空气资源委员会（Air Resource Board，ARB）统一监管。多个碳排放权交易体系的监管往往较为复杂，涉及多层面监管。例如欧盟碳排放权交易体系，不仅有欧盟委员会进行监管，还有各成员国内设的专门监管机构，而美国区域温室气体行动（RGGI）在区域层面设立区域组织（Regional Organization，RO）和执行委员会（Executive Board），在州层面，RGGI各州设立专门的主管机构，按照RGGI备忘录和示范规则实施碳排放权交易管理。

除接受专门监管机构的监管外，还受到相关领域监管机构的监管，采取统一监管和协同监管相结合的模式，比如欧盟碳交易市场采取欧盟委员会统一监管、证券和市场管理局协同监管的模式，在实现碳金融维护气候公益目的的同时有助于避免监管真空和系统性金融风险。欧盟委员会依据碳排放权交易指令对碳交易市场的运行情况进行监管，防止各类市场违规行为发生；同时欧盟证券和市场管理局（ESMA）依据《金融工具市场指令Ⅱ》和《市场滥用指令》对符合条件的碳金融活动进行监管。美国碳金融监管机构除了美联储、证券交易委员会、期货交易委员会、全美保险监督官协会等传统官方机构外，也有美国区域温室气体倡议等。

中国《碳排放权交易管理暂行条例（草案修改稿）》第六条明确规定国务院生态环境主管部门会同国务院市场监督管理部门、中国人民银行和国务院证券监督管理机构、国务院银行业监督管理机构，对全国碳排放权注册登记机构和全国碳排放权交易机构进行监督管理，金融监管部门可以共同参与碳交易市场的监管，碳金融监管主体包括专门监管机构，银行、保险、证券等金融监管机构，碳排放权交易所及碳金融服务机构。

(三）碳金融市场监管内容

碳金融监管内容应包括碳排放权交易、碳金融产品、碳金融市场参与主体等方面的监管。碳排放权交易的监管包括制定碳排放权交易相关规划、政策、管理制度，涉及总量控制、配额管理、碳排放监测、报告和核查、登记、抵消机制、履约管理、信息披露、金融监管等多方面的问题，这是碳金融活动所独有的，碳交易行为监管是保障碳金融体系正常运行和实现设计目标的要求（表8.5）。

从碳金融产品来看，由于碳配额和碳信用具有金融工具属性，银行、保险、证券等金融机构也可以参与碳金融市场并推出碳期货、碳基金、碳保险、碳证券等相关金融产品，这些金融产品交易也具有普通证券、保险等金融产品的风险管理、竞争秩序等方面的监管需要，而传统的金融监管机构在金融风险防范、维护市场竞争秩序等方面具有天然的监管优势，因此，在涉及碳金融与传统金融活动相同的金融监管领域时，由传统金融监管机构在各自职责范围内按照金融产品的特性实施监管。

从碳金融市场参与主体来看，主要是指市场交易主体行为和信息披露的监管，规范碳金融交易主体行为，防止碳金融市场的不正当竞争行为和其他碳金融违法行为（如内幕交易、洗钱、盗窃等），保障碳排放权交易信息的可靠性和公开性，提高碳金融市场的透明度，防范碳金融市场金融风险，为碳金融市场的良性运转提供支撑。

表 8.5　碳金融机构监管权限及其劣势

机构	监管权限	劣势
国家发改委	1. 监管全国各市场的配额确定、分配和交易 2. 监管全国各市场的链接机制 3. 监管全国自愿减排市场碳信用的注册、签发和交易 4. 监管部分碳中介机构（如 DOE）	与中国证监会相比，在市场监管和执行方面的经验有限
地方发改委	1. 确定本地碳交易配额分配 2. 监管本地排放配额的拍卖和二级市场的配额转移 3. 对本地抵偿项目的注册、签发和交易进行监管	在市场监管和执行方面的经验十分有限
中国证监会	1. 监管期货交易所的碳衍生品交易 2. 监管证券市场上市企业碳信息披露报告 3. 监管证券公司的碳业务 4. 监管碳交易市场的金融机构投资者	完全没有监管碳金融现货交易的权利，只有部分监管在受监管交易所内发生的期货和期权交易的权利，并有限地监管那些受监管程度弱于交易所的市场中发生的衍生品交易的权利，面临着资源和权力不足的问题

◆ 本章小结 ◆

本章概述了碳金融概念、发展实践、特征和其市场功能，并详细介绍碳金融市场创新来源与国内外发展。其中碳金融市场是以碳排放权为核心，以碳交易市场为基础，以一系列碳相关金融创新工具为辅助的，与市场经济相适应的碳金融体系。碳金融市场参与主体非常广泛，可分为碳排放权的需求者、供给者、中介机构、投机商和监管机构等五大类。从体系构成来分析碳金融监管，其中包括监管制度、监管机构和权限及监管内容等方面。

◆ 思考题 ◆

1. 简述碳金融特征。
2. 简述碳金融市场组成。
3. 简述碳金融市场功能。
4. 简述碳金融市场创新。
5. 简述碳金融监管内容。

第九章
碳金融市场工具

本章学习要点

本章主要学习碳金融市场工具,包括交易工具,如碳现货、碳远期、碳期货、碳掉期/碳互换、碳期权、碳资产拆借、碳排放权证券化等;融资工具,如碳抵/质押、碳回购、碳托管、碳债券、碳信托等;支持工具,如碳指数、碳保险、碳基金等;以及碳结构性存款、碳经纪、碳做市交易、碳信用卡等创新市场工具。

第一节 碳金融市场工具概述

一、碳金融市场工具概念

碳金融市场工具是指服务于碳资产管理的各种金融产品,包括顶层设计和碳交易规则体系下的标准产品,也包括基于该体系下的交易市场、融资市场和支持服务市场以及与各市场相配套的工具。碳金融的两个基本标的是碳配额(Allowance)和碳信用(Reductioncredit),这两个标的与各种传统金融工具相结合产生了碳金融工具的各种创新(图9.1)。

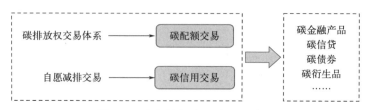

图 9.1 碳交易与碳金融工具关系

如今碳金融市场已成为金融市场中不可忽视的一个非常重要的部分,而市场以碳配额、碳信用作为基础性碳资产,基于传统金融风险收益定价模型在考虑生态效益和社会效益的基础上设计推出了很多碳金融产品,如表9.1所示,进一步便利企业管理碳资产相关的风险和收益,也为投资者提供了丰富的碳金融产品,也方便投资者投资碳金融市场,更广泛和深入地投身到实现双碳目标的实践中。

表 9.1 碳金融产品

适用主体	碳交易工具	碳资产开发	碳资产管理	碳交易市场投资	资本运营
控排企业	碳配额、碳远期、碳期货	能效改造项目绿色租赁融资；碳债券	碳盘查、报告核查等	碳基金；资产专项管理计划	并购
非控排企业	碳信用现货、碳远期、碳期货	可再生能源项目融资；碳债券	方法学开发、减排量备案、审定、监测、核证等	碳托管、碳基金；资产专项管理计划；结构性存款	上市
能源管理公司	节能量、减排量	节能设备租赁；合同能源管理	节能、碳资产审核、备案等	节能收益权投资	并购
农林企业	碳汇	PPP 融资	碳汇开发	碳抵消交易	上市

碳金融工具创新可以丰富交易主体，使交易目标更为多元，进而提升碳交易市场流动性，平滑碳价波动，帮助碳价保持相对稳定；同时使交易主体得以更好地管理碳价预期并进行风险对冲，促进合理碳价的发现。

二、碳金融市场工具构成

碳金融工具包括碳交易市场交易工具、碳交易市场融资工具和碳交易市场支持工具，见表 9.2。

表 9.2 主要碳金融工具

市场	主要活动	涉及交易工具	主要参与者
一级市场	配额分配/拍卖	碳配额	控排企业及政府主管部门
	项目减排量签发	碳信用（CCER）	非控排企业、个人及政府主管部门
二级市场	场内交易	碳现货（碳配额、碳信用）、碳期货、碳期权、碳掉期、碳指数交易产品、碳资产证券化等	控排企业、碳抵消非控排企业、其他金融机构、个人投资者
	场外交易	场外碳掉期、碳远期、场外碳期权等	控排企业、碳抵消非控排企业、其他金融机构、个人投资者
融资服务市场	资金服务	碳质押、碳回购、碳托管、碳基金	控排企业、金融机构等
支持服务市场	各类支持服务	碳指数、碳保险、碳保理等	控排企业、保险公司、咨询公司等

（一）交易工具

交易工具用于对冲风险和交易获利，包括碳期货、碳期权、碳远期、碳互换、碳借贷等。丰富的碳金融交易工具能解决市场信息的不对称问题，引导碳现货价格，有效规避交易风险，让参与主体收益最大化。

（二）融资工具

融资工具用于盘活存量碳资产及拓宽资金融通渠道，包括碳抵/质押、碳回购、碳托管、碳债券等。融资工具能够充分挖掘碳配额的资产属性，有利于提升碳资产管理在项目企业管理中的地位，并通过整合多元化资金渠道，提升节能减排的积极性和主动性，增强企业的低碳竞争力，推动企业的可持续发展。

碳交易与碳金融基础

(三) 支持工具

支持工具在价格量化、风险管理和产品研发等方面为碳金融市场提供支持,其中碳指数、碳保险、碳基金等产品已得到不同程度的开发,有助于推动社会对碳资产的认识,加深碳资产的金融化。

第二节 碳金融市场工具介绍

一、碳金融市场交易工具

碳交易主要包括碳现货交易和碳金融衍生品交易,是在碳排放权交易基础上,以碳配额和碳信用为标的的金融合约,主要包括碳现货、碳远期、碳期货、碳掉期/碳互换、碳期权、碳借贷等。

(一) 碳现货

碳现货交易是碳交易市场的基础交易产品,包括碳配额和碳信用交易,欧盟碳交易市场的现货交易包括 ETS 机制下的减排指标和项目减排量两种。其中 EU-ETS 的减排指标为欧盟碳配额(EUA)及欧盟航空碳配额(EUAA),项目减排量则包括发达国家和发展中国家之间 CDM 机制下的核证减排量(CER),以及发达国家和发达国家之间 JI 机制下的减排量(ERU)。EUA、EUAA、CER 和 ERU 是目前欧盟碳交易市场交易的主要碳现货产品,其中 CER 和 ERU 两种项目减排量可以被控排主体用于抵消其一定比例的 EUA。项目减排量是非重点排放行业企业的自愿减排项目产生的减排量,比如《京都议定书》框架下的清洁发展机制(CDM)项目和中国核证减排(CCER)项目产生的减排量,经过核证后可以进入碳交易市场进行交易,既可以用于重点排放企业的碳抵消,还可以用于政府、企事业单位、金融投资机构和个人的自愿碳中和。

(二) 碳远期

碳远期是交易双方约定未来某一时刻以确定的价格买入或者卖出相应的以碳配额或碳信用为标的的远期合约,是适应规避现货交易风险的需要而产生的,可用于锁定碳收益或碳成本。远期合约属于非标准化合约,一般通过场外市场进行交易,可以帮助双方锁定未来的价格及交付。

清洁发展(CDM)机制项目产生的核证减排量(CER)通常采用碳远期的形式进行交易。项目启动之前,交易双方就签订合约,规定碳额度或碳单位的未来交易价格、交易数量以及交易时间。其为非标准化合约,一般不在交易所中进行,通过场外交易市场对产品的价格、时间以及地点进行商定。

CDM 交易本质上是一种远期交易,具体操作思路为买卖双方根据需要签订合约,规定在未来某一特定时间、以某一特定价格、购买特定数量的碳排放权。目前有限排、减排需求的国家参与 CDM 项目多属于 CDM 远期项目,因为在双方签署合同时,项目还没开始运行,从而也没有产生碳信用。

碳远期交易与碳现货的价格密切相关,定价方式有固定定价和浮动定价两种。固定定价方式规定未来的交易价格不随市场变动而变化的部分,以确定的价格交割碳排放权。浮动定在保底价基础上加上与配额价格挂钩的浮动价格，由欧盟参照价格和基础价格两部分构成。

广州碳排放权交易所率先于 2016 年 2 月发布了《远期交易业务指引》。2017 年初，上海环境能源交易所与上海清算所合作推出国内第一个也是目前唯一一个标准化的碳衍生品——上海碳配额远期交易，由上海清算所提供中央对手清算，上海环境能源交易所组织交易。这是第一个中国人民银行批准的且由金融交易平台与专业交易平台合作探索的碳衍生品。上海、广东、湖北试点碳交易市场都进行了碳远期交易的尝试，其中广州碳排放权交易所提供了定制化程度高、要素设计相对自由、合约不可转让的远期交易，湖北、上海碳交易市场则提供了具有合约标准化、可转让特点的碳远期交易产品。然而，国内的碳远期交易仍待完善，由于成交量低、价格波动等原因，广东、湖北均已暂停相关业务。

（三）碳期货

碳期货是期货交易场所统一制定的、规定在将来某一特定的时间和地点交割一定数量的碳配额或碳信用的标准化合约，一般在交易所进行交易，交易双方在约定好的某一确定时间，用此凭证来兑换合约上的二氧化碳排放量。对于控排企业而言，通过购买碳期货合约代替碳现货，可以对未来将要买入或卖出的碳现货产品进行套期保值，规避价格风险；对于市场而言，碳期货可以尽量弥合市场信息不对称情况，增加市场流动性并指导现货价格。

碳期货价格与碳现货价格的波动周期高度相符，现货价格波动越强烈，交易者的避险情绪和投机意识越强，期货交易越活跃。对于拥有碳配额的企业来说，还可以赚取碳信用替代履约的那部分排放量的价差，也可以更频繁地根据自身实际排放情况在期货市场锁定收益。

EUA 及 CER 通常采用期货方式进行交易，占欧盟碳交易市场交易总量的 90% 以上，极大地提高了欧盟碳交易市场的流动性。洲际交易所（ICE）等推出的"每日期货"（Daily-future），实际上与现货交易的功能相差无几。

由于《期货交易管理条例》规定期货交易只能在经批准的专业期货交易所进行交易，而现有七个试点碳交易市场均不具有期货交易资格，因此各碳交易机构纷纷从远期产品入手，探索碳金融衍生品开发，寻求"曲线救国"。湖北、上海和北京推出的碳远期产品均为标准化的合同，采取线上交易，尤其是湖北采取了集中撮合成交模式，以"无限接近"期货的形式和功能。2016 年 4 月湖北碳排放权交易中心推出标准化的碳远期产品，上线至今日均成交量达到现货的 10 倍以上，显示出较强的市场活跃度。2021 年 4 月广州期货交易所揭牌，开始大力推进碳排放权期货品种上市工作。

（四）碳掉期/碳互换

碳掉期/碳互换是交易双方以碳资产为标的，在未来的一定时期内交换现金流或现金流与碳资产的合约，碳掉期（互换）即交易双方交换碳配额、碳信用或其等价现金流的合约，掉期（互换）本身以场外交易为主，碳掉期也不例外。

实践中，碳配额场外掉期通常有两种形式：一是期限互换，交易双方以碳资产为标的，通过固定价格确定交易，并约定未来某个时间以当时的市场价格完成与固定价格交易对应的反向交易，最终对两次交易的差价进行结算的交易合约；二是品种互换，也称碳置换，交易双方约定在未来确定的期限内，相互交换定量碳配额和碳信用及其差价的交易合约。掉期交易有助于规避碳配额和 CCER 间的价格波动风险。如双方根据自身的需求，约定某年某月甲企业用 1 万吨的碳配额换乙企业 2 万吨的碳信用，然后甲乙双方就可以规避配额价格和碳信用价格的涨跌影响。

碳掉期在中国的业务实践较少，且没有相关业务规则，目前仍为零星发生、个别交易的状态。2015年6月中信证券股份有限公司、北京京能源创碳资产管理有限公司、北京绿色交易所签署了国内首笔碳配额场外掉期合约，交易量为1万吨。掉期合约交易双方以非标准化书面合同形式开展掉期交易，并委托北京绿色交易所负责保证金监管与交易清算工作。2016年，北京碳交易市场发布场外碳掉期合约参考模板，场外碳掉期成为北京碳交易市场的重要碳金融创新工具之一。2015年6月壳牌能源（中国）有限公司与华能国际电力股份有限公司广东分公司开展全国首单碳掉期（互换）交易，交易中华能国际出让一部分配额给壳牌，交换对方的核证减排量等碳资产。

（五）碳期权

碳期权是期货交易场所统一制定的、规定买方有权在将来某一时间以特定价格买入或者卖出碳配额或碳信用（包括碳期货合约）的标准化合约。碳期权实质上是一种标的物买卖权，买方向卖方支付一定数额权利金后，拥有在约定期内或到期日以一定价格出售或购买一定数量标的物的权利。碳期权交易是一种买卖碳期权合约权利的交易，交易双方以碳排放权配额为标的物，通过签署书面合同进行期权交易。如果企业有配额缺口，可以提前买入看涨期权锁定成本；如果企业有配额富余，可以提前买入看跌期权锁定收益。根据履约方式不同，碳期权分为美式期权和欧式期权，ICE采取的是欧式期权，即只有在到期日才能执行该期权。

碳期权的买方在支付权利金后便取得履行或不履行买卖期权合约的选择权，而不必承担义务；碳期权的卖方就在收取买方的期权金之后，在期权合约规定的特定时间内，只要期权买方要求执行期权，期权卖方就必须按照事先确定的执行价格向买方买进或卖出一定数量的碳现货合约。卖出期权合约的一方称期权卖方，卖出期权未平仓者称为期权空头；买入期权合约的一方称期权买方，买入期权未平仓者称为期权多头。国际主要碳交易市场中的碳期权交易已相对成熟，主要碳期权产品如表9.3所示。

表9.3 国际上主要碳期权产品

产品名称	产品说明
排放配额期权（EUA Options）	排放配额期权是以欧盟碳排放体系下EUA期货合约为标的，持有者可在到期日或之前履行该权利
经核证减排量期权（CER Options）	通过清洁生产机制产生的CER的看涨期权或看跌期权。由于国际碳减排单位一致且认证标准及配额管理规范相同，市场衍生出了CER和EUA期货的价差期权（Spread Option）
减排单位期权（ERU Options）	在联合履约机制下，以发达国家之间项目开发产生减排单位（ERU）期货为标的的期权合约
区域温室气体排放配额期权（RGGI Options）	美国区域温室气体应对行动计划下，以二氧化碳排放配额期货合约为标的的期权合约。RGGI期权合约为美式期权，将在RGGI期货合约到期前第三个月交易日期满，最小波动值为每排放配额0.01美元。RGGI期权合约于2008年开始在NYMEX场内进行交易
碳金融期权合约（CFI Options）	以CFI期货为标的的期权合约。碳排放权金融工具——美国期权（CFI-US Options）是以届满期开始于2013年的温室气体排放期货合约为标的。该温室气体排放限额必须符合潜在准予的联邦美国温室气体总量控制和排放交易项目
加利福尼亚限额期权（CCA Options）	以加州政府限定碳配额CCA期货合约为标的的期权
核发碳抵换额度期权（CCAR-CRT Options）	以CRT期货合约为标的的期权。气候储备（CRTs）是由气候行动储备（CAR）宣布基于项目的排放减少和加利福尼亚气候行动登记的抵消项目减量额度

碳期权在中国的业务实践较少，且没有相关业务规则，目前仍为零星发生、个别交易的状态，而且均为场外期权，并委托交易所监管权利金与合约执行。2016年6月深圳招银国金投资有限公司、北京京能源创碳资产管理有限公司、北京绿色交易所正式签署了国内首笔碳配额场外期权合约，交易量为2万吨。2016年7北京绿色交易所发布了《碳排放场外期权交易合同（参考模板）》，场外碳期权成为北京碳交易市场的重要碳金融衍生工具（图9.2）。

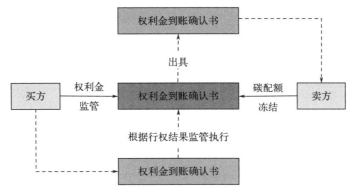

图9.2 北京碳期权运行示意

（六）碳资产拆借

碳资产拆借是符合条件的配额借入方存入一定比例的初始保证金后，向符合条件的配额借出方借入配额并在交易所进行交易，待双方约定的借碳期限届满后，由借入方向借出方返还配额并支付约定收益的行为。交易双方达成一致协议，其中一方（贷方）同意向另一方（借方）借出碳资产，借方可以担保品附加借贷费作为交换，碳资产的所有权不发生转移。目前常见的有碳配额借贷，也称碳借贷或借碳。

2015年，上海环境能源交易所制定《上海环境能源交易所借碳交易业务细则（试行）》，明确拆解交易机制。同年8月申能财务公司与同属申能系统的4家电厂外高桥三发电、外高桥二发电、吴泾二发电、临港燃机分别作为碳资产拆借双方签署《借碳合同》，为上海市首单碳资产拆借业务。在碳资产拆借业务中，风险点主要在于借入方无法在约定期限内按时返还配额。业务细则中，最有特色的是保证金制度，其要求借入方须先缴纳初始保证金，之后才能进行配额的划转，同时借碳最大额度不得超过200万吨。上海环境能源交易所推出的借碳交易机制，不仅是为了满足交易主体的市场需求，深化市场机制探索，更是为活跃碳排放交易市场奠定了基础（图9.3）。

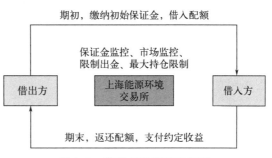

图9.3 借碳交易流程示意图

（七）碳排放权证券化

碳排放权证券化可以理解为是将大量的能产生可预见、稳定的收益现金流的碳排放权，通过证券化运作转化为在资本市场发行的、以碳排放权为支撑的资产证券的一种融资新技术。

碳排放权证券化是首先将碳排放权交易中所产生的收益现金流收集起来，组成碳排放权基础资产集合（资产池），并将碳排放权基础资产池通过采取风险隔离措施转让给一个专门开展碳排放权证券化业务的特殊机构（SPV），然后SPV通过对碳排放权基础资产池进行证券内部增级和外部增级的设计，在证券市场上发行和交易，以碳排放权交易所产生的现金流为信用支撑的证券化的融资过程。

碳排放权证券化运作原理是：第一步，拥有碳排放权原始资产的权益人将可用于交易的大量的碳排放权组合成支持发行证券的基础资产池；第二步，原始权益人将碳排放权基础资产池转让出售给一个以发行资产证券为特殊目的而设立的机构；第三步，SPV通过担保机制运作将碳排放权基础资产池进行信用增级；第四步，SPV通过证券承销机构向证券投资者发行以碳排放权基础资产池为支撑的证券；第五步，SPV将发行碳排放权证券的收入向原始权益人支付购买碳排放权资产池的对价；第六步，SPV委托服务银行收取碳排放权交易所产生的现金流并向证券投资者支付碳排放权证券收益。

中国碳排放权资产证券化包括：一是设立SPV，在证交所市场发行ABS（资产支持证券）；二是不设立SPV，在银行间交易商市场发行ABN（资产支持票据）。

二、碳金融市场融资工具

（一）碳债券

碳债券即各类主体为投资减排项目而发行的债券，是发行人为筹集低碳项目资金向投资者发行并承诺按时还本付息，同时将低碳项目产生的碳信用收入与债券利率水平挂钩的有价证券，可视为绿色债券的子类别。此外，碳债券的票面利率可以与发行主体的减排项目收益相关。其核心特点是将低碳项目的碳信用收入与债券利率水平挂钩。碳债券根据发行主体可以分为碳国债和碳企业债券。

碳债券特点：首先，它的投向十分明确，紧紧围绕可再生能源进行投资；其次，可以采取固定利率加浮动利率的产品设计，将CDM收入中的一定比例用于浮动利息的支付，实现了项目投资者与债券投资者对于CDM收益的分享；再次，碳债券对于包括CDM交易市场在内的新型虚拟交易市场有扩容的作用，它的大规模发行将最终促进整个金融体系和资本市场向低碳经济导向下新兴市场的转变。

2014年5月，中广核风电发行首支碳债券"中广核风电附加碳收益中期票据"，发行金额10亿元，发行期限为5年，采用固定利率＋浮动利率的形式。其中浮动利率部分与发行人下属5家风电项目公司在债券存续期内实现的碳资产（CCER）收益正向关联，浮动利率的区间设定为5~20BP（见图9.4）。

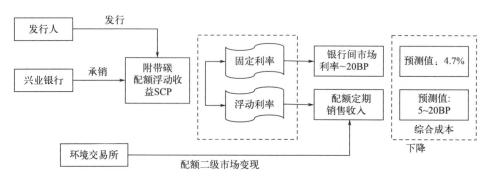

图9.4 固定＋浮动形式碳债券交易结构

(二) 碳资产抵质押融资

碳资产抵质押[1]融资是碳资产的持有者（即借方）将其拥有的碳资产作为质押/抵押物，向资金提供方（即贷方）进行抵质押以获得贷款，到期再还本付息解押的融资合约。企业以已经获得的，或未来可获得的碳资产作为质押物或抵押物进行担保，银行将根据企业所持有的碳排放权数量，再结合所处碳交易市场运行情况、政府监督管理机制、价格走势等因素，为企业核定碳排放权质押额度，为企业提供融资服务。在碳交易机制下，碳资产具有了明确的市场价值，为碳资产作为质押物或抵押物发挥担保增信功能提供了可能，而碳资产抵质押融资则是碳排放权和碳信用作为企业权利的具体化表现。作为活跃碳交易市场的一种新型融资方式，碳质押/抵押融资业务的发展有利于企业的节能减排，具有环境、经济的双重效益。通常涉及的碳资产为碳排放权配额或核证减排量（CCER），是较为常见的碳融资工具（表9.4）。

表 9.4 CCER 质押和碳配额质押区别

项目	CCER 质押	碳配额质押
质押物	根据《温室气体自愿减排交易管理暂行办法》开发成功的核证自愿减排项目所产生的减排量	碳配额（试点区域主管部门分配或全国统一碳交易市场主管部门分配）
质押主体	碳资产公司或 CCER 业主	碳交易试点区域纳管企业或全国统一碳交易市场纳管企业
授信评估	评估因素较复杂 1. CCER 市场价格尚未完全公开透明 2. 各个试点区域的 CCER 抵消政策不一，导致价格差异较大	一般参考区域试点或全国统一碳交易市场配额交易价格
风险	风险来自项目类型（风、光、水、沼气、林业碳汇等）、CCER 市场价格波动、试点和国家政策等多方面	风险较为单一，主要来自配额价格关键因素即市场供需情况

碳资产抵质押融资业务运作流程为：企业向碳排放权管理机构有偿申购获得初始碳排放权配额；管理机构向企业开具碳排放权凭证，并与企业签订碳排放权受让合同和委托书，即企业到时若不还贷，排放权管理机构按照预先签订的受让合同和委托书出售该企业的部分排放权，收益所得替企业还贷；企业将碳资产凭证质押给商业银行，将质押标的过户转移给银行，获得贷款；质押贷款到期，企业正常还款后收回质押的碳资产，若企业未能偿还贷款，碳排放权管理机构出售企业的碳资产为企业偿还贷款，或者碳排放权管理机构按照委托合同出售碳排放权，获得收入偿还银行贷款，或者商业银行将企业的碳资产在碳交易市场拍卖，所得收入优先偿还自身损失。

2014 年 9 月 9 日，湖北宜化集团和兴业银行签订"碳排放权质押贷款协议"，是中国首单碳资产质押贷款项目，湖北宜化集团利用自有的碳排放配额获得了 4000 万元的质押贷款。同年 11 月，建设银行湖北省分行与华能武汉发电有限公司签署 3 亿元碳排放权质押贷款协议；光大银行武汉分行与湖北金澳科技化工有限公司签署了 1 亿元碳排放权质押贷款协议。上海、广东陆续发布相关文件，包括《上海环境能源交易所协助办理 CCER 质押业务规则》《上海碳排放配额质押登记业务规则》《广东碳排放配额质押登记操作规程（试行）》，构成了目前中国碳资产抵押/质押方面的主要业务规则（表 9.5）。

---

[1] 质押和抵押的根本区别在于是否转移碳资产的占有和处分权利（表现为是否过户）。

表 9.5 碳资产抵押相关文件

日期	交易中心	相关文件	内容
2015/5	上海环境能源交易所	《上海环境能源交易所协助办理 CCER 质押业务规则》	协助开展的中国核证自愿减排量质押业务
2015/12	广东碳排放交易所	《广东碳排放配额质押登记操作规程（试行）》	规范广东省碳排放配额抵押融资业务操作行为
2021/1	上海环境能源交易所	《上海碳排放配额质押登记业务规则》	规范上海碳排放配额质押登记行为

（三）碳资产回购/卖出回购

碳回购是指排放企业将其持有的碳资产以约定的价格转让给第三方碳资产管理机构，并约定在一定期限后按照转让价格加利息的价格回购的交易模式。在该交易模式下，就排放企业而言，可以将暂时无须清缴的碳资产变为流动资金加以利用，又可以通过回购满足未来履行碳配额清缴义务的要求。就第三方碳资产管理机构而言，既可以通过排放企业的回购交易获得约定利息收益，也可以在持有碳资产期间在碳交易市场上进行买入卖出操作获利，实现双赢。控排企业或其他配额持有者，向碳交易市场其他机构交易参与人通过签订《回购协议》的方式出售配额，并约定在一定期限后按照约定价格回购所售配额，从而获得短期资金融通的交易活动。碳资产回购也是为了融资，企业先便宜卖给碳资产机构获取资金，到期再按照约定好的高价赎回。

2014 年 12 月 30 日，中信证券股份有限公司与北京华远意通热力科技股份有限公司正式签署了国内首笔碳排放配额回购融资协议，融资总规模为 1330 万元。在首单碳排放配额回购后，福建交易所于 2015 年率先发布《海峡股权交易中心碳排放权产品约定购回交易实施细则（试行）》，广州交易所于 2019 年发布《广州碳排放额回购交易业务指引》，明确了碳资产售出回购业务的主要流程。

2016 年 3 月 19 日，中国首单跨境碳资产回购交易落地深圳，由深圳能源集团股份有限公司控股的妈湾电力有限公司和境外投资者 BP 公司，完成此单跨境碳资产回购交易业务，交易标的为 400 万吨配额（BP 公司购买深能源 400 万吨碳排放配额）。

卖出回购是上海环境能源交易所独有的创新型碳金融工具。与常见碳回购或逆回购需要其他非履约机构参与不同的是，卖出回购可以在履约机构间展开。控排企业根据合同约定向碳资产管理公司卖出一定数量的碳配额，控排企业在获得相应配额转让资金后将资金委托金融机构进行财富管理，约定期限结束后控排企业再回购同样数量的碳配额。与普通逆回购不同的是，卖出回购通常将资金委托其他金融机构进行管理。2016 年 3 月 14 日，在交易所的协助下春秋航空股份有限公司、上海置信碳资产管理公司、兴业银行上海分行共同完成首单碳配额卖出回购业务。

（四）碳资产托管

碳资产托管是碳资产管理机构（托管人）与碳资产持有主体（委托人）约定相应碳资产委托管理、收益分成等权利义务的合约。狭义的碳资产托管，主要指配额托管，碳资产管理机构接受控排企业委托，以托管机构名义对碳资产进行集中管理和交易，从而实现碳资产的保值增值。广义的碳资产托管，则指将企业所有与碳排放相关的管理工作委托给专业机构策划实施，包括但不限于碳信用开发、碳资产账户管理、碳交易委托与执行、低碳项目投融资、相关碳金融咨询服务等。

对控排企业，配额托管有利于其剥离非主营业务，增强业务专注度，同时提升碳资产管理能力，不仅可以完成履约还可以取得额外收益；对于托管机构，可以低成本获得大量配额从而交易获利；对于碳排放权交易所，则可以获得碳配额流动性释放带来的佣金；对于碳交易市场，通过托管机构把控排企业闲置在手中的配额集中起来拿到碳交易市场进行交易，可活跃碳交易市场。

碳资产托管的主要模式主要有：一是双方协议托管，控排企业和碳资产管理机构通过签订托管协议建立碳资产托管合作，这种模式下的碳资产划转及托管担保方式灵活多样，完全取决于双方的商业谈判及信用基础，如控排企业可以将拥有的配额交易账户委托给碳资产管理机构全权管理操作，碳资产管理机构支付一定保证金或开具银行保函承担托管期间的交易风险；二是交易所监管下的托管，目前国内试点碳交易市场的碳交易所普遍开发了标准化的碳资产托管服务，通过碳交易所全程监管碳资产托管过程，可以减少碳资产托管合作中的信用障碍，同时实现碳资产管理机构的资金高效利用。交易所介入的碳资产托管可以帮助控排企业降低托管风险，同时为碳资产管理公司提供了一个具有杠杆作用的碳资产托管模式，有助于碳资产托管业务的推广。

2014年12月9日，湖北碳排放权交易中心促成全国首单托管业务，湖北兴发化工集团股份有限公司参与该项业务，并托管100万吨碳排放权。其托管机构为两家，分别是武汉钢实中新碳资源管理有限公司和武汉中新绿碳投资管理有限公司。之后，深圳碳排放权交易所、广州碳排放权交易所、福建海峡股权交易中心在2015—2020年间也均有业务落地。目前湖北、深圳、广东、福建的碳排放权交易所已制定相应的业务规则。碳排放权交易所在构建配额托管业务运作机制时，尤为注重托管机构风险管控。托管机构以零成本或低成本从控排企业取得配额，其账户里的资金也基本来自配额交易，因此托管最大的风险来自托管机构变卖托管配额后抽逃资金，四个试点省市的托管业务细则、指引中都对此严格规定，加强风险防范（表9.6）。

表9.6 碳资产托管类相关文件

日期	交易中心	相关文件	内容
2014/10	深圳碳排放权交易所	《托管会员管理细则（暂行）》	制定托管会员规则，并对托管会员具体操作具体说明
2015/1	湖北碳排放权交易中心	《远期交易业务指引》	规范湖北碳排放权交易中心配额托管业务的管理工作，保障交易各方的合法权益，规范托管机构的业务行为
2017/2	广州碳排放权交易所	《广东省碳排放配额托管业务指引》	规范广东省碳排放配额托管业务流程，保障托管业务参与各方利益
2019/8	福建海峡股权交易中心	《碳资产管理业务细则》	规范碳资产管理行为

（五）碳信托

碳信托是信托公司围绕碳资产开展的金融受托服务，碳信托是碳金融的一个细分领域，是碳金融的各类模式与信托的融合，分为碳融资信托、碳投资信托、碳资产服务信托。

1. 碳融资信托

碳融资信托是信托公司设立信托，以碳资产为抵质押物，向融资人发放贷款，或设立信托，买入返售融资人的碳资产。例如，兴业信托设立"利丰A016碳权1号集合资金信托计划",该信托计划以海峡股权交易中心碳排放权公开交易价格作为估价标准,通过受让福建三钢闽光股份有限公司 100 万吨碳排放权的方式,向其提供绿色融资(图 9.5)。

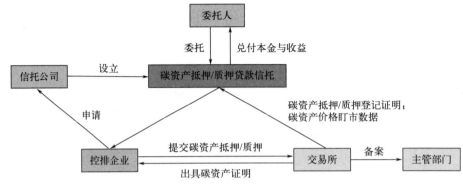

图 9.5 碳融资(抵押/质押)信托示意图

2. 碳投资信托

碳投资信托类似碳基金模式,信托资金主要用于参与碳交易市场的碳资产交易,在为碳资产提供流动性的同时,通过把握碳资产价格波动趋势获取收益。此类业务模式目前实践最多。以华宝信托"ESG 系列-碳中和集合资金信托计划"为例,信托资金主要投资于国内碳排放权交易所上市交易的碳配额及 CCER。

3. 碳资产服务信托

一般指委托人将其碳资产作为信托财产设立财产权信托,信托公司主要行使资产管理、账户管理等服务性职责。例如中海信托作为受托人设立的"中海蔚蓝 CCER 碳中和服务信托",是以 CCER 为基础资产的碳中和服务信托。受托人通过转让信托受益权份额的形式为委托人募集资金,同时提供碳资产的管理、交易等服务。

三、碳金融市场支持工具

(一)碳指数

碳指数是反映整体碳交易市场或某类碳资产的价格变动及走势而编制的统计数据。碳指数既是碳交易市场重要的观察指标,也是开发指数型碳排放权交易产品的基础,基于碳指数开发的碳基金产品列入碳指数范畴。碳指数可以反映碳交易市场的供求状况和价格信息,为投资者了解市场动态提供投资参考。可以依据一级和二级碳交易市场量价信息,实时公布交易量和交易价格指数。

欧盟碳交易市场的碳指数有巴克莱资本全球碳指数(BCGGI)、瑞银温室气体指数(UBSGHI)、道琼斯-芝加哥气候交易所-CER/欧洲碳指数(DJ-CCX-CER/EC-I)和美林全球二氧化碳排放指数(MLCX Global CO_2 Emission Index)、EEX 现货市场的 ECarbix 碳指数等。比如 EEX 在 2012 年 11 月发布的现货市场 ECarbix 氧化碳指数,是依据一级和二级现货市场的加权交易量权重,每日及每月底分别公布交易量和交易价格。

2014 年 6 月北京绿色交易所推出的观测性指数"中碳指数"体系,包含"中碳市值指数"和"中碳流动性指数"两个指数品种,分别从价格和流动性两个维度入手,以全国已开市的各碳交易试点的碳排放权配额总量、成交均价、成交量为主要参数,反映中国碳交易市场的整体运行状况,也为投资者提供了一套分析中国碳交易市场的辅助工具。2021 年 11 月复旦大学以第三方身份构建的预测性指数"复旦碳价指数",首批包括全国碳排放配额(CEA)价格指数,北京和上海、广州、其他地方试点履约自愿核证减排量(CCER)价格指数以及全国CCER价格指数,该指数致力于反映碳交易市场各交易品特定时期价格水平的变化方向、趋势和程度。

(二)碳保险

碳保险是为降低碳资产开发或交易过程中的违约风险而开发的保险产品,是保险公司为碳排放权交易企业量身打造的一系列保险产品的总称,是企业风险管理及碳资产管理的一种重要手段。目前主要包括碳交付保险、碳信用价格保险、碳资产融资担保等。

1. 碳交付保险

碳交付保险是为了规避减排项目开发过程中的风险,确保项目的核证减排量按期足额交付,对碳排放权交易过程中可能发生的价格波动、信用危机、交易危机进行风险规避和担保。交付风险可以归结为由于各种原因而导致的清洁发展(CDM)机制的交付风险,包括注册失败、核证、延期等各种原因,还有森林由于各种原因导致的无法实现减排量交付的风险。2006年瑞士再保险公司的分支机构——欧洲国际保险公司推出全新的碳保险产品,协助一家美国私募股权基金(RNKCapital)管理其投资于CDM项目的交付风险,覆盖了CDM项目进行中产生的项目注册及CER核定失败或延误的风险。比如苏黎世保险公司(Zurich)推出的CDM项目保险业务,可以同时为CER买方和卖方提供保险,交易双方通过该保险能够将项目过程中的风险转移给Zurich。如果买方在合同到期时未能获得协议规定数量的CER,Zurich按照约定予以赔偿。

2. 碳信用价格保险

碳信用价格保险早期主要用于保障清洁发展机制和联合履约机制下的交易风险,以及低碳项目评估和开发中产生的风险。2006年,瑞士再保险公司的分支机构——欧洲国际保险公司针对碳信用价格,提供了一种专门管理其价格波动的保险;现在碳信用价格保险用于碳交易市场规避碳信用交易价格波动的风险。

3. 碳资产融资担保

碳资产融资担保主要用于碳资产额购买者可能面临的交易对手方风险和交付风险,以确保碳交易在一定成本范围内完成。碳信用保险可以帮助企业转移风险、助力减排或助力新能源企业获得项目融资,为企业信用增级。通过保险的信用担保功能,为减排企业进行融资增信,使其更容易获得资金和技术支持。

碳保险作为企业低碳转型路径中的风险管理工具之一,可以有效地降低碳交易市场风险,促进碳金融发展,因此碳保险市场也逐步成形。2016年11月,湖北碳排放权交易中心与平安财产保险湖北分公司签署了"碳保险"开发战略合作协议。由平安保险负责为华新集团旗下位于湖北省的13家子公司量身定制碳保险产品设计方案,即平安保险将为新华水泥投入新设备后的减排量进行保底,一旦超过排放配额,将给予赔偿;2018年4月,广州市花都区长兴纸业有限公司以自身的碳排放配额作为质押,人保财险提供履约担保作为增信措施,成功向中国建设银行进行融资。

(三)碳基金

碳基金(Carbon Funds)是指依法可投资碳资产的各类资产管理产品,是由政府、金融机构、企业或个人投资设立的专门基金,致力于碳减排项目和碳汇项目,经过一段时间后给予投资者回报，以助力改善全球气候问题。碳基金是碳交易市场环境下金融创新的需求，特别是在碳交易市场发展的早期阶段，碳基金的建立发展在引导控排企业履约、开发碳资产、推动民营企业参与碳排放权交易、推进低碳技术的发展等方面都有着深远的影响。碳基金多属于投资基金，从设立目标、运行模式、组织形式等角度看，碳基金与投资基金都具有高度的一致性。传统投资基金一般获得的是常规的现金收益，而碳基金除了常规收益，还包括碳项目所产生的碳减排量。

全球范围内首支碳基金由世界银行于2000年设立，该碳基金为落实《京都议定书》规定下的清洁发展（CDM）机制和联合履约（JI）机制，由承担减排义务的发达国家的政府和企业出资，购买发展中国家减排项目的碳减排额度。自此之后的20年间，由于碳基金蕴含着巨大的商业机会，越来越多的国家、地区、金融机构等相继出资设立碳基金，在全球范围内开展碳减排或低碳项目的投资，购买或出售从项目中产生的可计量的碳信用指标（CERs）。国际碳基金迎来了高速发展的黄金年代，目前世界上有超过50个此种类型的基金，这些基金的投资者通常是大型遵约国家，或者是将碳价波动视为利润来源的投机者。

随着碳金融市场的发展，现在碳基金是指由政府、金融机构、企业或个人投资设立的专门基金，致力于在全球范围投资碳交易市场或温室气体减排、新能源项目，给予投资者市场收益回报，以帮助改善全球气候变暖问题。作为碳交易市场的主体，碳基金对促进碳金融市场发展具有关键的作用。各类碳基金通过购买CER和转手交易，增加了项目的资金融通能力，降低碳贷款或赠款的风险；购买者在获得碳权后，还可通过冲减本企业的碳指标或上市交易，使京都框架得以实施；同时也使投资基金从碳项目投资中获得巨大收益。世界银行成立了专门的碳金融部门发起和管理着多家碳基金，碳金融部门不开展项目贷款或赠款，而是利用碳基金以商业交易合同方式出资购买CER（表9.7）。

表9.7 世界主要碳基金

碳基金	成立时间	规模	发起与管理	目的
世界银行欧洲碳基金（CFE）	2007年	5000万欧元	由爱尔兰、卢森堡、葡萄牙三国与比利时佛兰芒区及挪威一家公司出资设立，由世界银行和欧洲投资银行管理	帮助欧洲国家履行《京都议定书》和欧盟《排放额交易计划》的承诺
荷兰欧洲碳基金（NECF）	2004年	18000万美元	由世界银行和国际货币基金组织发起，由世行管理	主要在乌克兰、俄罗斯和波兰共同实施减排项目
意大利碳基金（ICF）	2004年	8000万美元	由世界银行和意大利政府发起，由世行管理	支持有成本效益的减排项目和清洁技术转让，例如水电和垃圾管理
丹麦碳基金	2005年	7000万美元	由丹麦政府和私人部门发起，由世行管理	支持风能、热电联产、水电、生物质能源、垃圾掩埋等项目
西班牙碳基金（SCF）	2005年	17000万欧元	由西班牙政府发起，由世行管理	支持东亚-太平洋及拉美-加勒比地区的HFC-23、垃圾管理、风电、水电、运输等项目
德国碳基金	2005年	6000万欧元	德国复兴银行与德国政府共同出资	为欧洲有意购买交易证书企业提供的服务工具

从碳基金股东结构上看，可以将碳基金分为以下三种（表9.8）。

① 公共基金，包括由政府设立，政府管理；由国际组织和政府合作设立；由政府设立，

采用企业模式运作。

② 公私混合基金，由政府与企业合作出资设立，采用商业化管理。

③ 私募基金，由企业独立出资设立，并采取企业化管理方式。

表 9.8 碳基金结构

基金分类	子类别	属性
公共基金	政府设立、政府管理	全部由政府出资设立和政府管理（如芬兰碳基金）
	国际组织和政府合作设立	由国际组织和政府合作创立，国际组织管理。CDM 项目主要由世界银行与各国政府之间的合作促成（如丹麦碳基金、西班牙碳基金）
	政府设立，采用企业模式运作	由政府投资，按企业模式运作的独立公司，具有独立的法人资格（如英国碳基金）
公私混合基金	政府与企业共同出资	多由政府与银行按一定比例出资设立，由银行进行管理（如德国碳基金）
私募基金	企业独立出资设立	私有企业承担所有出资，独立管理。这些碳基金规模不大，主要从事 CER 中间交易（如 Merzbach 夹层碳基金、气候变化碳基金）

国际碳基金的投资方式主要有三种：碳减排购买协议（ERPA）、直接融资（Direct Financing）以及 N/A 方式。具体来说，碳减排购买协议为碳基金直接收购温室气体减排量；直接融资为碳基金直接为低碳或者减排项目提供融资支持，以较低价格获得碳信用指标，如 ERU 和 CER 等；N/A（Not Available）投资方式则是指碳基金考虑投资项目的目标，是一种更具灵活性的投资方式。

中国碳基金早期大部分是专注于投资绿色低碳企业股权的私募基金，投资于国内碳交易市场的基金在 2014 年后才逐渐开始涌现。主要有下几类。

1. **国家层面的碳基金**

中国清洁发展机制基金属于按照社会性基金模式管理的政策性基金，成立于 2007 年 11 月 9 日，由中华人民共和国财政部主管，扶持对象优先选择 CDM 项目，主要通过提供碳减排技术援助和资金来降低 CDM 项目风险，促进落实 CDM 项目减排量的交易，提高公众的低碳环保意识；中国绿色碳基金（CGCF）成立于 2007 年，该基金主要用于支持应对气候变化活动的专业造林减排、森林管理和建设能源树林基地等增加碳汇项目。

2. **地方政府背景的碳基金**

随着国家各项低碳政策的出台，各省市也开始尝试建立低碳基金。广东绿色产业投资基金，成立于 2009 年，总规模为 50 亿元，投资方向主要是节能减排项目，或者从事节能装备、新能源开发的高新技术企业股权；武汉碳达峰、碳中和基金，成立于 2021 年，其中碳达峰基金优选"碳达峰、碳中和"行动范畴内的优质企业，细分行业龙头开展投资，碳中和基金重点关注绿色低碳先进技术产业化项目，用于企业节能减排设施设备的建设配置，如养殖场的沼气设施建设，以及节能减排技术创新的投入。

3. **社会碳基金**

社会碳基金是指市场化创投碳基金，由金融机构或企业发起设立。例如荷兰中国碳基金成立于 2006 年，为国内 CDM 项目产生的非实体减排量进入国际碳排放市场交易提供专业性的服务；浙商诺海低碳基金，成立于 2010 年，是中国一直致力于低碳领域的私募股权投资基金，主要投资方向为低碳经济领域的节能、环保、新能源等行业中具有自主创新能力和自主知识产权的高成长性企业；宝武碳中和股权投资基金，由中国宝武钢铁集团有限公司发起设立，投资方向主要聚焦清洁能源、绿色技术、环境保护、污染防治等，深度挖掘风电、光伏等清洁能源项目。

第三节　碳金融市场工具创新

一、碳结构性存款

碳金融结构性存款是通过金融衍生交易将产品的还本付息金额与碳排放权交易价格波动挂钩，同时引入碳配额交易作为新的支付标的，有效解决企业碳配额需求的理财产品。

碳结构性存款属于新型理财产品，碳结构性存款的收益分为固定收益与浮动收益两部分，其中固定收益部分与普通存款基本一致，而浮动收益部分则通常与碳配额、核证减排量交易价格，或碳债券等其他金融工具价格挂钩，根据碳价或碳金融产品价格的变动决定浮动收益水平。碳金融领域的存款类产品创新，既能帮助控排和参与企业获得财富增长，还能实现碳配额资产的高效管理。

2014 年 11 月，兴业银行深圳分行和华能碳资产经营有限公司、惠科电子（深圳）有限公司合作落地附加碳配额收益的结构性存款。通过结构化设计引入深圳碳排放权作为新的支付标的，企业获得常规存款利息收益的同时，在结构性存款到期日将获得不低于 1000 吨的深圳市碳排放权配额。该产品收益率为 4.1%，其中 1.9% 为固定利率，另外 2.2% 则为浮动收益，主要来自交易产生的收益。

2021 年 5 月 14 日，兴业银行与上海清算所合作发行了挂钩"碳中和"债券指数的结构性存款。产品收益分为固定收益与浮动收益两部分，其中浮动收益与上海清算所"碳中和"债券指数挂钩，该指数以募集资金用途符合国内外主要绿色债券标准指南并具备碳减排效益，符合"碳中和"目标的公开募集债券为样本券。

二、碳经纪

碳经纪是为各领域碳交易双方提供经纪服务。一是为开发商的碳信用寻求合适的买主，这些开发商既包括清洁发展机制项目的开发商，又包括联合履约机制项目的开发商，还包括那些自愿减排领域的项目开发商，为这三个领域的项目开发商提供服务，帮助他们寻找合适的碳信用买家；二是帮助或代表买方买入碳信用，帮助或代表强制减排企业、受《京都议定书》减排目标约束的国家政府、投资者以及有自愿减排对冲需要的企业购买碳信用；三是充当碳交易商，在有效率的场外交易市场（OTC）为碳交易商提供高级的经纪服务，包括基于全球交易对手网络的碳配额和碳信用组合结构化交易，为拥有碳资产的企业提供碳资产风险评估，并提供能够对冲风险的策略建议，包括综合利用现货、期货以及选择权的综合性的风险规避策略，同时提供策略下的交易执行服务。

碳经纪业务提升了碳交易市场流动性，为碳金融市场主体参与交易提供便利。欧洲碳交易市场经纪人主要有 Spectron、Tradition、Evolution、GFI 等公司。金融机构有时候也会充当经纪人的角色，比如 ING 银行。国际碳金融市场有较为成熟的中介服务。以富通集团（AGEAS）为例，其在 EU-ETS 第一阶段内从约 118 个交易对象处买入 EUA 并向 88 个交易对象卖出 EUA。

三、碳做市交易

做市商通过这种不断买卖来维持市场的流动性,满足公众投资者的投资需求。做市商通过买卖报价的适当差额来补偿所提供服务的成本费用,并实现一定的利润做市是提升市场流动性的重要手段,全球主要碳交易市场中,已有多个碳交易市场引入了做市商。EU-ETS中,做市业务是金融机构除直接参与交易外的重要参与手段,如巴克莱银行的高交易量中有很大一部分来自做市业务。除 EU-ETS 外,其他碳交易市场也开始引入做市商,韩国碳交易市场在建立初期不允许非履约企业参与,因此市场很快出现流动性短缺的问题。为此,韩国政府自 2019 年开始引入碳做市制度,并于 2021 年起允许 20 家金融机构进入二级市场进行碳配额交易。KETS 碳做市的特色在于由政府主导,与欧盟碳交易市场有大量金融企业参与做市不同,KETS 的做市商由政府指定,截至 2021 年底仅有 5 家银行被列为做市商。此外,做市商可以向政府借贷配额储备从而为市场提供流动性,并可通过配额或资金形式偿还所借碳配额。比如高盛(Goldman Sachs)曾担任以下产品的做市商:排放交易(CO_2,SO_2)、气象衍生产品、可再生能源抵税额和其他气候相关大宗商品。国内碳交易市场还未形成做市商机制。

四、碳信用卡

碳信用卡主要通过特殊的信用卡积分机制引导零售客户进行低碳消费,持卡人可根据个人每年预计产生的碳排放量,购买相应的碳减排量,实现个人碳中和。企业、团体或个人通过购买碳信用的形式,资助符合国际规定的节能减排项目,以消除企业、团体或个人的碳足迹,从而达到环保的目的。

2006 年英国环境部长戴维米利班德设计了一个方案,规定每一位公民都将被给予一张碳信用卡。个人碳额度是奖励节能者直接和美好的愿望。碳额度将会因买汽油、付能源账单或者订购机票从碳信用卡中相应减扣。

我国典型的碳信用卡有:

第一,兴业中国低碳银联人民币信用卡,是国内首张低碳主题信用卡,开发专属网站、《低碳生活指引》手册,帮助持卡人践行低碳生活方式,设置购碳基金,集中购买碳减排量支持世界地球日等活动。

第二,光大绿色零碳信用卡,包括测算碳足迹、建立个人碳信用档案和环保账单、绿色出行意外险等功能,也可通过信用卡购买碳额度以赚取信用卡积分,当持卡人累计购碳达 1 吨时将建立个人"碳信用档案",累计购碳达 5 吨时可获得北京绿色交易所颁发的认证证书。

第三,农业银行金穗环保卡,帮助持卡人优先注册中华环保联合会会员,获得优先参加各项公益活动的机会。

◆ 本章小结 ◆

碳金融市场交易工具用于对冲风险和交易获利,包括碳现货、碳远期、碳期货、碳掉期/碳互换、碳期权、碳资产拆借、碳排放权证券化等。融资工具用于盘活存量碳资产及拓宽资金融通渠道,包括碳抵/质押、碳回购、碳托管、碳债券、碳信托等。支持工具在价格量化、风险管理和产品研发等方面为碳金融市场提供支持,其中碳指数、碳保险、碳基金等产品已得到不同程度的开发。最后介绍了碳结构性存款、碳经纪、碳做市交易、碳信用卡等创新市场工具。

思考题

1. 简述碳远期和碳现货的区别。
2. 简述碳资产托管业务。
3. 简述碳信托。
4. 简述碳经纪业务。
5. 简述碳基金的投资方式。
6. 简述碳经纪业务。
7. 简述国际碳基金的投资方式。

附 录
部分缩写中英文对照表

序号	简写	英文全称	中文
1	GWP	Global Warming Potential	全球增温潜势
2	IPCC	Intergovernmental Panel on Climate Change	政府间气候变化专门委员会
3	UNFCCC	United Nations Framework Convention on Climate Change	联合国气候变化框架公约
4	INDCs	Intended Nationally Determined Contributions	国家自主贡献
5	CCUS	Carbon Capture, Utilization and Storage	二氧化碳捕集、利用和储存
6	EU-ETS	European Union Greenhouse Gas Emission Trading Scheme	欧盟碳排放权交易体系
7	ETG	UK Emissions Trading Group	英国碳排放权交易体系
8	CCX	Chicago Climate Exchange	芝加哥气候交易所
9	JVETS	Japan Voluntary Emissions Trading Scheme	日本自愿碳排放权交易体系
10	IET	International Emission Trading	国际排放贸易机制
11	JI	Joint Implementation	联合履约机制
12	CDM	Clean Development Mechanism	清洁发展机制
13	AAU	Assigned Amount Unit	允许排放限额
14	CER	Certified Emission Reduction	经核证的减排量
15	CCER	China Certified Emission Reduction	中国核证自愿减排量
16	DOE	Designated Operational Entity	经营实体
17	PIN	Project Idea Note	项目概念书
18	PDD	Project Design Document	项目设计文件
19	ERU	Emission Reduction Unit	减排单位
20	AIE	Accredited Independent Entities	独立实体
21	EUA	EU-ETS Allowances	欧盟碳排放配额
22	VER	Vertified Emission Reduction	经核实的自愿减排量
23	RGGI	Regional Greenhouse Gas Initiative	区域温室气体减排行动

续表

序号	简写	英文全称	中文
24	CCTP	California's Cap-and-Trade Program	美国加州总量控制与交易计划
25	MRV	Monitoring、Reporting、Verification	监测、报告、核查机制
26	IEA	International Energy Agency	国际能源署
27	LCA	Life Cycle Assessment	全生命周期评价
28	CEMS	Continuous Emission Monitoring System	烟气排放连续监测系统
29	PSAMs	Price or Supply Adjustment Measure	价格或供应调整措施
30	ICAP	International Carbon International Carbon Action Partnership	国际碳行动伙伴组织
31	KETS	Korean Carbon Emissions Trading System	韩国碳排放交易体系
32	MSR	Market Stability Reserve	市场稳定储备机制
33	BOCM	Bilateral Carbon Offsetting Mechanism	日本双边碳抵消机制
34	NAP	National Allocation Plan	国家分配方案
35	NIMs	National Implementation Measures	国家执行措施
36	CITL	the Community Independent Transaction Log	独立交易登记系统
37	ECX	European Climate Exchange	欧洲气候交易所
38	EEX	European Energy Exchange	欧洲能源交易所
39	ICE	Intercontinental Exchange	洲际交易所
40	MRR	Monitoring and Reporting Regulation	监测与报告法规
41	AVR	Accreditation and Verification Regulation	认证与核证法规
42	EPA	Environmental Protection Agency	美国环境署
43	WCI	Western Climate Initiative	西部气候倡议
44	CCFE	Chicago Climate Futures Exchange	芝加哥气候期货交易所
45	CEO	Certified Emission Offsets	经过核证的排放抵消额度
46	CEAC	Certified Early Action Credits	经过核证的先期行动减排信用
47	KAU	Korean Allowance Unit	韩国配额单位
48	LEDS	Long-term Low Greenhouse Gas Emission Development Strategy	2050长期温室气体低排放发展战略
49	NCS	Natural Climate Solutions	自然气候解决方案
50	JVER	Japan Verified Emission Reduction Scheme	核证减排计划
51	VER	Voluntary Emission Reduction	自愿碳减排
52	ICROA	International Carbon Reduction and Offset Alliance	国际碳减排与抵消联盟
53	VVB	Validation/Verification Bodies	审定/核证机构
54	VCS	Verified Carbon Standard	自愿核证碳标准
55	ERT	Environmental Resources Trust	环境资源信托基金
56	SDM	Sustainable Development Mechanism	联合国可持续发展机制
57	ICVCM	Integrity Council for the Voluntary Carbon Market	自愿碳交易市场诚信委员会
58	CCPs	Core Carbon Principles	核心碳原则

续表

序号	简写	英文全称	中文
59	CCB	Climate, Community, Biodiversity	气候、社区和生物多样性标准
60	NbS	Nature-based Solutions	基于自然的解决方案
61	VER＋	Standard for Verified Emission Reductions	核证减排标准
62	CAR	Climate Action Reserve	气候行动储备方案
63	GSGG	Gold Standard for the Global Goals	全球目标的黄金标准
64	ACR	American Carbon Registry	美国碳登记
65	CAR	Climate Action Reserve	气候行动储备
66	CRT	Climate Reserve Tonnes	气候储备单位
67	ACX	Air Carbon Exchange	区块链碳信用交易平台
68	ART	Architecture for REDD＋Transaction	REDD＋交易构架
69	CFI	Carbon Financial Instrument	碳金融工具合约

参考文献

[1] 陈贻健. 国际气候法律新秩序构建中的公平性问题研究[M]. 北京：北京大学出版社，2017.

[2] 《第三次气候变化国家评估报告》编写委员会. 第三次气候变化国家评估报告[M]. 北京：科学出版社，2015.

[3] 戴彦德，等. 碳交易制度研究[M]. 北京：中国发展出版社，2014.

[4] 比尔·盖茨. 气候经济与人类未来[M]. 陈召强，译. 北京：中信出版集团，2021.

[5] 汤姆·蒂坦伯格，琳恩·刘易斯. 环境与自然资源经济学[M]. 10版. 王晓霞，等译. 北京：中国人民大学出版社，2016.

[6] 段茂盛，吴力波. 中国碳市场发展报告——从试点走向全国[M]. 北京：人民出版社，2018.

[7] 郭远珍，彭密军. 二氧化碳与气候[M]. 北京：化学工业出版社，2012.

[8] 王遥. 碳金融 全球视野与中国布局[M]. 北京：中国经济出版社，2010.

[9] 戴维·古德斯坦，迈克尔·英特里利盖托. 气候变化与能源问题：从自然科学与经济学视角[M]. 汪海林，译. 大连：东北财经大学出版社，2018.

[10] 何建坤，齐晔，李政. 环境与气候协同治理：中国及其他国家的成功实践[M]. 大连：东北财经大学出版社，2019.

[11] 理查德·S.J.托尔. 气候经济学：气候、气候变化与气候政策经济分析[M]. 齐建国，王颖婕，齐海英，译. 大连：东北财经大学出版社，2016.

[12] 林伯强，黄光晓. 能源金融[M]. 2版. 北京：清华大学出版社，2014.

[13] 廖振良. 碳排放交易理论与实践[M]. 上海：同济大学出版社，2016.

[14] 刘凤良，周业安. 中级微观经济学[M]. 北京：中国人民大学出版社，2012.

[15] 马中. 环境与自然经济学概论[M]. 3版. 北京：高等教育出版社，2019.

[16] 曼昆. 经济学原理：微观经济学分册[M]. 梁小民，等译. 北京：北京大学出版社，2012.

[17] 曼瑟·奥尔森. 集体行动的逻辑：公共物品与集团理论[M]. 陈郁，郭宇峰，李崇，等译. 上海：格致出版社，上海人民出版社，2018.

[18] 生态环境系统应对气候变化专题培训教材编委会. 生态环境系统应对气候变化专题培训教材[M]. 北京：中国环境出版集团，2019.

[19] 史学瀛. 碳排放交易市场与制度设计[M]. 天津：南开大学出版社，2014.

[20] 孙永平. 碳排放权交易概论[M]. 北京：社会科学文献出版社，2016.

[21] 束兰根. 绿色金融解释[M]. 南京：南京大学出版社，2020.

[22] 清华大学能源环境经济研究所. 全国碳排放交易体系实务手册[R]. 北京：生态环境部应对气候变化司，2021.

[23] 中金公司研究部，中金研究院. 碳中和经济学：新约束下宏观与行业分析[M]. 北京：中信出版集团，2021.

[24] 朱松丽，高翔. 从哥本哈根到巴黎——国际气候制度的变迁和发展[M]. 北京：清华大学出版

社，2017.

[25] 清华大学中国碳市场研究中心．地方政府参与全国碳市场工作手册[R]．北京：能源基金会，2020．

[26] 国际碳行动伙伴组织（ICAP）．全球碳市场进展：2021年度报告[R]．国际碳行动伙伴组织，2021．

[27] 束兰根，辛晴．碳达峰视角下的中国地级以上城市碳排放与经济发展相关性研究[J]．电子科技大学学报（社科版），2021，23（5）：1-11，23．

[28] 梅德文，葛兴安，邵诗洋．自愿减排交易助力实现"双碳"目标[J]．清华金融评论，2021（10）：56-59．

[29] 王少华，王俊霞，张荣荣．全国碳市场正式上线运行[J]．生态经济，2021，37（9）：9-12．

[30] 吴茵茵，齐杰，鲜琴，等．中国碳市场的碳减排效应研究——基于市场机制与行政干预的协同作用视角[J]．中国工业经济，2021（8）：114-132．

[31] 孙文娟，张胜军，孙海萍．试点碳市场发展现状及对全国碳市场的启示[J]．国际石油经济，2021，29（7）：1-8．

[32] 杨博文．《巴黎协定》后国际碳市场自愿减排标准的适用与规范完善[J]．国际经贸探索，2021，37（6）：102-112．

[33] 佟佳洋，凌黎华．欧盟碳排放交易体系产生的影响及我国的对策分析[J]．中国海事，2021（5）：65-67．

[34] 陈志斌，孙峥．中国碳排放权交易市场发展历程——从试点到全国[J]．环境与可持续发展，2021，46（2）：28-36．

[35] 李鹏，吴文昊，郭伟．连续监测方法在全国碳市场应用的挑战与对策[J]．环境经济研究，2021，6（1）：77-92．

[36] 吴慧娟，张智光．城市碳价的时空特征及其形成机理的理论模型——基于8个地区碳交易试点的价格数据[J]．现代城市研究，2021（1）：19-24．

[37] 邹绍辉，张甜．能源期货市场、能源股票市场与碳市场非线性关系动态分析[J]．系统工程，2020，38（5）：1-13．

[38] 杨子晖，陈里璇，罗彤．边际减排成本与区域差异性研究[J]．管理科学学报，2019，22（2）：1-21．

[39] 李彦．福建碳排放交易试点的现状、问题与建议[J]．宏观经济管理，2018（2）：66-71．

[40] 肖玉仙，尹海涛．我国碳排放权交易试点的运行和效果分析[J]．生态经济，2017，33（5）：57-62．

[41] 李威．从《京都议定书》到《巴黎协定》：气候国际法的改革与发展[J]．上海对外经贸大学学报，2016，23（5）：62-73，84．

[42] 李慧明．《巴黎协定》与全球气候治理体系的转型[J]．国际展望，2016，8（2）：1-20，151-152．

[43] 朱苏荣．碳定价、排放交易与市场化减排——欧盟排放交易体系的经验借鉴[J]．金融发展评论，2014（12）：25-38．

[44] 张霞．浅论碳交易市场形成和运行的经济理论基础[J]．价值工程，2014，33（4）：301-302．

[45] 周茂荣，谭秀杰．欧盟碳排放交易体系第三期的改革、前景及其启示[J]．国际贸易问题，2013（5）：94-103．

[46] 钱政霖，马晓明．国际自愿减排标准比较研究[J]．生态经济，2012（5）：39-42，48．

[47] 杨志，陈军．应对气候变化：欧盟的实现机制——温室气体排放权交易体系[J]．内蒙古大学学报（哲学社会科学版），2010，42（3）：5-11．

[48] Acemoglu D，Aghion P，Bursztyn L，et al. The Environment and Directed Technical Change[J]. American Economic Review，2012，102（1）：131-166.

[49] Akhurst M，Morgheim J，Lewis R. Greenhouse Gas Emissions Trading in BP[J]. Energy Policy，

2003, 31: 657-663.

[50] Berrittella M, Cimino F. An Assessment of Carousel Value-Added Tax Fraud in The European Carbon Market[J]. Review of Law & Economics, 2017, 13 (2): 1-19.

[51] Betz R, Sanderson T, Ancev T. In or Out: Efficient Inclusion of Installations in an Emissions Trading Scheme? [J]. Journal of Regulatory Economics, 2010, 37 (2): 162-79.

[52] Bollen J, Guay B, Jamet S, et al. Co-Benefits of Climate Change Mitigation Policies: Literature Review and New Results[J]. Paris: OECD Economics Department Working Paper No. 693, 2009.

[53] Branger F, Ponssard J P, Sartor O, et al. EU ETS, Free Allocations, and Activity Level Thresholds: The Devil Lies in the Details[J]. Journal of the Association of Environmental and Resource Economists, 2015, 2 (3): 401-437.

[54] Branger F, Sato M. Solving the Clinker Dilemma with Hybrid Output-Based Allocation[J]. Climatic Change, 2017, 140 (3): 483-501.

[55] Brauneis A, Mestel R, Palan S. Inducing Low-Carbon Investment in the Electric Power Industry through a Price Floor for Emissions Trading[J]. Energy Policy, 2013, 53: 190-204.

[56] Burtraw D, Keyes A. Recognizing Gravity as a Strong Force in Atmosphere Emissions Markets[J]. Agricultural and Resource Economics Review, 2018, 47 (2): 201-219.

[57] Burtraw D, McCormack K. Consignment Auctions of Free Emissions Allowances[J]. Energy Policy, 2017, 107: 337-344.

[58] Carbon Pulse. ANALYSIS: Taking a Risky Route, UK Airline Flybmi Crashes into EU ETS Brexit 'Shield'. 2020.

[59] Carmody C. A Guide to Emissions Trading under the Western Climate Initiative[J]. Canada-United States Law Journal, 2019, 43: 148.

[60] Coase R H. The Nature of the Firm[J]. Economica, 1937, 4 (16): 386-405.

[61] Cosbey A, Droege S, Fischer C, et al. Developing Guidance for Implementing Border Carbon Adjustments: Lessons, Cautions, and Research Needs from the Literature[J]. Review of Environmental Economics and Policy, 2019, 13 (1): 3-22.

[62] Cramton P, Kerr S. Tradeable Carbon Permit Auctions: How and Why to Auction not Grandfather [J]. Energy Policy, 2002, 30 (4): 333-345.

[63] De Gouvello, Finon C D, Guigon P. Reconciling Carbon Pricing and Energy Policies in Developing Countries. In Reconciling Carbon Pricing and Energy Policies in Developing Countries[J]. Washington DC: World Bank, 2020.

[64] Dietz S, Bowen A, Doda B, et al. The Economics of 1.5℃ Climate Change[J]. Annual Review of Environment and Resources, 2018, 43 (1): 455-480.

[65] Doda B. How to Price Carbon in Good Times… and Bad! [J]. Wiley Interdisciplinary Reviews: Climate Change, 2016, 7 (1): 135-144.

[66] Doda B, Taschini L. Carbon Dating: When Is it Beneficial to Link ETSs? [J]. Working Paper, Social Science Research Network, 2016.

[67] Egenhofer C. The Making of the EU Emissions Trading Scheme: Status, Prospects and Implications for Business[J]. European Management Journal, 2007, 25 (6): 453-463.

[68] Ellerman A D, Sue Wing I. Absolute vs. Intensity Based Emission Caps[J]. Climate Policy 3 (Supplement 2), 2003, S7-S20.

[69] Fell H, MacKenzie I A, Pizer W A. Prices versus Quantities versus Bankable Quantities[J]. Re-

source and Energy Economics, 2012, 34 (4): 607-623.

[70] Koch N, Reuter W H, Fuss S, et al. Permits vs. Offsets under Investment Uncertainty[J]. Working Paper, Social Science Research Network, 2016.

[71] Matthews H D, Gillett N P, Stott P A, et al. The Proportionality of Global Warming to Cumulative Carbon Emissions[J]. Nature, 2009, 459 (7248): 829-832.

[72] Pizer W A, Yates A J. Terminating Links between Emission Trading Programs[J]. Journal of Environmental Economics and Management, 2015, 71: 142-159.